产业与城市
芝加哥的转型发展

武汉市规划研究院
胡晓玲　陈　韦　丘永东　著
韦　玮　吕维娟　徐　昊

同济大学出版社
TONGJI UNIVERSITY PRESS
·上海·

图书在版编目（CIP）数据

产业与城市：芝加哥的转型发展 / 武汉市规划研究院著；胡晓玲等著. -- 上海：同济大学出版社，2023.6
ISBN 978-7-5765-0676-1

Ⅰ.①产… Ⅱ.①武…②胡… Ⅲ.①工业城市—产业结构调整—研究—芝加哥 Ⅳ.① F299.712.7

中国国家版本馆 CIP 数据核字（2023）第 018432 号

产业与城市：芝加哥的转型发展
武 汉 市 规 划 研 究 院
胡晓玲　陈　韦　丘永东　著
韦　玮　吕维娟　徐　昊

责任编辑：周原田
责任校对：徐春莲
封面设计：王　睿
版式设计：朱丹天

出版发行：同济大学出版社
地　　址：上海市杨浦区四平路 1239 号
电　　话：021-65985622
邮政编码：200092
网　　址：www.tongjipress.com.cn
经　　销：全国各地新华书店
印　　刷：上海雅昌艺术印刷有限公司
开　　本：787mm×1092mm　1/16
字　　数：387 000
印　　张：15.5
版　　次：2023 年 6 月第 1 版
印　　次：2023 年 6 月第 1 次印刷
书　　号：ISBN 978-7-5765-0676-1
定　　价：178.00 元

本书若有印装问题，请向本社发行部调换　　版权所有　侵权必究

序

　　决定一个城市的命运，最重要的是两个因素：一是人，二是经济。人创造了城市，人的活动也决定了城市的兴衰。在人的活动中，除了战争，对城市发展影响最大的是经济活动。一个城市在历史长河中不断演变，推动城市发展的主要动力就是城市中人的创造力和城市的经济活力。现代世界里，一个国家的经济主要由城市经济支撑。城市经济能否随着世界经济的变化而顺应转型，不但决定了城市的未来，也决定了国家的未来。因此城市的经济表现、产业结构和发展状况，是各国政府和社会关注的中心。

　　在美国城市中，芝加哥由于比较成功地经历了多次经济转型，属于较有活力的城市。本书以"产业与城市"为课题，研究、分析美国的城市化过程，特别是芝加哥产业转型和城市发展的正反经验，是很有意义的。早期的芝加哥曾是一个农产品贸易加工中心，它坐落于美国最主要的粮仓和饲养业基地，这为其后来的繁荣打下了基础。芝加哥的第一次转型是从农产品交易中心转变成美国主要的制造业中心之一。直到现在，芝加哥仍然是美国主要的农产品交易中心，大豆等农产品期货仍然是芝加哥期货交易所的主要项目。芝加哥的第二次转型是从制造业转向第三产业。1970年代以后，美国中心城市的制造业开始衰退，主要大城市变成服务业中心。芝加哥的经济也渐渐转型为以服务业为主，到21世纪初，芝加哥的制造业只占GDP的12%左右，其他都是服务业。芝加哥的这个转型过程是本书讨论的主要内容。不少美国城市未能完成这个转型，那些城市随着制造业的衰退而衰退了，而芝加哥则比较顺利地渡过了这个转型期，故芝加哥的经验有参考价值。但是，城市经济的转型不存在完成时。从2010年左右开始，芝加哥又在进行新的转型，也就是再工业化。芝加哥认识到要保持一定的制造业规模，不能完全依靠服务业，试图建立多元化的经济结构，保持"四轮驱动"的经济模式，包括传统服务业和现代服务业（即金融业），也包括传统制造业和现代制造业（即高科技产业）。现在的芝加哥保留了不少传统制造业，食品加工、机械制造还是主要的工业门类，但是也发展了很多高科技产业，包括计算机和医疗器械。目前，芝加哥仍然面临着很多挑战，仍然需要不断地努力转型。

　　一个城市的经济转型没有终极模式，只有与时俱进的转型过程，不转型就没有未来。而城市经济的每一次转型，对城市空间的利用都会提出要求，城市规划必须做出相应的调整，不调整就可能阻碍城市的发展。芝加哥的转型是基于美国国情及芝加哥自身条件所做的应对，具有特殊性，不能照搬。对于中国城市来说，芝加哥可以提供的借鉴，就是如何积极应对不断转型的挑战。当前中国已经提出要保持制造业比重基本稳定，巩固制造业的基础地位，城市需要保持一定的实体经济，不能完全转为服务业。有研究认为，在中国不能出现美国那样只有高度发达的服务业而制造业完全衰退的城市。在一定程度上，可以借鉴德国制造业 4.0 的经济结构，即以高端制造业为主，辅以部分传统制造业的模式。事实上，中国要走的是自己的道路，既非美国模式也非德国模式，而是立足于中国自己国情的，经济和城市都实现可持续发展的道路。

《产业与城市：芝加哥的转型发展》一书是武汉市规划研究院六名规划师用了三年时间努力完成的作品。他们曾经到伊利诺伊大学芝加哥分校（University of Illinois at Chicago）进行了为时一年的访问学习，实地考察了芝加哥的城市发展和经济活动，又进行了认真的分析整理。本书资料丰富，数据翔实，是很有价值的参考书。作为他们在芝加哥学习期间的指导老师，我很高兴为他们的著作写序，也期待他们有更多、更好的作品问世。

张庭伟

伊利诺伊大学芝加哥分校荣休教授

2023 年 2 月

前　言

　　工业革命带来了人口在城镇的快速集聚，改变了人们的生活方式、思维方式和移动方式，改变了城市景观、城市形态。同样，逆工业化、去工业化也在剧烈地改变着城市。产业转型推动和主导着城市转型，城市转型发展对产业转型有着基础作用。芝加哥是19世纪后期以及20世纪上半叶工业化大都市的代表，20世纪后期进入后工业化阶段以来，芝加哥的都市文化、服务业经济、绿色发展始终让它闪耀在全球城市之列。芝加哥是全球从工业革命、信息革命一路走来成长迅速，遭遇产业转型剧烈，却依然活力充沛的城市，并且在经济、文化、生态、城市规划等方面引领世界发展，其作为全球活力城市和经典城市规划案例值得深入研究。

　　从产业转型和城市转型的角度研究这样一座城市的发展全过程，引发了以下思考。一是关于城市可持续发展的过程及因素。一座城市从建市到成长、成熟、衰败、转型、再生，其过程有着城市发展演变的基本规律，它的发展、繁荣和衰败有国家、世界发展大背景下的历史趋势和历史机遇，但其中一定有它走向成功的独到之处和避过风浪、再立潮头的现实因素，在城市研究和城市规划中，难得和宝贵的就是找到一座城市发展演变的基本规律，作为可供其他城市借鉴的经验，这就是"基本规律＋独特的条件"。其中，基本规律是指一座城市的发展历程，其反映的也是科技、经济的发展历程，遵循"成长—繁荣—衰退—再生"的周期性发展规律，然而随着科技进步，借助的工具不一样，人的生活以及城市的核心功能、形式并没有太大的变化。贯穿其中的主线依然是经济、贸易、生态、宜居的功能和需求，城市服务于区域，以及其与外界的联系，如全球化、贸易全球化、生产全球化。而独特的条件就是城市的人和文化。二是关于城市发展理论及城市规划理论。从芝加哥的发展追溯美国工业化、城市化的发展过程，芝加哥是美国商业性规划的典型案例，美国的制度决定了城市的经济、产业功能和活力是城市可持续发展的生命线，是城市规划的基本准则之一。城市的发展需要规划，城市的建设、发展受到太多综合性因素，如政治背景、企业及投资背景、社会和文化诉求等的影响，而经济、发展以及宜居的需求始终是城市可持续发展的核心，传统以物质空间为对象的城市规划无法把握城市社会、经济、文化的全局。从芝加哥的发展历程可见城市发展理论远比城市规划理论厚实、坚定和执着，少了"主义""流派"，更多的是探究城市生态、经济、社会的基本规律，追求人的多样化需求的满足，这与中国改革开放成功的经验不谋而合，也是中国城市规划在改革开放40余年后回归多规合一，向尊重城市发展基本规律、以人为本的转型的迫切需求。

本书主要通过理论文献及历史研究、回忆、档案等历史文献的研究，以公司、机构以及有影响的人等城市构成单元的历史轨迹为研究对象，研究产业和城市转型过程。此项研究开展过程正遇美国倡导制造业复兴，美国及芝加哥的制造业复兴计划为本书提供了丰富的基础资料。借鉴陈寅恪从各种散落于史料的信息中整理出历史演变脉络的研究方法，对芝加哥的研究，除了搜集作者访问留学期间的生活经历、现场踏访的资料外，更多的是爬梳整理文献资料和政府网站资料，并通过多次再访加深对美国工业化、城市化的理解，也力图拼全芝加哥和美国工业化、城市转型的图景，借助城市规划以及地理学、经济学的理论和方法对芝加哥产业和城市转型的过程、规律进行梳理和总结。

本书主要内容包括六章：绪论、工业化与城市化背景、芝加哥的产业转型、芝加哥的城市转型、芝加哥产业与城市发展互动规律、芝加哥转型发展的启示。从产业与城市发展互动的视角，本书对芝加哥的产业与城市转型做了深入、全面的解析，梳理了美国的城市发展、规划体系，重点分析了美国制造业复兴战略下芝加哥的具体对策和做法，其中，在产业转型过程中以货运组织生产空间、街道空间和城市格局演化，滨水空间改造利用，坚持保留制造业保护区和工业走廊以及形成制造业共同体等理念，对于中国城市尤其是工业城市的可持续发展和国土空间规划、产业转型、城市存量发展具有现实借鉴意义，可为中国城市的转型发展和制造业发展提供参考。本书适合地理界、规划界、产业界以及政府机构等从事城乡规划研究、城市研究、产业转型研究、开发区规划研究的决策者、学者、规划师等相关人士阅读，可为决策者提供相关决策理论与案例，为城市研究与产业研究提供一个新的视角和思维方式。

历时三年多，我们在文献中爬梳整理，感谢促成这一成果的所有人和事。感谢武汉市规划研究院开创的"十年芝加哥培训计划"。特别感谢芝加哥培训指导老师、伊利诺伊大学芝加哥分校荣休教授张庭伟先生，他以丰硕的中美规划研究成果和经验开拓了对美国城市规划的认识，激发了我们对芝加哥的兴趣。感谢中国城市经济学会学科建设专业委员会主任、南开大学城市与区域经济研究所江曼琦教授，武汉大学政治与公共管理学院操小娟教授，华中科技大学建筑与城市规划学院刘合林教授的认真审阅，他们提出的将研究成果与国土空间规划相联系的意见使我们很受启发，让本书与国家城乡发展重点方向结合起来，提升了本书的应用价值和理论价值。感谢同济大学出版社周原田责任编辑认真细致的工作。

目 录

序
前言

第 1 章 绪论 001
  1.1 研究概述 003
      1.1.1 产业转型与城市转型 003
      1.1.2 城市可持续发展 006
      1.1.3 芝加哥城市转型 008
  1.2 概念辨析与理论基础 009
      1.2.1 相关概念 009
      1.2.2 理论基础 012
  1.3 芝加哥概况 017
      1.3.1 城市概貌 017
      1.3.2 城市发展大事记 019

第 2 章 工业化与城市化背景 025
  2.1 全球工业化及城市化演进 027
      2.1.1 以科技发展为主线的全球文明进程 027
      2.1.2 伴随科技发展的经济社会形态演变 029
      2.1.3 产业转型演进过程中的城市发展演化 032
  2.2 美国工业化与城市化演进 035
      2.2.1 贸易工业化与商贸城市的发展（1840 年前）................. 035
      2.2.2 工业化、工业郊区化与工业城市、大都市区、城市连绵带的发展
            （1840—1970 年代）... 037
      2.2.3 再工业化与新城市化（1970 年代后）............................. 041

第 3 章 芝加哥的产业转型 049
  3.1 产业转型历程 051

		3.1.1 农产品贸易加工阶段（1848年前）	051
		3.1.2 工业化阶段（1848—1968年）	051
		3.1.3 后工业化阶段（1968—2008年）	053
		3.1.4 再工业化阶段（2008年至今）	055
	3.2	再工业化及制造业复兴	056
		3.2.1 美国制造业复兴	057
		3.2.2 芝加哥制造业复兴	065
	3.3	产业空间形态演变	085
		3.3.1 产业布局格局演变	086
		3.3.2 产业空间组织机理	090

第4章 芝加哥的城市转型 ... 105

	4.1	城市规模、市区范围及城市职能演变	107
		4.1.1 城市规模变化	107
		4.1.2 市区范围扩展	108
		4.1.3 城市职能演进	108
	4.2	综合交通系统引导下的城市发展	115
		4.2.1 综合交通系统构成	115
		4.2.2 综合交通系统演化	116
		4.2.3 交通引导下的城市发展	128
	4.3	空间扩展与大都市区化	131
		4.3.1 芝加哥大都市区基本格局	131
		4.3.2 城市空间扩展与大都市区化	134
	4.4	城市功能布局演化与内部空间结构调整	138
		4.4.1 中心服务功能的布局演化	139
		4.4.2 居住与社会空间形态的演变	141
		4.4.3 人居环境改善与滨水空间改造利用	146

第5章 芝加哥产业与城市发展互动规律 ... 161

	5.1	产业转型与城市转型的周期律	163
		5.1.1 城市发展的周期性规律	163
		5.1.2 产业与城市发展周期性规律	166
	5.2	城市转型与产业转型的相互促进	167
		5.2.1 金融中心：产业发展的金融支持	167

		5.2.2 文化中心：工业造富的结果和需求	168
		5.2.3 智力中心：产业转型的创新支持	170
		5.2.4 贸易与流通：城市的基本职能	171
	5.3	转型发展中的独特因素	172
		5.3.1 城市管治的文化背景	173
		5.3.2 适应性调整的创新力量与创新机制	176
		5.3.3 转型发展中的公共政策	184

第 6 章 芝加哥转型发展的启示 213

6.1 从工业城市到全球宜居城市的转型经验 215
- 6.1.1 把制造业与创新、贸易、可持续发展等联系起来 215
- 6.1.2 老工业城市的积淀与优势利用 218
- 6.1.3 永葆物流和贸易的基本职能 219
- 6.1.4 宜居城市建设与滨水空间改造利用 220
- 6.1.5 城市与区域协调发展 221
- 6.1.6 适应变化的城市与城市规划 222

6.2 对中国城市的启示 224
- 6.2.1 坚持城市可持续发展路径 224
- 6.2.2 加强全方位的城市经营 224
- 6.2.3 明晰国土空间规划重点和核心理念 229
- 6.2.4 秉持区域共同体思维谋求区域协调发展 229
- 6.2.5 加强工业遗产的活化与多用途利用 229
- 6.2.6 推行城市的持续性更新 231
- 6.2.7 发挥交通与城市的相互促进作用 231

后记 233

第 1 章　绪论

第 1 章 绪论

200多年前开始的以欧美为主战场的工业化以及随后的去工业化、产业空洞化、再工业化的过程，不仅使欧美成为全球经济追赶的目标，其科技发展、人居环境建设和可持续发展也成为全球的风向标。自工业革命以来，伴随科技进步和产业转型，世界大都市如纽约、伦敦、东京以及芝加哥、匹兹堡等无不经历了由港口商贸城市到工业城市再到综合性大都市的转型过程，在研究转型的一般规律的同时，也剖析其中各具特色的方法、路径，既有各个城市的国家背景、也有城市自身的个性特征。具有180余年历史的芝加哥是美国典型的工业城市，其发展过程所经历的城市快速崛起、产业转型、空间拓展、旧城改造、人居环境建设等在世界范围内具有典型示范效应。

中国改革开放后四十余年的发展，经历了城镇化、工业化、信息化、农业现代化齐头并进的过程，中国共产党第二十次全国代表大会提出了以中国式现代化全面推进中华民族伟大复兴的目标，2015年中央城市工作会议提出新时期中国城市应着力提高城市发展持续性和宜居性，发挥城市在经济社会发展和民生改善中的重要作用，在工业化、现代化发展的同时，更加注重经济、社会和生态环境的全面高质量发展，从以注重土地、投资、劳动力、资源等传统生产要素投入为主的要素驱动型外延式增长转变为创新驱动型内涵式发展，中国城乡面临着增长主义终结而产生的发展动能转换、产业转型升级、区域协调发展、人居环境改善以及可持续发展的迫切要求。

本书结合世界经济、美国经济转型发展以及城市转型发展背景，对芝加哥的产业转型、城市转型做深入、全面的解析，研究其转型过程、转型方式、产业转型与城市发展的相互作用，分析其成功所在以及对城市发展的积极影响，研究其转型成功的因素，如大学与城市、公司与城市的关系，一方面总结可复制推广的经验、价值；另一方面从中国学者和中国城市研究的角度总结经验和教训，具有城市研究理论和方法的创新价值，通过与中国城市的对比研究得到对中国城市的启示，对当下中国城市的转型发展具有借鉴意义。

1.1 研究概述

芝加哥建市以来产业转型和城市转型的发展过程，反映了自美国工业革命以来科技的快速迭代，以及由此引发的产业和城市区域空间的急剧变革。本书以芝加哥为案例聚焦研究产业与城市相互作用的过程与机制，同时对现代城市区域发展演变过程的相关研究进行梳理，本节重点对产业转型与城市转型互动、城市可持续发展及芝加哥转型发展的相关研究进行总结。

1.1.1 产业转型与城市转型

影响产业与城市关系的基本因素是区位选择和要素集聚，而区位选择与要素集聚又是相辅相成的。

区位理论是关于人类活动所占有场所的理论，除了各类经济活动的区位理论外，还包括除经济活动以外的所有其他人类活动的空间法则的理论，以及以在这些人类活动基础上所形成的村落、都市的空间秩序为研究对象的聚落区位理论等。如自17世纪以来的世界经济快速发展中，城市的选址更多的是以经济区位为核心要素，其中经济区位的选择又以产业、企业的选址为出发点，区位理论包括两层内涵，即人类活动的空间选择，以及空间内人类活动的有机组合（即空间结构）。[1]

经济活动区位理论，包括农业区位、工业区位、商业区位等理论。1909年韦伯（Alfred Weber）提出工业区位论，指出工业区位的运费指向、劳动费指向和集聚指向，1948年胡佛（Edgar M. Hoover）出版的《经济活动的区位》提出运费分为场站作业费用和线路运输费用，其意义在于经济活动选择要尽量在各大中转场布局，减少货场的中转次数以减少运输费用。美国经济学家柯布（Chales W. Cobb）和道格拉斯（Paul H. Douglas）提出柯布-道格拉斯生产函数：

$$P=bL^kC^{1-k}$$

其中P为产出，b为综合技术进步因素，L为劳动力，C为资本，k、$1-k$均为上标，是系数，两系数之和为1。该函数表征的是在规模报酬不变的前提下，只有提高技术水平才会提高经济效益。初级生产要素包括土地、原材料、能源、一般金融资本、普通劳动力等。高级生产要素包括现代化信息网络、高科技人才、高等教育与科研院所等知识生产与传播机构，反映的是要素的集聚，特别是随着技术进步影响产出的生产要素的变化，而生产要素的集中变化则是产业集聚地（城市或园区）的发展进步。

由于人类活动一般遵循效用最大化和耗费最小化的原则，因此经济活动的空间结构及其演变是有规律的。城市由于经济外部性而具有规模经济效应和集聚效应，由此各类经济活动聚集在城市，从而使某一处于一定级别的中心地区位的总体规模扩大，随之而出现的综合经济利益，称为城市化经济。城市是各种各样劳动力的巨大源地；是各类资源和设施的汇聚地，是巨大的消费市场，有利于各类企业、经营单位获得规模经济；是多样化产品和服务的供给地；也是各类非经济的私人和公共部门的所在地。因此，城市具有强大的吸引力，对周边资源、行业和产业具有虹吸效应，促进城市迅速发展。[2] 马歇尔（Alfred Marshall）的产业组织理论提出产业集聚有利于共享基础设施、共享生产和技术经验。

1933年，克里斯塔勒（Walter Christaller）提出中心地理论，其基于经济活动是城市形成、发展的主要因素的认识基础，研究区域的城市数量、区位、发展和空间结构，形成系统的中心地理论体系。各级城市即不同区域的中心地聚落，中心地以为周边区域提供中心商品（服务）而具有中心性，发挥中心地职能。中心性即中心地供给自身中心商品后的

---

[1] 李小建. 经济地理学. 北京：高等教育出版社，1999:26.
[2] 陈宗兴，等. 经济活动的空间分析. 西安：陕西人民出版社，1989:325-326.

剩余，即从中心地供给其周围区域的中心商品的数量，用公式表达为

$$C=B_1-B_2$$

其中 C 指中心地的中心性，B_1 指中心地供给中心商品的总量，B_2 指中心地供给中心地自身的中心商品的数量。[①] 迈克尔·波特（Michael E. Porter）强调中心区必须有与区域存在产业链联系的经济实体，在满足中心区自身需求的基础上供给区域，以体现城市的中心性。[②③] 中心地因集聚生产要素而产生极化效应，同时通过扩散效应对区域经济产生影响。

中心地即城市是人类文明成就的集中展现，包括经济、社会、科技的发展。工业化及城市化作为人类活动和人类发展进步的两大主要过程，是经济学家、社会学家、地理学家及规划学者的重点研究课题，如发展经济学、区域经济学、城市经济学以及经济地理学、城市社会学、城市地理学等，新马克思主义、新经济地理研究甚至成为当今反思城市问题、总结经济与区位关系的热点，工业化、后工业化、再工业化以及全球城市、郊区化、边缘城市、新城市主义都是在以技术进步为轴线的经济、社会活动在空间发生位移和形态变化的综合表现。

一直以来，城市被社会学家解读为由人口和空间的自然演化而形成、发展和演变的，直到1972年曼纽尔·卡斯特（Manuel Castells）和大卫·哈维（David Harvey）提出，城市的形成过程与工业资本的历史进程相关，是资本主义生产关系中蕴含的社会力量的产物[④]。艾伦·斯科特（Allen J. Scott）提出产业链的垂直分化是生产性服务业集聚，而生产环节在都市区分散的中心城区与大都市区域的分工模式，约翰·弗里德曼（John Friedman）提出的世界城市假设就是在全球新的国际劳动分工基础上的经济空间组织，资本和劳动力向世界城市集聚，发达国家出现科技产业的集聚和传统制造业聚集带，以及城市的去工业化和城市衰败，而制造业向发展中国家转移。萨斯奇亚·撒森（Saskia Sassan）进一步研究了全球城市的产业结构、人口结构的变化。

卡斯特的技术—经济模式提出，城市是人口、经济、信息、物资的集聚交汇场所，以经济为依托的聚居模式和随着收入、等级的变化而导致的聚居空间的位移、城市服务功能的更迭以及新的移民的进入，遵循着城市同心圆式经济地租理论、线性易达性（linear accessibility）、定向惯性（directional inertia）（依放射状运输线路使城市呈不规划状向外扩展）、经济细胞体（economic cells）（是城市和区域的生长点，包括中心地系统内

---

① 李小建. 经济地理学. 北京：高等教育出版社，1999:87.
② PORTER M E.Inner-City Economic Development: Learnings From 20 Years of Research and Practice. Economic Development Quarterly, 2016, 30（02）:105-116.
③ PORTER M E.The Competitive Advantage of the Inner City.Harvard Business Review, 1995, 28（03）:132-132.
④ FRIEDMAN J. The World City Hypothesis// KNOX P L, TAYLOR P J.World Cities in a World-System. Cambridge: Cambridge University Press, 1997:317-330.

各低级中心地和其他生长点)的演变和生成规律[①]，构成城市土地利用方式和社会生态景观的转型，其中包括伯吉斯（Ernest W.Burgess）的同心圆模式、霍默·霍伊特（Homer Hoyt）的扇形模式、哈里斯（C. D. Harris）与厄尔曼（E. L. Ullman）的多核心模式。而城市经济的方式和结构则体现了人类文明进步的标志——科技的发展（即生产力水平），如小手工业时期与商贸居住混合、机械化大工业时期的独立布局，电气及电子工业时期的楼宇经济、互联网时期的全球化分工，以及移动互联网时期城市高科技产业的复苏等。

1.1.2 城市可持续发展

城市是一个生命有机体，由住区系统、生态环境系统、经济系统、设施系统以及管理运营系统构成。城市的可持续发展表现为环境宜人、资源永续利用、社会和谐、文化传承、经济繁荣和管理有序。城市不仅经历生长、繁荣、衰败、复兴的循环往复过程，而且遵从自然生态的演替原则，贯穿其中的核心要素是科技的发展，带来产业结构转换、产业空间组织演化、交通方式革新以及生活形态、居住形态的演变。工业革命以来在产业的演替升级基础上，城市一方面展现工业化以及信息化带来的城市物质景观的成就，如勒·柯布西耶（Le Corbusier）的光辉城市、戛涅（Tony Garnier）的工业城市、索里亚·玛塔（Soriay Mata）的带形城市，以及高科技产业集聚区、大都市区、都市连绵带、城市群、世界城市、全球城市、流空间等。另一方面又一步步修正城市发展方式和路径，来改善对自然以及对社会及社会各阶层的负面影响，如霍华德（Ebenezer Howard）的田园城市，奥姆斯特德（Frederick Law Olmsted）、丹尼尔·伯纳姆（Daniel Burnham）等人的城市美化运动和自然保护运动，刘易斯·芒福德的人本主义城市等。

18世纪及19世纪欧美工业革命带动了城市化的发展，为解决环境卫生问题，改善居住生活条件，在工业城镇开展了公共卫生运动和城市美化运动，产生了近现代城市。19世纪末、20世纪初，交通工具的进步使分散布局的城市形态开始涌现。这一时期城市规划领域出现了格迪斯（Patrick Geddes）的区域规划理论、弗兰克·劳埃德·赖特（Frank Lloyd Wright）的广亩城市以及埃列尔·沙里宁（Eliel Saarinen）的有机疏散理论，主张发展新城、改建旧城，主张将若干城镇和四周的乡村组合成城市集聚区（Urban Agglomerations）或组合城市（Conurbation）进行统一规划，并在第二次世界大战以前在工业化发达的国家广泛展开区域规划，编制了大伦敦区域规划、纽约区域与周围地区的规划、德国南部区域规划。建筑师格罗皮乌斯（Walter Gropius）、勒·柯布西耶倡导了新建筑运动，通过发挥新材料、新结构、新技术的性能特点，提高建筑高度，完善城市集聚功能，解决城市拥挤的问题。1933年的雅典宪章成为划时代的城市规划的纲领，

[①] 许学强，周一星，宁越敏. 城市地理学. 北京：高等教育出版社，2001:222-226.

以戛涅的工业城市为代表的城市功能分区的思想在《雅典宪章》中得以体现，提出现代城市应解决好居住、工作、游憩、交通四大功能。第二次世界大战以后，由于人口的快速增长，出于提供就业岗位和改善大城市居住环境的目的，郊区化和区域规划、国土规划、新城建设的思想得到普遍实施，伴随着战后重建，古城和古建筑的保护得到日益重视，同时科技的飞速发展也促使西方国家意识到了将科研机构、生产企业和高等学校集中在统一的区域创新综合体，科学城的规划建设得到广泛开展。

1960年代、1970年代，以简·雅各布斯（Jane Jacobs）的《美国大城市的死与生》为标志，开始从城市社会学的角度对物质形态规划的理念、方法进行批判，倡导性规划、联络规划兴起，规划不再仅仅是规划师和建筑师个人的职业行为，而是反映公众意志的协调性安排，体现了这一时期城市规划思想对人的社会需求的重视。

1960年代初，蕾切尔·卡森（Rachel L. Carson）发表了《寂静的春天》，明确地把环境问题提到人类生存的社会生态系统来认识。1972年罗马俱乐部发表了《增长的极限》，意识到人口增长、资源过度开发利用将导致人类环境的灾难性后果。1977年《马丘比丘宪章》对区域规划、城市增长、分区概念、住房问题、城市运输、城市土地利用、自然资源与环境污染、文物和历史遗产的保存和保护、工业技术等提出了建设性意见。1987年由布伦特兰（G. H. Brundland）主持提出《我们共同的未来》，首次提出可持续发展的观念，强调控制城市规模，实行精明增长的发展模式，实现资源的集约和永续利用。1992年由联合国环境与发展大会通过的《21世纪议程》倡导尊重自然、顺应自然、因地制宜，节约集约利用资源的绿色、循环、低碳的可持续发展模式。1992年的《联合国气候变化框架公约》和1997年的《京都议定书》提出了针对全球气候变暖的减排措施的全球约定。

1975年以后，以微处理器的广泛应用、光导纤维的发明带来的通信技术革新，以及软件业和互联网发展为标志的信息社会、知识经济得以全面展开，由此产生的后工业化社会的转型和经济全球化的趋势使社会经济的各方面发生深刻的变化。信息和知识是后工业化社会的主要结构特征和主要的资产，社会生产和服务的多样化、个人化、小型化得到强调，知识更新和教育改革的问题成为信息社会中第一重要的事情。这一时期，卡斯特着重分析了信息革命通过资本的重组和流动空间的形成对城市和区域的社会、经济、文化空间结构产生的重要影响，卡斯特关于信息社会时间和空间的概念、信息流动空间与城市空间的并存、信息化城市、网络社会的崛起等揭示了信息革命后独特的社会形态、组织方式和空间结构，是经济全球化理论、全球城市理论的基础。

在网络社会和经济全球化时代，城市与区域的优势不再依赖以区位和资源条件为基础的比较优势，而在于城市参与全球化活动的能力、接受以及处理和扩散信息的能力、吸引和争夺资源的能力，因此，增强城市竞争力成为国家、区域、城市的首要任务。波特（Michael E. Porter）的竞争三部曲（《竞争战略》《竞争优势》《国家竞争优势》）从产业的组织、产业集群的形成机制的角度提出，重视和重构区域、地区产业生态是提升内城、区域和国家竞争力，改善内城活力的措施。

未来仍将是以城市为主体开展竞争和组织经济的城市时代，城市的经营、城市的运行和城市管理体制的创新成为城市发展的重要内容。城市经济活动的内容、结构、形式将发生深刻变化，知识经济和服务经济在城市得以集中和强化，而产品生产则逐渐呈现分散趋势，由地域的水平分工向垂直分工转化，城市之间的分工合作日益明显，对地区以及世界城市体系的重构起着决定性的作用。知识经济、信息社会以及经济全球化对城市在区域中的文化功能提出了更高的要求，需保持文化的本土特色和传统文化的延续和传承。信息技术对城市中微观层面如社区构建、发展和管理也将产生重要影响，信息化和网络化的设施体系成为城市关键的基础设施，城市规划建设转向对人的自尊需求、发展需求、社会需求等心理需求的全面关怀。

1.1.3 芝加哥城市转型

1776年美国发表《独立宣言》，同年瓦特（James Watt）创造了世界第一台有实用价值的蒸汽机，亚当·斯密（Adam Smith）出版了《国富论》，人类历史跃上工业化的新阶段。① 工业革命爆发带来全球财富、人口迅速增长，科技加速进步，世界区域格局和城市化格局发生剧烈变化。19世纪初，美国随着欧洲的工业革命开始了工业化进程，并迅速发展成为科技、工业发展强国，引领世界发展潮流。克里斯托弗·弗里曼（Christopher Freeman）和卡洛塔·佩雷兹（Carlota Perez）将美国工业发展过程按照"技术-经济范式"分为5个阶段：①早期机械化阶段（棉花），1770年代/1780年代和1830年代/1840年代；②蒸汽动力和铁路阶段（煤炭），1830年代/1840年代和1880年代/1890年代；③电气和重型机械化阶段（钢铁），1880年代/1890年代和1930年代/1940年代；④大生产阶段（石油），1930年代/1940年代和1980年代/1990年代；⑤信息和通信阶段（电脑芯片），1980年代/1990年代。②

随着工业革命的急剧推进，美国城市与区域随之发生空间结构和景观的剧烈重组，呈现给经济、社会和地理学者以充分的研究素材、研究成果，以及理论及设想的实践基地，如西方经济学、现代城市规划原理、世界城市假说、全球城市理论、城市生态学等，再如芝加哥大学城市生态学家伯吉斯的城市土地利用同心圆模式、房地产投资顾问霍默·霍伊特的扇形模式等。

芝加哥是美国工业革命以来重要的工业城市，是美国的金融中心、交通枢纽和学术中心。芝加哥经济学派和新自由主义、芝加哥建筑学派和《芝加哥规划》（Plan of Chicago）、费米国家加速器实验室等，在全球具有国际影响力。作为美国三大全球城市之一，

---

① 李录. 文明、现代化、价值投资与中国. 北京：中信出版社，2020:86.
② SMITH J D. Strategic Innovation: The Third Industrial Stage. New-york: New School for Social Research, 2000.

芝加哥的企业和企业家的创新力、生命力在全美也具有极大影响，其产业与城市转型发展过程也是美国及世界学者研究城市与产业转型的重点，产生不少研究成果。卡斯特在《网络城市的崛起》中注意到芝加哥在信息化时代科技信息产业的发展与大学的关系不大，而与传统制造业基础紧密相关。波特提到发源于芝加哥的零售企业对波士顿的影响，《芝加哥制造》一书则是对芝加哥地区的生产网络的考察。伊利诺伊大学芝加哥分校的张庭伟教授，立足美国和芝加哥，对滨水区改造、高科技开发区建设、规划教育、规划职业、规划转型、经济转型、全球化及对地方与城市的影响与对策、城市经营等有广泛、深入的研究，关于芝加哥经济转型"四轮驱动"（传统制造业、现代制造业、传统服务业、现代服务业）的观点精准把握了芝加哥城市成功转型的关键。国内厦门大学以及华东师范大学的学者对美国城市化、城市发展模式等也有深入研究，同济大学王兰等总结了芝加哥从1909—2011年的10次规划中战略规划的理念、关注重点和措施的演变。1909年的《芝加哥规划》奠定了区域空间发展基本框架，在1909年规划基础上，芝加哥针对面临的问题不断调整、优化发展重点，由区域中心城市逐步瞄准全球城市，中心城区始终定位为金融中心、会展中心、文化旅游及教育中心。随着全球化时代的到来，1999年芝加哥提出加强通信中心和货运中心的地位，并规划建设数据中心，在大都市区域则进一步完善产业集群。

1.2 概念辨析与理论基础

1.2.1 相关概念

1．转型

"转型"对应英文transition和transformation，其内涵一是指方向、动力的转换，如制度转型、经济转型；二是指形态、模式的转换，是结果和表象以及路径的转换。转型和发展、增长有着不同的含义，转型意味着模式发生重大改变，是指事物的结构形态、运转模型和人们观念的根本性转变过程。相关的词如转变（shift）[①]、变换（change）等，不同之处在于转型意味着更巨大的改变，并由某一个节点的某个重大因素开始。

2．经济转型和产业转型

经济转型是经济体制的更新，是经济增长方式的转变，是经济结构的提升，是支柱产业的替换，是国民经济体制和结构发生的一个由量变到质变的过程。[②]

产业转型是指产业结构、产业布局、产业组织形态的演变。产业的划分界线已经非常模糊，凡具有投入产出活动的产业和部门都可以列入产业的范畴。产业分类随着社会和科

---

① 迪肯.全球性转变：重塑21世纪的全球经济地图.刘卫东,等,译.北京：商务印书馆，2007：引言.
② 详见：https://wiki.mbalib.com/wiki/%E7%BB%8F%E6%B5%8E%E8%BD%AC%E5%9E%8B.

技的进步也逐步调整、完善①。第一、二、三产业的界线已经难以明确，如日本于1980年代取代第一、二、三产业的分类原则，将第一、二产业合并为物质生产部门，将第三产业分割为网络部门和知识、服务生产部门。由美国、英国、法国、意大利、德国、澳大利亚、日本等国组成的"经济合作与发展组织"提出农业为第一产业、工业为第二产业、服务业为第三产业，联合国的标准产业分类也与此密切相关。

1937年，美国着手由中央统计委员会成立跨部门的产业分类委员会，建立了一套联邦政府的标准分类体系，并于1938年建立了制造业目录，于1939年建立了非制造业目录，成为美国最初的产业分类标准（SIC）。标准的确定旨在用于分别企业机构最初从事的产业活动，有利于收集、处理、呈现和分析相关数据。随着经济产业构成和组织的变化，产业分类标准也一直在不断修订中，最后一版是1987年修订的。1992年，美国、加拿大、墨西哥联合推出北美产业分类标准（NAICS），取代1987年的SIC标准，于1997年完成首版，是六位码的代码系统。2002年、2007年、2012年、2017年分别修订以反映最新的、潜在的或变化中的活动和科技，目前包括20大类、99次类、311项产业组、709项产业类型②（表1.1）。

辛格曼（Joachim Singelmann）③将产业分为6个产业部门和37个中间产业群，6个产业部门分别为采掘业、制造加工业、分配性服务业、生产性服务业、社会服务业、个人服务业（表1.2）。

彼得·霍尔（Peter Hall）建议了两种区分就业部门的方法：工业相对于服务业，商品处理（货物管理）相对于信息处理（信息管理）④。

美国在以上分类的基础上归入三大产业分类⑤：第一产业是农业和矿业；第二产业是建筑业、基础设施和制造业；第三产业是服务业，包括分配性服务业、生产服务业、社会服务业、个人服务业。

其中，工业包括矿业、建筑业、制造加工业；服务业包括除农业、工业以外的其他项目；货物管理包括矿业、建筑、制造加工、运输及批发零售贸易；信息管理包括通信、财务、保险、不动产、服务和政府。

因此，本书以产业转型代替工业转型或制造业转型，作为对芝加哥产业发展变化的综合考察、研究对象。

---

① 全球至今共有8种产业分类标准，分别是马克思的两大部类分类法、农轻重产业分类法、生产结构产业分类法、三次产业分类法、标准产业分类法、生产要素分类法、产业地位分类法、产业发展阶段分类法。引自：张冬梅. 产业经济学. 北京：社会科学文献出版社，2013.
② Executive Office of The President Office of Management and Budget. North American Industry Classification System.[2021-10-08]. https://www.census.gov/naics/reference_files_tools/2017_NAICS_Manual.pdf.
③ 卡斯特. 网络社会的崛起. 夏铸九、王志弘，等，译. 北京：社会科学文献出版社，2003:385-386.
④ 同上.
⑤ 卡斯特. 网络社会的崛起. 夏铸九、王志弘，等，译. 北京：社会科学文献出版社，2003.

表 1.1　　2017 年北美产业分类标准

大类 (第1—2位)	名称	次类 (第3位)	产业组 (第4位)	产业类型 (第5位)	细分产业 (第6位)
11	农业、森林、渔业和捕猎	5	19	42	64
21	采矿、采石、石油与天然气冶炼	3	5	11	28
22	公用设施	1	3	6	14
23	建筑业	3	10	28	31
31—33	制造业	21	86	180	360
42	批发贸易	3	19	71	71
44—45	零售贸易	12	27	57	66
48—49	交通与仓储业	11	29	42	57
51	信息	6	11	25	31
52	金融和保险	5	11	31	41
53	房地产和租赁业	3	8	17	24
54	专业、科研与技术服务业	1	9	35	49
55	公司和企业管理管理	1	1	1	3
56	行政管理、废弃物管理和修复服务	2	11	29	44
61	教育服务	1	7	12	17
62	健康服务和社会救助	4	18	30	39
71	艺术、娱乐与休闲	3	9	23	25
72	住宿与食品服务	2	6	10	15
81	其他服务（除公共管理外）	4	14	30	49
92	公共管理	8	8	29	29
	合计	99	311	709	1057

来源：Executive Office of The President Office of Management and Budget. North American Industry Classification System. [2021-10-08]. https://www.census.gov/naics/reference_files_tools/2017_NAICS_Manual.pdf.

3．城市转型

城市自诞生开始，有着增长、发展和演化过程，包括规模增长、空间扩张和职能转换。相应地，城市转型是指城市增长方式、城市职能、城市空间形态及功能布局发生的重大变革。这样的重大变革来源于社会、经济、技术的重大变革和转型。

表 1.2　　产业部门分类及各中间产业类别

序号	产业部门	中间产业群		序号	产业部门	中间产业群		序号	产业部门	中间产业群	序号	产业部门	中间产业群
1	采掘业	农业		3	分配性服务业	运输业		5	社会服务业	医疗保健服务业	6	个人服务业	家务服务业
		矿业				通信业				医院			旅馆
2	制造加工业		建筑业			批发业				教育			饮食场所
			公用事业			零售业				福利、宗教服务业			修缮服务业
		制造业	食品业			银行业				非营利组织			洗衣业
			纺织业			保险业				邮政服务业			理发及美容业
			金属业		4	生产性服务业	不动产工程业	房地产业			政府部门			娱乐业
			机械业					工程业						
			化学业			会计业				混合性社会服务			混合性个人服务业
			混合性制造业			混合性商业服务业							
						法律服务业							

来源：卡斯特. 网络社会的崛起. 夏铸九，王志弘，等，译. 北京：社会科学文献出版社，2003:385-386.

1.2.2　理论基础

1. 城市生命体

城市是城和市的集合，是人和市场的集合，当成立政府统一管理公共事务后，在宗教以及生产、居住、交易等功能、设施基础上再扩展出市政管理功能，达到一定规模，有一定的范围。在成为城市之前就是小规模、低密度的人类聚居点或哨所、客栈、工厂、市场等，城市本身的概念就有生长的过程。

从世界城市发展史来看，城市是一个有机生命体，具有整体性、系统性、复杂性，具有独特的城市构成、城市结构以及与周边区域的开放协同联系，是一个适应性复杂系统[1]，城市自适应系统具有保持系统平衡和抗冲击的韧性；城市发展会经历长期动态生长过程，具有萌芽、生长、成熟、衰败的生命周期。

城市系统由经济系统、社会系统和人居环境系统构成，城市人居环境系统包括生产系

---

[1] 仇保兴. 复杂科学与城市规划变革. 城市规划，2009, 33（04）:11-26.

统、生活系统、设施系统和环境系统等。城市系统构成还包括全球城市系统、国家、区域、省、市、社区等层级构成。城市结构包括空间结构、人口结构、产业结构、生态结构、交通结构等。城市社区、街区以及城市主体（经济个体、社会个体以及生态单元）是城市生命体的构成单元。城市通过人流、物流、信息流、技术流和资金流与其周边区域发生联系，产生一定的影响范围，构成城市—区域系统[①]。城市与区域的相互作用媒介在于城市区域系统结构，即空间地域结构、功能结构、行政组织结构、交通网络结构等。

1909 年帕特里克·格迪斯（Patrick Geddes）发表的《城市的演进》以生物学家、社会学家的视角研究城市，系统揭示人与环境的关系以及现代城市成长和变化的动力，提倡区域观念和有机规划的概念。1920 年代以伯吉斯等为代表的芝加哥生态学派以生态学、社会学等方法研究城市空间结构。城市有机体遵循以下规则：自然生态规则、法律和社会秩序规则、效率与效用规则。

在社会学、经济学、地理学研究基础上，生态学特别是景观生态学以生态学的理论框架为依托，吸收现代地理学与系统科学之所长，研究景观的结构（空间格局）、功能（生态过程）和演化（空间动态），在土地利用、城市规划与管理方面，以及在城市产业结构演替方面日渐打开更多应用场景，不仅为城市研究提供了新的思维方式，而且成为城市规划研究中定量与定性结合的工具和方法，如景观系统整体性和景观要素异质性，景观研究的尺度性；景观结构的镶嵌性；生态流的空间聚集与扩散；景观的自然性与文化性；景观演化的不可逆性与人类主导性及景观价值的多重性，以及景观整体性、景观异质性、景观层域性、景观结构与功能关系、生态流、镶嵌体、斑块—廊道—基质、景观韵律、源—汇系统等。[②]

生态学中生态位理论分析和解释了生态系统中种群间的竞争捕食和动态演替的现象和规律。生态位是指自然生态系统中一个种群在时间、空间上的位置及其与相关种群之间的功能关系[③]。生物物种在生态系统中的空间分布范围（空间位）、在群落中的功能作用（营养位）、对环境条件的适应幅度（超维位）构成生态位，生态系统中生物物种间竞争的结果是促使物种选择相适应的生态位，并通过对良好生态位的趋适、空余生态位的开拓、对资源的竞争和生态位的相互平衡来实现生态位的扩充、提高在生态系统中的地位。

城市生命体通过城市构成单元的动态演化实现城市的经济、社会、人居环境等系统的转型和演变，生态学及景观生态学的城市生命体概念为城市的可持续发展提供了开放、系统的思维和方法。

---

① 顾朝林，等. 中国城市地理. 北京：商务印书馆，1999:317-320.
② 陈遐林，汤腾方. 景观生态学应用与研究进展. 经济林研究，2003（02）:54-57.
③ 李博. 生态学. 北京：高等教育出版社，2000.

2．产业与城市

城市是人的城市，城市是文化的容器[①]，城市也是经济的容器，是市场聚落。马克斯·韦伯（Max Weber）从经济与社会角度将城市分为消费城市、生产性城市和商业城市，经济塑造了城市，经济组织、劳动力的社会属性和再生产构成城市社会形态[②]，从由市场聚落形成城市到由生产联合体形成城市，其中体现的都是产业或经济的个体作为城市的基本单元聚集或衍生出城市单元，企业是城市、区域的细胞体和生长点。以企业作为城市区域生长点的典型形式是增长极。经济增长是通过具有技术创新的推进型企业来实现的，推进型企业与其相关联的企业相互作用，并通过这种相互作用的力场实现在经济空间中的扩散效应，带动区域经济的增长。[③]企业或公司，作为经济系统的基本单元，从自身经营、管理和生存策略来看，存在产品结构（范围经济）、组织结构、规模及区位选择的问题，企业的每一种策略的选择涉及其空间规模（土地）、空间结构（地域形态）、与环境的关系（产业关联和对区域的影响、辐射作用），影响到城市、区域的发展演变。

企业由于规模经济、内部交易、技术优势和竞争激励等推动企业增长，其增长战略包括一体化扩张、多样化扩张，一体化扩张又分为水平一体化和垂直一体化，企业增长的多种战略和方法均导致企业的多部门、多区位发展。企业空间扩张包括企业组织结构逐步复杂、生产功能逐步多样化、地理范围逐步扩张，其空间扩张方式有连续扩散、等级扩散等方式。[④]

产品生命周期包括导入期、增长期、成熟期、衰退期四个阶段，与之对应的产业演变过程也经历推出阶段、上升阶段、成熟阶段、衰退阶段几个阶段[⑤]。波特的产业集群 - 竞争力模式指出，以具有强大人气、资金流、信息流的锚点为发源地带动关联企业/产业的生长，能够形成产业集群和产业网络，带动社区经济发展，增强经济活力，增加就业，提高繁荣指数。同时指出，一个地区在生产要素、需求条件、企业战略、结构和同业竞争、相关及支持产业等发育条件下，能够形成健康、完备的产业生态系统，产业具有竞争力和吸引力，可以形成繁荣的产业集群。[⑥]波特的产业集群以及产业生态系统概念提供了城市形态的内在本质和城市生命力的内在机制，为产业集聚、卡斯特的网络社会/信息化城市的崛起、斯科特的垂直产业链的分化，以及大都市区和城市群体集聚的产业联系做了注解。这个本质的改变（城市经济转换）可能会倾向于加速每个城市的社会地理的变化，影响从阶级结构和社区组织到城市服务分配和城市政治结构的各个方面[⑦]。城市经济转换意味着城市发展

[①] 芒福德.城市发展史：起源、演变和前景.宋俊岭，倪文彦，译.北京：中国建筑工业出版社，2005.
[②] 韦伯.韦伯作品集：经济与社会（第2卷）.阎克文，译.上海：上海人民出版社，2020.
[③] 李小建，苗长虹.增长极理论分析及选择研究.地理研究，1993，12（03）：45-55.
[④] 李小建.经济地理学.北京：高等教育出版社，1999：114-131.
[⑤] 波特.竞争战略.陈小悦，译.北京：华夏出版社，1997：178-182.
[⑥] 波特.国家竞争优势.李明轩，邱如美，译.北京：华夏出版社，2002.
[⑦] 诺克斯，平奇.城市社会地理学导论.柴彦威，张景秋，等，译.北京：商务印书馆，2005.

和衰退的周期循环，任何时期的城市转换都与经济周期的衰退和繁荣有联系[1]。

城市是一个经济体，城市经济活动分为基本经济活动和非基本经济活动，基本经济活动是城市赖以存在、体现区域城市竞争力的职能，非基本经济活动是维持城市运转和居民消费的职能。对于大多数城市来说，都要把经济增长特别是高质量增长和发展作为重要目标之一，长期以来，城市 GDP 是城市规模、地位、竞争力的重要指标。城市的地位即中心性取决于城市为外界所提供的产品/资源、服务，即城市的基础经济部类。同时城市又是一个集中消费者，城市购买力是 GDP 的组成部分，城市自身运转产生价值，公共设施的运转、维护又产生 GDP。城市是经济活动聚集地，城市具有集聚经济、外部经济和规模经济效应，到城市做生意（do business），制造产品、维护城市运转以及提供城市服务的任何人都是做生意，不管他提供的是什么服务。

哈维曾指出，国家、地区或城市之间的区域竞争在于谁有最好的经济发展模式或最好的商业环境，总结资本存在三个循环：第一循环是资本家资本再投入再生产；第二循环是资本家资本投入固定资本和生产环境，消费者投入耐用消费品和消费建筑环境；第三循环是资本通过税收进入国家层面，国家一部分投入技术和服务，另一部分投入教育、医疗、福利、意识形态、警察、军事等社会支出，成为城市建设和发展的来源。[2] 城市职能是指城市在国家、区域中所起的作用，所承担的分工，因此主要是指城市基本经济活动。城市基本活动中每一次的投资、收入和职工的增加，在城市所产生的连锁反应的结果中总是数倍于原来投资、收入和职工的增加，即产生"乘数效应"的放大机制。[3]

从人类发展过程尤其是工业革命以来的世界发展历程可见，工业创造一切，工业造富，"无工不富"，制造业发展对经济发展具有基础作用，也是"创新的熔炉"（crucible of innovation）[4]，是财富创造积累的源泉，是一切经济的基础。

3. 城市转型发展

城市转型发展是指城市职能、空间形态和功能布局的演化，是经济、社会和生态等多重因素综合作用的结果。

舍贝里（Gideon Sjoberg）提出前工业化城市的社会地理理想化模型，精英倾向于居住于城市中心，以接近行政、政治和宗教机构，中心区之外居住着低阶层人群，如各类手工业者、穷人和异教徒[5]。万斯（James Vance）认为财富与地位呈现出由中心向外递减的规律，认为早期城市在不同行业密集区形成多中心和行业街区，由行业协会来联系和管

---

[1] 徐巨洲. 探索城市发展与经济长波的关系. 城市规划, 1997（05）:5.
[2] 哈维. 世界的逻辑. 周大昕, 译. 北京: 中信出版社, 2017:72.
[3] 许学强, 周一星, 宁越敏. 城市地理学. 北京: 高等教育出版社, 2001:111.
[4] 详见: https://files.eric.ed.gov/fulltext/ED529992.pdf.
[5] 诺克斯, 平奇. 城市社会地理学导论. 柴彦威, 张景秋, 等, 译. 北京: 商务印书馆, 2005:24.

制[1]。

恩格斯（Friedrich Engels）在《英国工人阶级的状况》一文中描述了工业化城市的内部结构形态，马克思（Karl H. Marx）提出了资本主义社会的内在经济联系，即资本主义生产力和生产关系的相互关系，是工业城市、工业社会的经济基础。

1950年代法国地理学家戈特曼（Jean Gottmann）提出大都市区、大都市带概念，现代城市的大都市区、大都市带的特征是大片低密度定居点和经济专业化的复杂网络模式，以促进高级产品和服务业的生产和消费，如美国东部、中西部城市带和都市区模式。

福特主义是从生产的规模化和生产的产业链联系来揭示人们工作方式的变化、工业生产结构的变化，以及作为整体的社会组织（尤其作为协调生产和消费的方式）的变化。

后福特主义城市反映的是在生产技术、消费市场、劳资关系发生变革后生产组织方式和社会结构调整的结果，伴随着柔性生产线、新产业空间以及服务业集聚区的出现，出现传统工业城市的去工业化和重型制造业的衰败。

后工业化社会的典型特征是服务业的增长，其给城市的社会地理影响是造成社会的极化和生产要素的全球流动，城市之间竞争加剧。后工业化城市的转型体现在服务业集聚区，知识型设施和通信设施主导了城市空间结构的演化，如全球控制中心和生产地的分离，城市创新氛围、创新能力和创新空间变得尤其重要。

城市是一个复杂巨系统，城市发展过程是经济、社会、环境、技术等综合作用的结果，不同阶段和不同的文化背景下城市发展有着不同的平衡力和持续力，即应对当前问题、谋划长期发展的能力，如中国"无为而治"的道家哲学。按照麦克哈格（Ian Lennox McHarg）的论述，自然通过自身循环、自然界物竞天择的演替原则和相互依存、自成系统的整体协调原则，在较少人为干预的情况下能够达到自身系统的平衡和优化，保持系统个体的生气和活力，城市作为人类与众多其他有机系统共生的复杂自适应系统，具有复杂自适应系统的一般特征[2]，近代城市规划理论的出现也是着重解决城市问题和城市病[3]。约翰·弗里德曼（John Friedmann）把近200年的美国规划理论分为四个学派——政策分析、社会学习、社会改革和社会动员。而张庭伟教授把规划的理论分解成规划范式理论、规划程序理论、规划机制理论，认为规划范式理论是为了建立规划自身的价值观，即效率与公平问题，规划程序理论关注规划编制和实施的过程，规划机制理论讨论各个层面规划工作的职责和规划立法问题，特别是规划实施中的公众监督机制问题[4]。

---

[1] 诺克斯,平奇.城市社会地理学导论.柴彦威,张景秋,等,译.北京：商务印书馆,2005:26.
[2] 仇保兴.复杂科学与城市规划变革.城市规划,2009,33（04）:11-20.
[3] 吴良镛.展望中国城市规划体系的构成：从西方近代城市规划的发展与困惑谈起.城市规划,1991（05）:3.
[4] 张庭伟.转型时期中国的规划理论和规划改革.城市规划,2008,32（03）:16.

1.3 芝加哥概况

1.3.1 城市概貌

1. 芝加哥市

芝加哥位于美国中西部伊利诺伊州东北部伊利诺草原湖泽地区,北美五大湖之一密歇根湖的西南岸(图1.1)。

1833年,芝加哥作为北美五大湖和密西西比河流域的转运中心而建立,1837年建市。芝加哥交通运输业发达,被称为"美国的动脉",是美国东西海岸的中转站,是全美航空、铁路、公路、航运枢纽。有奥黑尔国际机场(O'Hare International Airport)和中途国际机场(Midway International Airport)两个国际机场,其中奥黑尔国际机场是世界上最繁忙的机场之一,其飞机流量、旅客人数、货物吨位均位于美国乃至世界的前列。以卡鲁米湖(Lake Calumet)为基础的芝加哥卡鲁米港口(Calumet Harbor)是美国最大的港口之一,通过圣劳伦斯水道直达大西洋到欧洲,取道密西西比河通往墨西哥湾。芝加哥也是美国最大的铁路枢纽之一,芝加哥联合车站是美国中北部30多条铁路线的集结点,也是所有横贯美

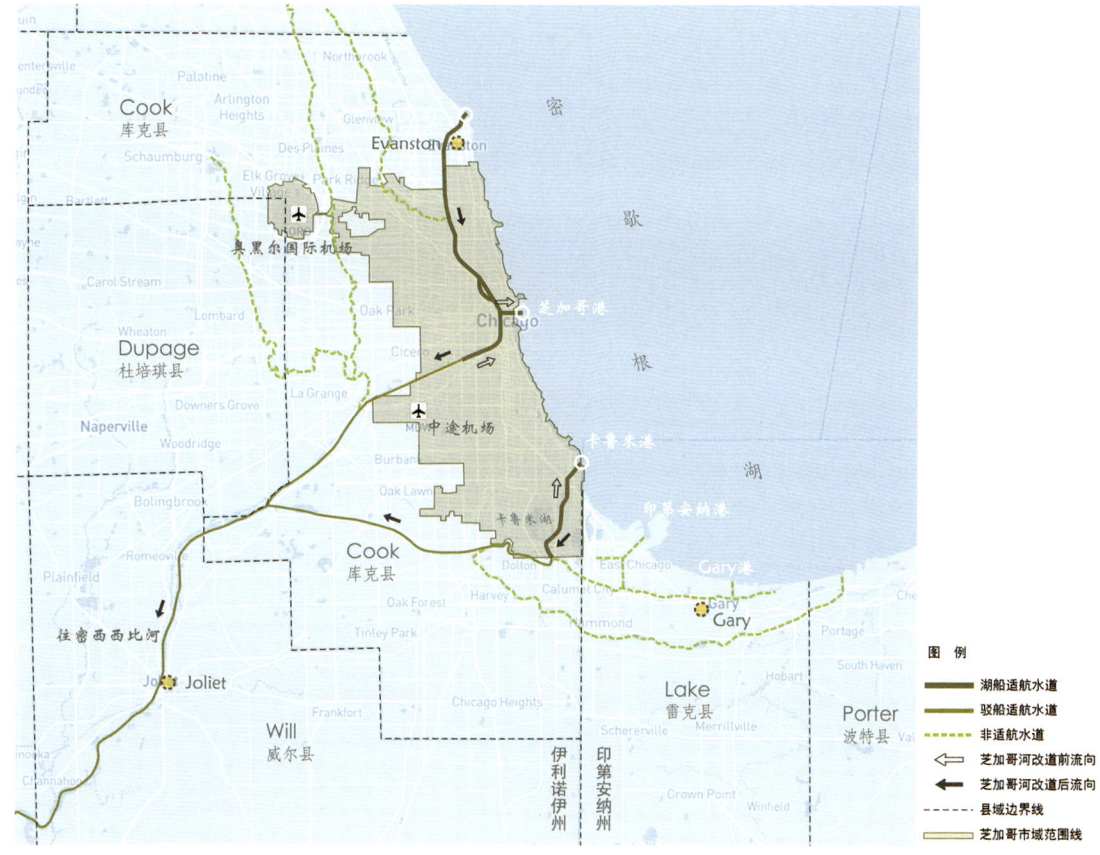

图1.1 芝加哥河道图
来源:作者自绘

国东西海岸的美铁列车的始发终到站，城市铁路线总长1.24万多公里，年货运量5.12亿吨，均居世界各大城市之首。芝加哥公路交通发达，12条国家公路干线经过芝加哥，是伊利诺伊州内公路系统的中心。

芝加哥是美国重要的经济中心之一，是仅次于洛杉矶的第二大工业城市。

芝加哥是美国重要的金融中心之一，拥有美国第二大中央商务区以及号称金融界风向标的芝加哥期货交易所。2007年芝加哥期货交易所、商业交易所①合并成为世界上规模最大、最多样化的交易所之一。芝加哥还拥有全球第一家碳交易所。

芝加哥还是世界会议目的地，位于中心区的麦克米克会展中心（McCormick Place）是世界（美国）第三大会议中心，举办会议次数列全美第三。

芝加哥也是全美重要的科教文化中心之一。拥有世界顶级学府芝加哥大学（The University of Chicago）、西北大学（Northwestern University）、伊利诺伊理工学院（Illinois Institute of Technology）、芝加哥美术学院（Chicago Institute of Arts），享誉世界经济、建筑、社会、传媒等领域的芝加哥学派对世界产生了深远影响。

2．芝加哥区域

根据与芝加哥联系紧密程度的不同，围绕芝加哥的区域范围分为芝加哥大都市区（Chicago Metropolitan Area, CMA）、芝加哥大都市统计区（Metropolitan Statistical Area, MSA）、芝加哥巨型都市区（Megalopolis）三个层次，其中芝加哥大都市区也被居民非正式地称为芝加哥地区（Chicagoland, Chicago Region）。

芝加哥大都市区，是指以芝加哥市为核心的北伊利诺地区，包括伊利诺伊州北部的1市7县：芝加哥市、库克县（Cook County）、杜佩琪县（DuPage County）、康尼县（Kane County）、肯道县（Kendall County）、雷克县（Lake County）、麦克亨利县（Mchenry County）、威尔县（Will County），含284个社区（市）。由芝加哥大都市区规划署（CMAP）负责该区域内的交通设施、土地利用以及长期的经济发展规划。

芝加哥大都市统计区，是指由美国联邦统计局及联邦管理和预算办公室（OBM）1950年界定、后来逐步扩展的统计范围，包括芝加哥大都市区、印第安纳州的密歇根市、伊利诺伊州的堪卡奇市（Kankakee），是全美第三大大都市区。芝加哥大都市统计区又进一步分为以芝加哥—内珀维尔（Naperville）—乔利埃特（Joliet）为中心的伊利诺伊州大都市区分部；以印第安纳州盖里市（Gary）为中心的印第安纳大都市区分部；以伊利诺伊州雷克县和威斯康星州肯努沙县（Kenosha）为主的伊利诺伊州—威斯康星州大都市区分部。

在由15个县组成的芝加哥大都市统计区范围内，有芝加哥大都市区以及27个较小

---

① 芝加哥商业交易所（Chicago Mercantile Exchange，CME）最早是成立于1898年的芝加哥黄油和鸡蛋交易所（Chicago Butter and Egg Board），1919年正式更名为芝加哥商业交易所。2007年与芝加哥期货交易所合并后成立芝加哥商业交易所集团（CME Group）。

的城市地区和集群。其中有5个人口超过10万的郊区城市：欧罗拉（Aurora）、埃尔金（Elgin）、盖里、乔利埃特、内珀维尔。10个人口超过6万的郊区城市包括：阿灵顿高地（Arlington Heights）、博林溪（Bolingbrook）、西塞罗（Cicero）、伊凡斯顿（Evanston）、海蒙德（Hammond，印第安纳州）、肯努沙（Kenosha，威斯康星州）、帕拉汀（Palatine）、香伯格（Schaumburg）、思科齐（Skokie）、沃齐甘（Waukegan）。

芝加哥巨型都市区，包括芝加哥大都市区、威斯康星州的密尔沃基市（Milwaukee）、拉辛市（Racine）、麦迪逊市（Madison）、伊利诺伊州的洛克福特（Rockford）、印第安纳州的南本德市（Southbend）。

1.3.2 城市发展大事记

城市发展过程是由一系列关键节点构成的，构成芝加哥发展历史的重大节点包括以下重大事件（图1.2）。

1．第一个定居者（1779年）

1683年，天主教牧师、传教士、探险家路易斯·亨内平（Louis Hennepin）发现芝加哥并在图上标注。1779年，一个来自海地的黑人商人——杜萨布尔（Jean Baptiste Point DuSable）定居芝加哥，他娶当地伯塔瓦托米人为妻，1780年在芝加哥河北岸开设了该地区第一家贸易站。1785年随着联邦《土地法令》的施行，芝加哥在芝加哥河以北至北大道（North Av.）建立方格网状街道系统。

2．建立芝加哥市（1837年）

1803年，美国陆军建立了迪尔伯恩要塞（Dearborn Fort），1816年，伯塔瓦托米人和其他印第安部落与美国政府签订圣路易斯协定，让出了土地。1833年8月12日，芝加哥镇成立，当时拥有350名居民。1837年3月4日成立芝加哥市，此时的人口为4170人。

3．芝加哥期货交易所的建立（1848年）

1830年代，美国东部铁路的快速发展加速了东部工业品和中西部资源的贸易交换。1840年代，随着美墨战争后南部、西部国土的扩大和开发，东部人口以及欧洲移民大量进入中西部地区，同时进入的还有大量的资金以及东部工业化形成的经验、技术，以及商业贸易、创业的活跃氛围、激情和勇气。1847年，芝加哥麦克米克收割机厂成立，使芝加哥成为中西部农产品加工生产基地。1848年，伊利诺伊—密歇根运河完工，芝加哥第一任市长威廉·奥格登（William B. Ogden）任董事长的芝加哥第一条铁路，即格林纳（Galena）至芝加哥联合铁路（又称芝加哥西北铁路）建成；1830—1840年代，随着电报机的发明，电报线路让纽约、芝加哥、圣路易斯、新奥尔良连接起来。芝加哥成为水陆交通的枢纽、农产品集散地以及商贸中心，人口快速集聚达到近2万人。

1848年4月3日，83个拓荒者、城市先驱、工业幻想家、捕猎手、发明家和精明的商人，以及经验不太丰富的冒险家和企业家在芝加哥河南岸南水街成立了芝加哥商会（即

产业与城市：芝加哥的转型发展

图 1.2 芝加哥城市发展重大节点图
来源：作者自绘

芝加哥期货交易所的前身）。

1850年代，以芝加哥为中心的铁路网建设特别是1869年连接美国东西部的太平洋铁路的贯通，使芝加哥成为联系工业化东部与农业腹地的"门户城市"。同时期，芝加哥抬升城市地平面，建立综合供水系统，建设美国大城市中第一个完备的污水排放系统，在一定程度上改善了城市的面貌和普通市民的生活条件。

1860年代，芝加哥社会领袖邀请著名景观建筑师奥姆斯特德做芝加哥公园和林荫道规划，1869年，密歇根湖滨规划及北、西、南三片公园系统确定下来。同时期，由于芝加哥郊区通勤铁路的建设，规划建设了湖滨新城（The Village of Riverside）、湖岸森林城（Lake Forest City）等郊区新城。

4．芝加哥大火（1871年）

1871年10月8—10日，芝加哥市发生火灾，大火毁掉了整个城市的三分之一，包括整个中央商务区，约6.5平方公里的市区建筑物几乎全部被烧光，约300人死亡、9万人无家可归，财物损失达2亿美元。但中心区南部大部分居民区和制造业区、供水设施、铁路等交通设施保存完好。大火之后，对大火的恐惧导致大量人口和企业外迁，原中心区的居住建筑被代之以商业、商务建筑，让中心区自然地从以居住功能为主调整到以商业商务功能为主。大火之后，芝加哥得到快速重建并很快恢复了增长。为了避免火灾再次发生，芝加哥在建筑形式和材质上进行变革，恰逢电梯、电力照明和钢材等技术的革新，沿湖采用高层建筑，以钢结构和砖作为主要建筑材料，取代木质建材。在重建期间，芝加哥修建了世界上第一座钢构架摩天大楼，也由此开创了芝加哥不断创新、引领世界潮流的芝加哥建筑学派，推动了芝加哥城市核心向现代大都市转化。

5．南芝加哥地区的复兴（1879—1883年）

南芝加哥地区于1836年、1874年都曾经纳入开发规划，并获得短暂繁荣。1879年后，7条从芝加哥始发的铁路主干线的修建使南芝加哥地区成为轧钢生产企业集聚地，1883年，美国铁路车厢公司在赫格韦斯克镇（Hegewisch）成立，同时南部地产的开发潜力得到资本家的认可，出现了南芝加哥地区及草原大道贵族住宅区，南芝加哥地区作为新工业的选址点，包括普尔曼镇（卡鲁米湖西侧），人口迅速增加。

6．社会改革（1886年）

1886年5月1日芝加哥几十万工人举行罢工，争取八小时工作制，引发了著名的干草市场暴乱。移民及底层居民恶劣的生活条件和各种社会问题，引发如简·亚当斯（Jane Adams）建立赫尔馆（Hull House）等的社会改革措施。相应地，芝加哥市也规划和建设了多个大型的城市公园以及图书馆等公共设施。

7．芝加哥外环铁路建成（1887年）

1887年，芝加哥外环铁路建成，促进沃齐甘、芝加哥高地、欧罗拉、埃尔金、乔利埃特等外围工业城镇的发展。

8. 大都市成形（1889年）

1889年6月29日，海德公园、湖区、湖景区、杰弗逊及西塞罗部分区域并入芝加哥市。1890年芝加哥用地跳跃式地增加143平方公里，人口从1880年的50.32万人猛增到1890年的110万人，成为具有百万人口的大都市。

9. 主办哥伦比亚世界博览会（1893年）

1893年，芝加哥达到世界城市地位[1]，主办了哥伦比亚世界博览会，获得极大的成功，共吸引到2750万游客前来参观。这次博览会是在芝加哥工业和城市发展的鼎盛时期举办的，被誉为全美以及全世界最为成功的世界博览会之一，不仅展现了芝加哥作为工业城市的经济实力、技术实力、创新实力，而且凸现了其成为世界大都市的潜力和魅力。博览会场馆规划设计由伯纳姆主持，景观建筑师奥姆斯特德以及约翰·鲁特（John Root）、刘易斯·沙利文（Louis Sullivan）、赖特等全美著名建筑师参与共同设计完成。博览会的成功举办促进了芝加哥的进一步快速发展，其以集中的公共设施和大规模的公共活动场地为芝加哥城市功能的更新和完善提供了难得的机遇，以博览会所在的杰克逊公园（Jacson Park）的建设模式为先导也带动了芝加哥密歇根湖滨向公园带、公共设施带的改造。

10. 芝加哥河河道改向（1900年）

1890年代修建芝加哥环境卫生与航运运河（Chicago Sanitary & Ship Canal），取代淤塞废弃的伊利诺伊—密歇根运河（Illinois & Michigan Canal），促进芝加哥市外工业发展。

由于人口的快速增长和工商业的快速发展，作为城市主要水源的密歇根湖近岸地带被严重污染。为解决饮水污染问题，1900年芝加哥市通过建设水位提升泵站，将原本流入密歇根湖的芝加哥河流向倒转，使其转而向南流入伊利诺伊河，从此城市的污水不再注入密歇根湖。

11. 编制《芝加哥规划》（1909年）

19世纪末至20世纪初，芝加哥的快速发展及无序的增长、拥塞的交通引起芝加哥商界的高度关注，此时正值汽车、飞机及电话等系列科技发明集中期，1906—1909年由芝加哥商业俱乐部委员会（the Commercial Club）组织、伯纳姆和爱德华·本内特（Edward H. Bennett）编制了《芝加哥规划》（Plan of Chicago）。本着"做大规划"的原则，规划充分体现了企业家的意图，也体现了社会精英的理想，"为打造一个经济、便捷和美观的城市指明了道路"。

12. 中心区高架铁路环线形成（1911年）

1911年，通向芝加哥北部、西部、南部的高架铁路建成，三条铁路围合形成中心区高架铁路环线，并形成高架铁路环绕的卢普（Loop）中心商业区和中央商务区，集聚零售

---

[1] ABU-LUGHOD J L. New York, Chicago, Los Angeles: America's Global Cities. Minneapolis: University of Minnesota Press, 1999.

商业、办公、金融等设施。

13．汽车、公路及机场建设（1910—1920年代）

1916年，芝加哥成为电力能源中心。

1920年代，沿湖高速公路建成，沿湖成为高层公寓等高档住宅集聚区域。

1922年，芝加哥南部卡鲁米－赛格运河开通，连通卡鲁米港和伊利诺伊河（Illinois River），卡鲁米港成为芝加哥主要港口。

1920年代，中途机场成为全美领先的机场，并成为美联航航空公司总部所在地。灰狗巴士公司（Greyhound）也将总部设在芝加哥，位于芝加哥西南部的卡车中心、高速公路交会处发展迅速。

1933年，福特汽车公司在芝加哥卡鲁米湖东南设厂。

1930—1940年代，关注公园与景观道路系统，改造、建设地铁系统和给排水系统。

1943年，芝加哥第一条地铁在克莱伯恩、州街下开通。

1943年，发布《建设新邻里》，开始社区建设运动。

14．首次受控核反应试验成功（1942年）

1942年12月，世界上首次受控核反应试验在芝加哥大学成功完成，取得曼哈顿计划的关键一步。

1950年代，芝加哥铁路建设达到顶峰。1954年，芝加哥钢铁产量超过匹兹堡。1950年，芝加哥的人口规模达到历史最高值（362万人）。

15．中心区衰败及复兴运动（1950—1970年代）

随着1950—1960年代州际高速公路的建设，从1950年代起，芝加哥开始了企业、公司和中上阶层的郊区化，城市中心很多地段日渐衰落和贫民化。1960年代牲畜院（Stock Yard，又称联合屠宰中心）关闭。1961年麦克米克收割机厂（McCormick Reaper）搬迁至欣斯代尔（Hinsdale）南部。1960年代，芝加哥人口数从360万减至330万，郊区人口数由100万增至360万。1960—1970年间，芝加哥市人口贫困化加剧，领取福利救助的人口由1/10上升为1/5。1950年代芝加哥规划委员会发布一份关于工业的报告，提出复兴城市工业基地，提升老城区宜居性。

1960年代末期，芝加哥工业巨头纷纷走向终结，南部钢铁企业逐渐倒闭，芝加哥南部趋向衰落。

1955年，理查德·戴利（Richard J. Daley）首次当选市长，开始他长达连续21年的芝加哥市长任期。戴利市长的工作重心是城市中心区的复兴和城市环境的改善。计划建设1个新的市民中心、新的联邦大楼、3条新的高速公路、新的湖滨会议中心以及伊利诺伊大学芝加哥分校。

1956年，由中心区的商业公司成立中心区委员会，加强中心区物质和文化环境改善。1960年代，中心区新建成滨海城（Marina City）、第一国家银行大楼（First National

Bank Building）及高层公寓、汉考克中心（John Hancock Center）、希尔斯大厦、期货交易所（Board of Trade）、大陆银行（Continental Bank）的技术中心、中心区东北部的伊利诺伊中心（Illinois Center），以及密歇根大道东北部的文化、艺术中心、麦克米克会展中心，伊利诺伊大学芝加哥分校从海军码头（Navy Pier）迁到中心区现址，完成了海军码头改造，同时完善奥黑尔机场设施，建成国际航空枢纽口岸。[①]

1972 年编制芝加哥湖滨规划。

1990 年代哈罗德·华盛顿图书馆（Harold Washington Library）建成，一些公立和私立大学在卢普区及其周围落户，中心区人口得到增长。

16. 湖滨地带改造和千禧公园建设（2000 年代）

市长理查德·戴利注重提升芝加哥的环境质量，实施了一些衰落街区的复兴，改善城市基础设施，完成千禧公园建设。

17. 波音公司总部迁入芝加哥（2001 年）

2001 年 9 月，波音公司总部迁入芝加哥近西部莫顿大厦。

18. 金融危机爆发（2008 年）

2012 年开始实行制造业复兴计划。

2012 年摩托罗拉公司被谷歌公司（Google）兼并。

参考文献：

[1] FUJITA M, THISSE J-F. Economics of Agglomeration Cities, Industrial Location, and Globalization. 2 ed. Cambridge: Cambridge University Press, 2013.

[2] HINES T S. Burnham of Chicago: Architect And Planner. Chicago:the University of Chicago Press, 1974.

[3] TWOMBLY R C. Frank Lloyd Wright, His Life and His Architectur. New-york: John Wiley & Sons, 1987.

[4] 俾尔德，巴格力. 美国的历史：从蛮荒时期到帝国时代. 魏野畴，译. 北京：新世界出版社，2017.

[5] 迪肯. 全球性转变：重塑 21 世纪的全球经济地图. 刘卫东，等，译. 北京：商务印书馆，2009.

[6] 法龙. 市场缔造者：芝加哥期货交易所 150 年. 王学勤，译. 北京：中国财政经济出版社，2011.

[7] 霍伊特. 房地产周期百年史：1830—1933 年芝加哥城市发展与土地价值. 贾祖国，译. 北京：经济科学出版社，2017.

[8] 李小建. 经济地理学. 北京：高等教育出版社，1999.

[9] 诺克斯，平奇. 城市社会地理学导论. 柴彦威，张景秋，等，译. 北京：商务印书馆，2005.

[10] 吴军. 浪潮之巅. 4 版. 北京：人民邮电出版社，2019.

[11] 芝加哥历史博物馆网站 http://www.encyclopedia.chicagohistory.org.

[12] 芝加哥政府网站 https://www.chicago.gov/.

---

① WILLE L. At Home in the Loop. Carbondale:Southern Illinois University Press, 1997.

第 2 章　工业化与城市化背景

工业化是资金、人口、土地、技术等生产要素集聚的过程，通过贸易促进地区财富积累，是城市化和文明发展的驱动力。工业化的深度推进，一方面在工业技术的发明进步中，随着不同地区在全球工业化进程中的角色和地位的变化，带动劳动力组织的空间转移，全球文明重心也随之发生空间转移；另一方面科技进步对生产要素在城市区域的需求进行重组，从而带来全球城市化景观的变化，包括城市及城市间空间结构、形态的变化。美国工业化以来的系列科技发明不仅影响了整个世界，而且工业化、城市化路径一直是全球城市区域发展路径的经典案例和实践导引。

2.1 全球工业化及城市化演进

2.1.1 以科技发展为主线的全球文明进程

自人类诞生起，为了生存和繁衍生息，劳动、生产成为人类生活的重要组成部分，并由此成为人类交往和社会聚集形态的驱动因素，在改造工具和认识世界的过程中，科技得到不断发展，科技反过来又成为产业升级、产业组织、社会形态演化的驱动因素，城市（镇）作为人口、产业等经济活动、经济要素集聚的场所，是产业发展、科技发展的直接体现。

农业文明时期，即公元前 8000 年至工业革命前，以手工、人、畜、机械为动力来源，以宗教、家族、宗族为社会组织单元，以皇权、家长威仪为统治力，其间技术发展主要包括农业机械、农业加工、航海术以及以中国四大发明为主的科技发展，影响世界发展。聚居地形态表现为分散的乡村、小规模的城镇以及以商业贸易为依托的大城市，以行政、文化、商业、港口、贸易等职能为主。

工业文明时期，在 1750—1960 年期间，始于蒸汽机发明，并逐步扩展到对煤、天然气、石油的开采利用，及至电的发现以及电讯、电报、电话、汽车的发明，伴随着牛顿的天体力学、达尔文的进化论、弗洛伊德的精神分析的问世，标准化、专业化、同步化、集权化和"好大狂"成为工业文明时代的价值观和行为准则，资源密集、劳动密集、资本密集的纺织业、钢铁、化工、铁路、汽车等产业井喷式发展，线性产业链成为最有效率的生产组织方式之一，大规模生产成为必然，政府和公司成为社会管理和组织的形式，核心家庭成为社会组织单元，依托大规模的工厂和线性产业链，工业城市、工业带和大城市成为工业文明时代的城镇空间形态。英国、德国、美国依次成为世界工业文明的核心。

后工业文明时期，以系统论、认识论和控制论为支撑，以 1940 年代电子计算机的发明为起点，伴随着互联网、新材料、新能源以及遗传工程、传播工具、储存库等一系列科技的发明创造，产业类型和产业组织形式发生了革命性变革，非群体化、小的是美的、系统观、循环观成为这一时期的价值观，于是生产和消费合二为一，弹性产业链和跨国公司成为产业组织的新趋势，社会形态表现为强势政府的瓦解，居民自治、区域自治、矩阵组织、公众参与、特许经营为社会治理的新模式，产业集群、产业集聚区以及逆城市化、郊区化、分散化和中小城市的发展为产业、城镇空间的主要形式。大城市、工业城市面临着传统工业衰败、内城衰落的局面。

随着信息化、全球化的深入推进，以及移动互联技术的突破，文化和人居环境改善成为城市经济转型和空间改善的手段和目的，出现"时空压缩"的后现代景观现象以及城市的文化转型，强调地方美学、地方独特性的空间差异成为资本角逐的对象，仿古街区以及老工业设施的现代化改造等成为城市景观重建的潮流，产业的空心化和老城的空心化并列存在。以中国为首的发展中国家的快速发展带来的世界经济格局的变化，传统产业的科技化改造、共享经济对时间、资产所有权、资源的构成和所有等观念的改变，城市的深度转型和变革成为老工业城市老城新生的契机，人口、资金、时间、要素出现新的集聚趋势。

随着国际上针对全球气候变化以及相应的灾难性变化，反思全球气候变暖的原因在于生产、生活方式、土地利用格局等一系列问题，提出城市可持续发展目标如弹性城市、低碳城市、紧凑城市，并提出低影响开发、节能减排、改善人居环境、精明增长、精明紧缩等一系列城市规划的方式方法。

智能化以及网络技术的进一步完善，不仅造就了互联网公司和产业的异军突起，也成为产业转型和城市转型的勃发动力。共享经济让人人参与，存在即资源，对资源的调度更加高效，如资金汇集、智力共享、位置共享、数据共享。供给侧产业创新，以高科技改造传统产业满足基本需求，与开发未知领域、发明未来的科技一样成为新兴产业的源泉，新的信息技术、智能技术与对资源的调动组织方式又成为商业、社区、城市开发区以及城市老的设施、功能区转型革新的核心驱动力，其承载设施也成为城市必要的新的基础设施，如城市数据处理设施和能力。

全球工业化进程始于1760年代英国兰开夏地区的英国工业革命。兰开夏地区的主要城市曼彻斯特、精纺加工业中心布莱德因工业革命带来人口的爆炸式增长，加速形成英国在世界舞台的霸主地位。

1850年代，德国鲁尔地区成为重化工业的重镇，1870—1900年代，以电力为核心的第二次科技革命使美国成为工业腾飞的后起之秀。受移民和消费基础的增长，以及制造业大规模生产的迅猛发展，纽约、波士顿、费城、巴尔的摩等以港口为依托的城市迅速发展成为工商业大都市，拥有4000多个工厂的曼哈顿岛成为当时世界上工业化进程最快的地区之一。辛辛那提、圣路易斯、底特律、芝加哥等中西部城市开始成为农畜产品加工业以及钢铁、汽车等重工业的领导者。1900年代以后，美国西海岸随着淘金热、西部大开发吸引大量人口，开启西部工业化进程。

1868年，日本明治维新开启了日本工业化和现代化的进程。东京、大阪、名古屋相继成为日本工业中心，东京成为日本工业进程的龙头，大阪享有"东方曼彻斯特"的美誉，名古屋也诞生了在世界上具支配地位的大型工业巨头丰田公司。1920年代，日本拥有东京、大阪、名古屋、川崎、九州、札幌等工业城市；1950年代，第二次世界大战后日本从制造业和科技创新着手复兴，至1970—1980年代达到经济发展高峰。1860年代后，俄国开始大规模工业化，尤其是1918年十月革命后苏联开始重化工业化进程。1960年代后，印度重新成为全球都市生活主要重心之一，其经济体系从以农村和农业为主转为以工业和城市为主，到1980年代，班加罗尔被视为印度"硅谷"。同时期，以"亚洲四小龙"韩国、中国台湾、中国香港、新加坡为代表的城市工业化进程令世界瞩目。

1860年代，中国开始近代洋务运动，引进西方军事装备、生产机器和科学技术，出现了第一批以近代军事工业为主的现代企业，包括曾国藩创设的安庆内军械所、李鸿章成立的江南制造总局等，自此开启了近代工业化进程。新中国的工业化进程始于1953年开始执行的国民经济发展第一个五年计划，以156项重点工程为核心实行"优先发展重工业"的战略，建立起工业经济体系。1978年改革开放后，中国开启全面工业化进程。

1970年代后，随着计算机和互联网的普及，经济全球化带来全球劳动分工重组，欧美及日本等工业化国家和城市及高科技园区成为全球经济、技术操控中心，而发展中国家和城市成为世界工厂。全球工业城市和区域随着技术转换呈现老工业城市和地区的衰败，开始寻求老工业城市和地区复兴。新兴工业化国家面临工业化、信息化、全球化和城市化交织的机遇而得到快速发展，同时经过快速粗放式发展后也面临着转换发展方式、产业结构调整、工业污染治理、工业城市与工业地区转型发展等问题。

2.1.2 伴随科技发展的经济社会形态演变

生产力催生了科技发展，科技发明促进了生产方式的变革，生产方式又成为产业升级、产业组织形态、社会形态演化的驱动因素。

1．经济发展

随着科技进步、认知领域和人类需求的演化，以及产业活动和产业组织方式的创新，经济发展方式和类型随之改变。以商业贸易为主的阶段，基于比较优势和资源禀赋条件的贸易，产业类型由劳动密集、资源密集的农产品加工为主，分散手工业和家庭手工业以及依附于商业贸易的手工业为其生产形态和组织方式。工业化阶段，蒸汽机的发明、煤的发现和开采促进了机械化大生产的出现，在此基础上随着成本效益优势、技术进步以及劳动力素质、资本等生产要素投入变化，资本得到积累，并随着技术的进一步改进，产业结构逐步升级，过渡到资本密集、技术密集的生产，出现重化工业化、轻工业化趋势。信息化和后工业化阶段，以信息为主的高科技产业，以高科技提升的传统工业、农业和服务业，人类认知和需求高端化、产业组织方式创新后的新兴产业（如智能制造等），以及产业服务化，成为经济发展的新趋势。

2．科技发展

科技发展代表了人类认知世界的进步，同时是人类改造世界的方式和工具的革新，还达成了人类更高层次需求的满足。因此，科技是经济模式、产业模式、产业组织、生活方式发生革命性变化的因素，如能源的演进，从蒸汽机、内燃机的发明，电的发现，到核能、生物能、氢能及其他新能源的发现和利用等。交通、通信方式是产业和城市形态变化的核心要素，如火车、轮船、汽车、飞机、新能源车以及无人驾驶、高速铁路等。科技的发展、学术的氛围以及对教育与知识、创新的重视是城市职能、经济开放度、产业层级、产业组织方式演进的重要因素。

火的发现使人类结束了茹毛饮血的原始生活，逐水而居，有了固定的居所、聚落，同时冶炼、锻造工具，提升农业、渔业生产力。随着财富的积累，有了开疆拓土的欲望和商品往来贸易，城、池开始出现，城市内部功能分区出现。随着内燃机的发明，交通工具从马车、帆船等机械动力进步到燃料驱动，轮船续航能力大大延长，资本的逐利和在全球的渗透完成全球农业国与工业国的资源与工业品以及价值观的交换，使环球航行和全球贸易、殖民成为可能，新大陆得以发现，海洋国家取代内陆国家成为贸易强国和经济强国，如荷兰、英国、德国、法国，自然科学在英国崛起，瑞士、法国、德国、荷兰等欧洲大陆国家成为欧洲科学中心，同时也成为第一次工业革命的摇篮，促使农产品加工以及纺织等轻工业发展。随着一系列科技的发明，也促成以电力为主的第二次工业革命的爆发，大机器工业、冶炼和工业综合体等形式在德国出现。随着工业革命后财富的积累，为提高生产力，扩大财富，美国新教徒用于提高工业生产效率的电力电器的发明如火如荼，铁路、火车、电气化、自动化、现代化得到普遍发展，美国由制造中心向科学中心和艺术中心转化，尤其在第一次世界大战、第二次世界大战时期，美国的科学和财富地位得到进一步巩固。第二次世界大战后，联邦德国（西德）、日本以工业和科技的发展实现国家的崛起。

基于交通运输工具的系列变革、基于交流沟通和信息、资金等传输方式变革，由物到信息、资金、知识和数据存储设施的革新在近百年来是全球科技变革的重点，也成为产业发展的重点，还是空间变异、空间组织和城镇格局变革的驱动要素。铁路、铁路机车和舒适的铁路车厢的出现使区域生产协作成为可能，进一步出现工业城市及工业都市、工业带。汽车和公路的出现则带动郊区化以及城市道路空间需求增长，引发交通拥堵及空气污染。垂直交通工具电梯的发明，配合电灯及钢材等高强度建筑材料的发明，促进高层建筑的出现和立体城市的发展。1950年代，喷气式飞机的出现使以机场为中心的产业区组织模式和人口、城市空间组织模式发生变化。集装箱的发明则助推生产标准化，集装箱运输为产业链的分化和生产全球化、贸易全球化创造了条件。

冯·韦伯指出，交通方式的革新提供了一次又一次的空间折叠。在欧洲，铁路系统促进了交通，而在美国，铁路系统创造了交通，促进了疆域的开拓。在美国，工业革命不是从制造业开始的，而是始于农业和运输业，即种植业和贸易。19世纪早期，美国工业革命的主要工具包括内河蒸汽船、铁路火车、锯木机、联合收割机。罗斯托（W. W. Rostow）说起1850—1875年的美国铁路系统时认为，这个系统是"开启美国工业革命的工具"（表2.1）。

表 2.1　工业革命以来交通运输核心科技的发明及运输工具的发展序列

时间	交通运输核心科技的发明及运输工具的发展
15—16 世纪晚期	马拉的轨道和车厢开采搬运煤炭
1780 年	瓦特发明低压蒸汽机
18/19 世纪之交	奥利弗·伊文思发明高压蒸汽机,成为机车牵引
1811 年	约翰·斯蒂芬森发明铁路,1815 年得到美国第一条铁路特许经营权
1820 年代	铁路运动兴起,19 世纪初英国纽卡斯尔建起密集铁路网
1834 年	蒸汽动力被普遍采用
1830 年	开通美国第一条巴尔的摩—俄亥俄铁路,连接东部工业城市和中西部农业地区
1830 年	第一列卧铺车厢在美国出现
1850—1875 年	美国铁路系统大发展
1896 年	亨利·福特的第一部汽车开始上路行驶
1903 年	莱特兄弟发明飞机,并试飞成功
1913 年	福特创立汽车装配流水线
1918 年	福特开始建设庞大的汽车制造联合企业——荣格(Rouge)工厂
1956 年	马尔科姆·麦克莱恩发明集装箱,并组成第一支集装箱船队开始集装箱运输

来源:作者整理

3．产业组织形式演化

工业化前的产业组织方式如商业街坊(前店后坊)、专业街坊、家庭作坊,随着工业化以来的产业组织形态呈现工业地域综合体;福特式规模化大生产;基于柔性生产的专业集群;新产业园区(共享金融、研发、商服、贸易办公等职能);SOHO 模式(在家办公);专业化园区模式;循环园区模式等不同形态。

产业空间作为城市的经济发展空间,遵从产业选址的基本原则,如接近市场、接近原料地、接近交通枢纽,随着研发创新的发展,接近创新枢纽也成为重要原则。从工业化前期以及至今的后工业化、信息化和智能化时期来看,作为生产活动的空间,这四条选址原则一直是企业空间组织的经济原则,从直接的厂址选择到生产基地城市的选择都是如此。

随着工业发展阶段的不同,工业化前期功能混合,商业、居住和生产混合,与城市、城镇混杂。随着规模扩大,呈现专业化功能分区,如商业区、居住区、工业区、游憩区、文教区等,并逐渐从一个城市剥离成为独立的专业城镇和卫星城,如依托独特的资源、设施条件的独立的专业园区、工业城、大学城、铁路城等,也有共享基础设施的园区、走廊、集群模式,如沿交通走廊布局的产业走廊;以货运设施为中心的产业园区、工业城市圈;以市场和公共服务平台、劳动力为中心的产业集群;以大学、孵化器、实验室等创新设施以及市场需求端为中心的模式。

工业时代，共同的实验室、经纪人、经营管理、资本及大学培训机构为核心操控资源，围绕这些操控资源组织生产单元。公司制及垂直产业链的内部化形成产业集群，将具有上下游关联的企业集聚到一起。

信息时代，工程师、创新者、知识生产者成为主角，围绕工程师的生活及知识再生产成为城市及区域组织核心平台及围绕平台的产业链集聚，如文化设施、餐饮娱乐等社会交往设施和空间。互联网公司成为独立的平台王国，如谷歌、苹果等大公司、大市场对生产网络的组织。

4．社会形态变化

社会形态变化包括四个方面：①人口迁移，包括从农村到城市的城市化、从城市到农村的郊区化，也包括城市内部的迁移与集聚，如居住地与工作地点的通勤状态；②家庭变迁，由工业化前的大家庭到工业时代的小家庭，家庭劳动的分解，如育儿、家政、洗衣、餐饮等家庭活动从家庭中分离，在社区共享服务设施，或者由企业及企业园区提供服务；③道德、秩序、犯罪、安全以及工会管制，如工业时代社区治理，时间、习惯的统一等，工业化后期及信息时代工会管制弱化带来的个性化和时间弹性，创新潜力迸发；④需求变化，如对环境品质的需求，对开敞空间、文化、游憩空间和设施的需求，对创新、教育培训的需求，对交流社交的需求等。

随着工业化的推进，出现人口的迁移流动、阶层流动，加上财富、技术和经验的积累，产生对住房等美好生活的需求，加上工会组织出现，居民对社区、秩序的要求，对环境改善的要求，促进了城市空间结构、土地利用方式的转型。工业革命后工业城市的爆发式增长，大量移民和就业者涌入，其社会形态变化具有典型特征和意义，包括从业类型及种族结构、社会阶层流动、社会改良和社会理想等。

2.1.3　产业转型演进过程中的城市发展演化

城市以集聚功能成为工业化及产业变迁的舞台，也是因产业变迁而发生的社会形态、空间结构演变的具体体现，表现在城市职能、城市土地利用和空间结构、城市空间组织的演变上。

1．城市功能演替

自城市诞生起，城市的主要功能包括集会/交流、商业、行政管理、宗教崇拜、军事防卫、居住等，辅助功能包括工业、金融、文化、教育及知识创新、游憩等。

随着社会的进步和经济、科技的发展，城市职能演进出现逐渐分化、集聚，专业化和复合化以及等级变化过程，其序列可归纳为表2.2。

表 2.2　　　　　　　　　　　　　城市功能组合序列演化表

	行政/军事/宗教	手工业/工业	金融/商业贸易	居住	交通/通信/物流	知识创新	游憩/集会
农业社会	★★★	★		★★			
以商贸为主的农业社会		★	★★★	★★	★★		★
工业社会	★	★★★	★★	★	★★	★	★
工业社会后期	★★★	★★		★	★★	★	★
后工业社会/信息化社会/全球化		★	★★★	★★	★★★	★★★	★
信息社会/知识经济		★★	★★★	★★	★★	★★★	★

注："★"代表功能重要程度，★为一般，★★为比较重要，★★★为非常重要
来源：作者整理

2．城市空间形态演变

城市空间形态是城市功能区构成、组合和空间位置选择的外在表现，其变迁源于经济发展、产业结构的更替、人口迁移以及由此带来的社会结构、生活方式、建筑技术及材料、城市交通方式的演变，还有土地所有权、土地区划、对地租的追逐等因素。城市功能演变可概括为早期古典城市、商业城市、早期工业城市、工业城市、综合性都市的过程，城市二维空间形态的演变有点、轴、环、楔、边缘城市、卫星城、城市区域、大都市区、城市群等外在特征。

早期古典城市。以政治、宗教崇拜为中心，生产性手工作坊作为独立的功能区与水运港口等相邻，如中国古代城市的独立城外作坊区，再如公元前 600 年以希腊为代表的欧洲古典城市，其形成了以中心广场、剧院和神庙为标准的城市建设模式。公元前 2 世纪，罗马帝国加强了城墙和防御堡垒作为城市安全保障，并通过帝国法令发展和控制市政广场、港口设施、作坊和集市以及住宅和公共建筑的发展建设，影响了后期欧洲主要城市的规划。

商业城市。前工业化和原工业化（proto-industrialization）时期加工业分布在分散的农村，或者在口岸性商业城市发展贸易加工业，城市形态为分散居民点和原发性城市（镇）。在意大利、德国、瑞士、法国等欧洲国家的原工业化的典型特征是农村分散式手工、小规模、作坊，形成专业化产品生产的特色村镇、产业集群等集聚形态。在贸易城市形成生产居住混合的手工街坊，邻水地区是经济活动中心，聚集了商人办公场所、仓库和工厂，教堂、商店等其他公共建筑也聚集在中心区，住宅按照阶级划分以分散居民点的形式逐步向城市外围扩散，工业区布置在城镇边缘及农村，如威尼斯工业岛（造船、军火、玻璃）、阿姆斯特丹手工作坊。以贸易和商业活动为中心的荷兰城市、吸引了众多远洋贸易和商业银行的伦敦，都具有上述商业城市空间特征。

早期工业城市。早期工业化时期，工业和劳动力的集聚形成工业城市，为规模化大工

厂与工人村／棚户区／城中村并存形态，如英国以煤为燃料的钢铁厂、纺织大工厂以及工业城镇、焦炭城（工业综合体），美国纽约、波士顿的小型工厂、工业街坊和工业楼宇，以及美国中西部城市芝加哥、匹兹堡等大型重工业、铁路工业城镇、屠宰工场等。

工业城市。工业化时期，随着技术进步和工业技术革新、成本效益提升，工业大发展，对劳动力需求大增，对工业城市环境改善的追求，以及铁路等交通方式出现使工业新城／卫星城（郊区化）+城市功能分区（如 CBD、知识区）成为新的城市形态，如美国 1850—1890 年代的城市转型、1890—1909 年的《芝加哥规划》、1853—1870 年巴黎改建。中心区聚集了仓库、办公及旅馆、俱乐部和大型商场等设施。1876 年芝加哥大火以后，人文城市的建设，以及纽约、波士顿、费城、芝加哥对自然环境的改善，纽约中央公园、波士顿翡翠项链、芝加哥的河滨新城建设都有"一个宏伟的目标，就是向成千上万的退休工人提供一个上帝的杰作，以供效仿"。在简·亚当斯的建议下，芝加哥政府开始向贫民窟地区的居民提供娱乐和受教育机会。

综合性都市。随着汽车、飞机的发明，工厂兼并、托拉斯，经济出现一体化，在经济危机、政府干预的影响下，工业和居住的郊区化成为趋势。而电子、信息技术发展，信息港变得尤为重要，城市中对全城、区域、全球的指令功能（如金融、法律等）集聚，而经济、生产功能外迁，同时，高速公路的集聚与扩散功能加快了企业、居住区郊区化趋势，城市更新力度加快。

城市连绵带与城市群。沿着线形交通方式形成沿铁路、高速公路、河岸带、海岸带、湖岸带、海湾带集聚的城镇和园区，以及依托发达的城镇居民点而带来人口、产业的集聚形成城市群，如欧洲、美国海岸城市带、河流城市带和河流三角洲城市群。

3．城市组织动力机制转变

城市以经济生命体、生物生命体为特征，在不同经济发展阶段、不同产业发展、不同科技发展和不同交通方式下城市发生转型，城市空间结构形态进行重组，其内在动力因素可归结为四个方面，即资本、科技、管治和文化。

资本。城市作为有机体，经济职能和要素无论是在古典封建城市还是其他以商业、经济为主的城市中都具有决定性作用，在早期商贸中心城市和工业城市、社会主义都市，资本的逐利性更是城市企业化、产业升级、产业组织、地租与土地市场以及世界时空压缩、城市文化转向的动力因素。资本也是科技创新的关键动力。城市功能的丰富和完善很大程度上也源于资本的驱动。

科技。产业的需求、产业结构的升级均源于科技的进步，居住空间即住房科技的进步也是城市空间转型演化的重要因素。交通方式是科技的体现，交通组织也能够促进城市形态及驱动产业转型。

管治。管治来自政府、社区以及企业／产业的组织管理。政府层面的行政组织和城市治理，能够实现对城市安全、可持续发展的维护、规划和转移支付，如对城市公园、国家公园的投入与维护。居住环境改善、新城建设、注重教育等社会改良运动等也是城市组织的重要动力来源，如工会组织以及商业协会与准入制度（航空管制与公路管制、邻避），19世纪末现代城市规划的兴起，新城规划、美国区划法等。

文化。不同文化背景的组织序列、偏好以及文化多样性下的冲突与融合，不同时期不同地域的社会形态、社会需求与社会生态均是城市组织的内在动力和机制。

2.2 美国工业化与城市化演进

工业革命以重大的科技突破为标志，如19世纪早期的铁路、内河蒸汽船以及联合收割机，1890—1900年代的电力、电报以及飞机和汽车，1940年代后的半导体和空间技术、信息技术，2000年代的互联网技术。科技革命带来产业类型、组织形式、财富分配以及生活方式、聚居空间形式与规模的变化。城市体系是建构于生产体系之上的，与地方劳动力市场相关联，构成城市网络或网络状城市。城市的企业是城市中相互竞争和相互合作的岛屿，以工业组织结构及产业链相连接，企业的选址和企业的土地利用方式构成城市空间模式，企业的产业更替是郊区化和去中心化或再中心化的内在机制，企业的外部性和社会性投入是城市因企业发展、繁荣的基础。产业发展是城市发育演化的基础。

美国城市体系的演变按照生产方式和生产体系的演变具有以下过程：在以商业贸易为主的时期，城市体系以海岸海湾港口、河流入海口、大湖沿岸的贸易据点为基础；工业化早期，城市体系以资源所在地、交通交会地为基础；工业化鼎盛时期，由于规模化和集团化生产企业的存在，城市体系以工业生产体系的各个环节和集团化生产的分支机构为基础；后工业化和信息化时期，以技术和通信节点体系为城市体系的基础，同时具有特色资源和特色产业城市崛起，老工业城市出现服务化、城市复兴以及再工业化的需求。

2.2.1 贸易工业化与商贸城市的发展（1840年前）

由于在欧洲移民开发之前，美国本土人口稀少，不具有欧洲工业化之前所具有的以乡村为基础的原工业化基础，在商贸时期，商品交易发生点一般位于交通便利处，如海岸、河滨或河湖、河海交汇处，形成集中的居民点，成为城市（镇）形成的基础。由贸易而产生的工业化过程均发生在城市或城镇。

1．贸易工业化

1840年前的工业化早期，是以手工和蒸汽为动力的中小型工厂为主要单元的工业化，以东部和中部的纺织、钢铁、农机具和其他工业机械等工业为主。1811年，美国80%的工业生产总额来自东部宾夕法尼亚、马里兰、弗吉尼亚、纽约、马萨诸塞等州，1811年后，中西部地区得到快速发展。1790年，宾夕法尼亚煤铁厂设立标志着美国钢铁工业的发端，到19世纪初期，美国钢铁工业已经蔚为壮观，农用机器得以发明，如1833年发明的割谷机。

2．边疆城市化与贸易城市化

此时期的城市化特征是形成以东海岸城市带与内陆口岸城市网络为特征的城市体系。包括边疆城市化城市，如17世纪建市的纽约（1663年）、波士顿（1630年），以及贸易城市化城市，如芝加哥（1837年）、辛辛那提（1840年）、圣路易斯（1800年）。

1）边疆城市化

早期欧洲殖民者为探险或寻找特色资源，开展商品贸易活动，以前沿和边疆哨所以及通衢港口为据点，当殖民地经济需要源源不断为其提供农产品时，固定的农场居民点和城市开始出现。在沿海与沿湖港口、河湖及河海交汇处产生港口城市，直接与欧洲殖民国家单向联系，殖民者以少量投资和工业品换取农产品、初级加工品、手工艺品，港口腹地的大小、资源的丰富程度、港口条件的好坏成为港口之间不平衡发展的基础，形成沿海岸、沿河、沿湖的主次分明、功能和规模相异的城市体系。

在阿巴拉契亚山脉东侧和新英格兰地区相关联的山脉的瀑布带，利用水能开展棉花和羊毛加工制造，以水能为基础的制造业城镇发展起来，如1826—1850年出现新英格兰纺织城镇洛维尔（Lowell）、普罗维登斯（Providence），其规模大于当时的芝加哥、底特律、旧金山等城市。

2）贸易城市化

由于交通运输方式的进步，随着贸易的推进，美国边境和内陆地区逐渐对外开放，贸易经济带动了内陆城市化，在口岸城市基础上铁路与运河的转运点成为贸易城市发展起来，大多数阿巴拉契亚山以西地区的城市都是位于水运通道上，如辛辛那提、印第安纳波利斯、芝加哥、圣路易斯、路易斯安那。

1807年内河蒸汽船发明后，美国开通纽约至奥尔巴尼、匹兹堡至新奥尔良的定期航线。1825年伊利运河开通，连通伊利湖与哈德逊河以及布法罗和纽约，沿线罗切斯特、叙拉古、布法罗成为贸易中心。随着伊利湖与俄亥俄河的连通，克利夫兰、哥伦波、辛辛那提发展起来。宾夕法尼亚州的运河及转运用的铁轨将匹兹堡、辛辛那提、圣路易斯以及其他在俄亥俄河及密西西比河沿岸的城镇连通起来，促进了商贸向西部的扩张以及农产品与煤铁、工业品的交换。1830年前的芝加哥，是法国探险者进入美洲内陆进行毛皮交易的据点，同时也是由五大湖进入伊利诺伊河、再向密西西比河这条贯通美国中西部地区的重要通道上的重要节点。

1840年之前，美国的前五大城市均为东部城市，依次为纽约、费城、巴尔的摩、华盛顿、波士顿。中西部地区的布法罗、芝加哥、密尔沃基逐渐发展起来，底特律、克利夫兰、辛辛那提、路易斯维尔、圣路易斯等城市继续繁盛。

2.2.2 工业化、工业郊区化与工业城市、大都市区、城市连绵带的发展（1840—1970年代）

1. 工业化与工业郊区化

这一时期，第二次工业革命将科技发明和产业中心从欧洲转移到美国，是美国工业化快速发展并达到鼎盛的时期。

1840—1890年代，美国工业以纺织、钢铁为主，工业化重心位于中西部和南部。1850—1875年美国铁路系统建设高潮助推美国工业化达到一个高峰，1861—1865年的南北战争让钢铁、纺织等工业快速发展。

1890—1930年代，是以电能为主要能源的工业化高潮期，钢铁、机械制造、化工、能源成为主导产业。由于铁路的普及，大运量、快捷的运输方式使得企业组织形式发生变化，形成国内联合企业和跨区域生产组织，即工业郊区化和区域化。

1930—1970年代，伴随着电子技术和自动化技术发展，工业化进入大规模生产的福特时代。1913年汽车装配式生产线的发明标志着美国工业化进入福特时代，产品形式是标准化的、定型的、批量生产的标准产品。1940—1950年代美国规模化工业由民用快速转变为军用，如底特律的汽车制造业快速转型到军用舰船制造，同时为加强国防和发展航天事业，第二次世界大战后在西部及南部大力发展军用工业和航天产业。在1950年代进入工业化的成熟期，生产组织形式以托拉斯等国际联合集团为主导。

2. 工业城市、大都市区、城市连绵带

1）工业化初期的城市化

1840—1890年代，以资源型城市与重工业城市发展为特征，商业、贸易促成发明创造的井喷以及创业的兴起，铁路、电报电话、航运等交通通信设施的快速发展促成中西部及南部城市（镇）的快速发展。

铁路。1830年，美国第一条铁路——巴尔的摩—俄亥俄铁路部分建成通车；1830年代后，中西部地区以及东西部、南北之间跨区域铁路以及联系城市之间的铁路陆续建立起来，如1838年的底特律—安娜堡铁路、1842年的波士顿—布法罗铁路、1848年的芝加哥—埃尔金铁路、1852年的东部—芝加哥铁路、1857年的芝加哥—圣路易斯铁路，巴尔的摩—俄亥俄铁路也延伸到圣路易斯。1850—1860年代，中央伊利诺伊铁路、中央密西西比铁路以及连接的支线都相继通车，将墨西哥湾与芝加哥连接起来。1869年，第一条东西向贯通美国大陆的铁路建成，由太平洋联合公司和中央太平洋公司分别从内布拉斯加的奥马哈和加利福尼亚的萨克拉门托相向修建，1869年在犹他州的奥格登接轨。1860—1910年，全美铁路里程从3万英里（约4.8万公里）[①]猛增到24.2万英里，铁路的快速发展促成了

---

① 1英里约为1.6公里，以下均按此换算，不再给出公制单位换算。

美国的迅速崛起。小爱尔弗兰德·钱德勒（Alfred D. Chandler, Jr.）在《看得见的手：美国企业的管理革命》中指出，1880年代，美国铁路职业经理的联营提高了美国运输系统的生产力，企业管理的革命带来组织和技术的革命性创新，铁路企业的规模化发展不仅促进现代工商企业的革命，还促进了企业管理、会计、金融、服务、法律以及建筑业的繁荣和工程师及工程学的巨大需求。铁路相关工业如钢铁、车厢、能源、材料、家具、电器和通信设备的需求大增，带来通信技术的革命。铁路发展初期以货物运输为主，运输效率的提高提高了货物周转效率，铁路沿线交易中心的批发贸易向劝业场和零售百货公司发展，沿着铁路走廊/运河走廊形成通信走廊、港口走廊、交易所走廊、城镇走廊、批销和商业中心走廊、邮政设施走廊。

电报电话。1830年代，感应电报机发明问世；1840年代，华盛顿与巴尔的摩以及纽约、芝加哥、圣路易斯、新奥尔良的电报线路建立起来；1850—1860年代，完成大西洋海底电线铺设；1915年，全美大陆建立起密集的电话网络。

航运业。1860年至1890年代末期，美国沿海和大湖上的航运业扩大了3倍，波士顿、纽约、布法罗、芝加哥、查尔斯顿等城市港口和造船业发展了起来。

随着1840年代铁路的快速发展，东部城市体系得到大规模扩展。到1850年代，在东海岸四个海岸城市中，波士顿和纽约具有发达的交通网络，联系其腹地和下级城市。原有的口岸贸易城市也成为主要的金融中心，如纽约、波士顿、费城、巴尔的摩、查尔斯顿、普罗维登斯。

美国铁路、工商业的巨大进步，也促成了对如钢、铁、铜、煤、油、纺织品等工业品的大量需求，使重型制造业城镇如匹兹堡、芝加哥成为工商业大都市。南北战争后，北方资本南下促成了南方工业化，如北卡罗来纳、南卡罗来纳、佐治亚三州纺织业的快速发展。1890—1909年，南部煤铁工业发展起来，工业城市伯明翰成为南方匹兹堡。1879年密西西比河堤的修筑及1914年巴拿马运河开通后，南部新奥尔良、德州加尔维斯顿等港口城市造船业发达起来，新奥尔良成为世界重要造船场。

2）工业化鼎盛时期的城市化

大量城市涌现。19世纪末、20世纪初，横跨大西洋的移民潮推动了美国的人口增长，人口的迅速增长、农业生产率的提高、工厂化生产模式的出现和低成本交通方式（铁路、轮船等）的发展促进了美国城市的迅猛发展，城市数量飞速增长，城市规模不断扩大。1900年前后，铁路和电话的发展驱动了沿铁路线和大都市郊区的城镇开发，加强了更广泛国土和偏远地区之间的联系。1920年代后，汽车、卡车等公路运输以及广袤国土空间的方格网道路和公路系统促进了城市网络及城市连绵带的发展。到20世纪初，全美经济实力快速提高，美国成为一个城市国家。

大都市及城市连绵带的发展。以芝加哥、匹兹堡、底特律、克里夫兰、纽约等为典型的工业大都市继续繁荣。在北方制造业带形成具有产业关联的，由专业城镇、专业城市及配套城市组成的汽车产业带、钢铁产业带，如由布法罗、辛辛那提、密尔沃基相互联系的以底特律为中心的美国汽车王国。西海岸城市带崛起。1914年巴拿马运河开通，东部、南部沿海与西海岸连通，促进东西海岸贸易便利化，同时廉价水能的开发以及西海岸圣佩德罗港口并入，美国西部石油的开采和深加工使在1849年西部淘金热中的黄金城市（Yellow Gold）洛杉矶成为黑金城市（Black Gold），为1920年代制造业繁荣并转型成为世界城市打下基础。1941年珍珠港事件后，加州成为美国武器、船舶和飞机制造等军事工业和重工业的基地，而后电影业也在此得到迅速发展。1950年代，以高科技产业为主的硅谷崛起。在1970年代前由于国防军工投资而发展起来的长滩、圣佩德罗港、橙县高科技走廊快速发展。加利福尼亚州的崛起是美国乃至世界经济和产业发展模式从福特式的钢铁、重化工向信息技术和军工、航空等产业转移的典型，被称为加利福尼亚化。

郊区化、中心区衰退与新城建设。从1875年至1920年代工业的快速发展，大量移民涌入北方工业城市，城市内城出现环境恶化、犯罪滋生问题，同时由于福特主义、汽车主义、大萧条以及产业的转换（原有制造业带能源的成本加大）等原因，1920—1945年期间出现一波工业郊区化，很多老工业城镇出现衰退。1937年，美国国家层面开始重视城市问题，将关注重点放在解决住房问题、清除贫民窟以及城市复兴上。同年，发布《住房法案》，成立美国房屋管理局（United States House Authority），并实施了消除贫民窟法案，通过有条件的抵押贷款来激励房屋建设和房屋产权所有。1930年代，掀起一轮花园城市建设与城市美化运动，一改20世纪以前的新城镇主要为工业企业服务的公司镇（Company town）的现象，建设城市内的花园社区和独立花园社区，如马里兰州的绿带镇（Greenbelt）、俄亥俄州的绿山镇（Greenhills）、威斯康星州的绿谷镇（Greendale）等。

宜居环境改善与资源可持续利用。1890年代，在环保主义者倡导下美国开始建立森林保护区制度永久保护森林和公园，在西奥多·罗斯福时期，将公共领域内的水、土、矿、森林从州和财团手中收归联邦所有，在20多个州建立了几十个鸟类、野生动物保护区和国家公园，1902年通过《新地法》，成立"回收局"（reclamation），后又成立"内陆河流委员会"以制定水资源统一规划，加强对资源保护，以建立宜居环境，并促进资源的可持续利用。[①]

匹兹堡及底特律的发展演变可见美国工业化驱动下的城市发展演进。

匹兹堡位于美国东部宾夕法尼亚州的西南部，是宾州第二大城市，阿勒格尼（Allegheny）县首府所在地。市区阿勒格尼河、莫农加西拉河交汇形成俄亥俄河。匹兹堡自1758年就有居民定居，是美国东部向西进行贸易和开发的重要通道和边疆贸易的关键节点。1800年代初，由于煤铁资源丰富开始在沿河出现铸铁工厂，1817年建市，1834年随着宾州主线

---

① 资中筠.20世纪的美国.北京：商务印书馆，2018:92-94.

运河（Pennsylvania Main Line Canal）开通，阿勒格尼县制造业快速发展起来。1850—1870 年，匹兹堡沿河流交汇地带密布铁厂、玻璃厂和纺织厂等工业，尤其是美国南北战争助推匹兹堡钢铁产业迅速发展，成为资源密集型工商业城市和世界领先的钢铁基地。1870 年代，匹兹堡地区资本密集，规模化、公司化的工厂取代了传统合伙制的手工工厂，产业向郊区寻求转型发展空间。1870—1920 年间，随着匹兹堡地区铁路的快速发展和密集成网，19 世纪末、20 世纪初贝塞麦钢铁生产工艺的出现，以及鼓风炉产量的提高、公司制管理模式和对工会管制的逃避，规模化的钢铁等生产对土地的需求使匹兹堡地区出现工业郊区化和工业大都市区化。主要的工业类型包括钢铁，玻璃及制品，机械（机车、设备、采矿车、管道、锅炉），电气，纺织等，拥有美国铝业、西屋电气、卡耐基钢铁、琼斯劳林钢铁、匹兹堡钢铁、阿波罗钢铁等大型公司，同时也带动一些中小公司的出现。于铁路和河流邻近的区位以及沿河河谷、洪泛区建设规模化工厂以及居住城镇，以匹兹堡为中心 30—40 英里的区域内出现大量专业城镇，如钢铁镇、铝业镇、玻璃镇、电气镇，西屋电气公司在龟溪河谷(Turtle Creek Valley)连续布厂形成电气谷。由于郊区山区丘陵的地形特征和煤、气、黏土矿等资源的分散，导致大都市区工业城镇的分散，这些分散的企业和城镇通过资金、管理和劳动协作分工相互联系。

1701 年，法国探险者安托万·德拉莫·卡迪拉克（Antoine de la Mothe Cadillac）在底特律河岸登陆，建立了城堡等防御工事用于贸易，于 1815 年成立市。底特律成为汽车城归功于以福特为首的汽车工业领头人。1920 年代，大规模汽车生产线的发明，使底特律及其郊区成为汽车生产厂云集的汽车城，如通用、福特、克莱斯勒、道奇、费雪等。1920—1930 年代是底特律汽车工业大发展的时期，每个汽车公司自成王国，生产、生活、管理功能自成一体，同时汽车使通勤距离扩大，大规模的生产需要进一步扩大厂区，导致城市的郊区化扩展，造成城市社区的隔离和分散，如美国三大汽车制造公司通用、福特、克莱斯勒分别位于底特律都市区的卫星城庞蒂亚克（Pantiac）、第尔伯恩（Dearborn）、沃博山（Auburn Hills）。1910—1930 年，底特律人口从 46.57 万人增长到 99.37 万人，城市物质空间的扩展也集中在此期间。底特律的经济长期以来依赖汽车、飞机、轮船、宇宙飞船等交通设备的制造和耐用品制造，在第二次世界大战期间成为美国兵器制造基地，1950 年代是底特律汽车产业发展的鼎盛时期，人口迅速膨胀，最高达到 180 万人。

3）工业化后期的城市发展

郊区化与西部、南部城市快速发展。随着装配式生产线的发展，占地大的单层厂房取代多层厂房，电力、运输及劳工成本使老工业城市如纽约、芝加哥内城的制造业纷纷向郊区及南部、西部转移，制造业带中心工业城市如匹兹堡、费城、底特律出现衰败，西部城市洛杉矶、旧金山、西雅图、明尼阿波利斯、凤凰城、波特兰，南部城市亚特兰大、休斯敦，以及西部的山区州尤其是科罗拉多州丹佛和博得市得到快速发展。

中心城市职能的转换。这一时期，公司出现规模化和功能复合化两种趋势，一方面生产活动向分散、扩展的经济中心转移，另一方面经济控制活动向中心城市集聚，1972年，纽约及其附近地区成为主要的公司总部所在地，集中了美国30%的制造业公司的总部。除纽约外，第二个总部集中地是芝加哥。此外，大公司青睐在拥有强大实力的技术类高校的城市（如波士顿、旧金山）设立工业技术实验室。

居住郊区化、新城建设与中心区再开发。1940—1950年代公路法案以及退伍军人法案、住房法案等引起一波郊区化高潮，白人和中产阶级、技术阶层外迁，拥有个人住房的家庭从1940年的不足40%跃升到1960年的65%以上，郊区住宅、工厂、零售购物中心纷纷建立起来。1960—1970年代，总计开发建设376座规模在950英亩（约4平方公里）[①]的城镇，其中43座新城，如弗吉尼亚州的雷斯顿（Reston）和马里兰州的哥伦比亚（Columbia）是两个获得较高评价的新镇。中心区再开发和公房建设中的清除贫民窟运动导致低收入人群进驻中心区，造成种族隔离、贫富差距拉大。1960年代后，美国联邦政府出台"地区再开发法案"（The Area Redevelopment Act of 1961），提供就业岗位，促进城市复兴，根据失业率界定再开发区域，给愿意在该区域内投资建厂的公司提供长期、低利率的贷款，同时对工业开发地区必要的基础设施进行投资。

2.2.3 再工业化与新城市化（1970年代后）

1. 后工业化与再工业化

1970年代以后，随着计算机的普遍应用、互联网的出现以及即时生产模式的推广，进入全球化及后工业化时期，也称"后福特时代"。美国传统规模化制造业向发展中国家转移，或实行OEM订单式生产（提供产品样式国外生产），或开展小规模、多样化定制。南部、西部的阳光城市带与特色城市节点兴起，东部、中西部城市逐渐出现服务化、文化转型和再工业化。

2000年后尤其是2008年后的再工业化阶段，主要以实体经济弥补虚拟经济和第三产业化带来的产业空洞化，增强经济的稳定性，扩大就业。在经历2008年金融危机后，美国发布制造业振兴战略，促进科技创新加速发展，同时也出现老工业城市的工业复兴以及城市消费带动的都市科技创新。

2. 阳光带的崛起

1972年，美国联邦政府在南部和西部投入770亿美元用于军事装备制造，在洛杉矶及周边地区投入31亿美元，南卡罗来纳州的查尔斯顿城得到11个海军装备设施基地的合约。南部新资源的开发也吸引公司来到锈带以外的地方，如得克萨斯、俄克拉何马的石油资源的开发使得得州沃斯堡、达拉斯、休斯敦以及俄克拉何马城等城市迅速发展。西部高

---

① 1英亩约为0.004平方公里，以下均按此换算，不再给出公制单位换算。

平原（High Plain）的盐、硫黄、磷酸盐矿以及煤、石油和矿藏资源为主的工业开发也促进西部城市（如丹佛）的繁荣发展。南部、西部的低工资以及松散的工会组织也是吸引公司的重要因素。此外，由于气候宜人，锈带退休工人的迁入也是阳光带繁荣的一个因素，老年房地产和社区开发以及退休和退伍老兵的养老金、抚恤金的管理、消费产生了经济放大效应，如亚利桑那州的太阳城成为退休老人宜居的城市。

3．新城市化

知识经济时代，创新成为核心生产要素。创新存在于产品制造的经济活动全过程，包括产品/工艺/组织、商业模式、市场、形象、销售模式、消费等，每个企业必须同时也是科技企业。创新来源于社交、闲暇、娱乐以及不同专业、不同人群的思想碰撞。与传统城市化以及郊区化、公司镇、专业镇等人口、经济集聚和分散的模式不一样，新城市化是一种新的城市集聚现象，是在后工业化时代应对知识经济时代的创新需求而出现的以新城市主义为主要诉求和特征的新的城市化过程。

创新设施的区位包括以下几种方式：位于企业内或企业园区内，即创新内部化，如企业镇/公司镇（橡树溪的麦当劳学院）；高校，拥有基础研究后的应用研究和模型化；高新技术园区（孵化）；市场端，如中心区、医院周边、大企业周边等；科技走廊，包括生产、实验室、大学等功能的集聚，便于产品运输、人员往来，有良好的生态宜居环境。

科技型企业在郊区交通便捷处、气候宜人处集聚，在功能和设施及环境方面营造具有综合功能的生活服务中心，如传统城镇（城市）中心或主街（main street）。

中心城以及城市中心区逐渐走向服务化、宜居化，即开始出现内城复兴和再开发，中心城的工业保留与经济基础的复合化。工业外迁带来就业岗位和税收来源的外迁，使城市中心区面临活力不足以及社会安全等问题。中心城的复兴一方面强化城市中心区作为大都市的信息、管理、控制和娱乐中心职能，另一方面出台鼓励旧城工业再利用、保留工业，以促进中心城经济复合化和功能混合化，为中心区集聚人气。多样化的经济基础也为中心区低收入人群提供就业机会，以促进中心区社会安全，如匹兹堡、波士顿。

1）匹兹堡

匹兹堡市自1940年代起面对环境污染和工业郊区化就开始了城市复兴运动。一方面治理污染、改善中心区环境，推行24小时商业，推出建设生态创新区域（Ecoinnovation District）运动，另一方面以大学为引领促进产业结构由资源依赖型的重工业向绿色科技产业转型，形成生命科学（医疗技术、制药设备与再生药物）、新能源技术、信息技术、先进制造、现代材料和环境技术六个高科技产业集群，中心区向文化、体育、教育、商业及专业化服务转型，围绕钢铁制造兴起的钢铁技术与服务成为经济增长和提供就业的重要部门（表2.3）。这些公司提供钢铁原材料、辅助产品、单个设备及大型炼钢成套设备，以及系统工程、程序控制、金属铸轧等技术服务，构成庞大的钢铁技术服务集群，匹兹堡因而成为美国钢铁产业设备、供应品与服务的核心源地。沿河钢铁、玻璃等企业以及铁路站场、仓库搬走后改造成体育场馆、会议展览及音乐厅等大型文化设施,引入博恩特帕克大学(Point Park College),旨在发展世界级的表演艺术教育,提升中心区人气。

表2.3　　　　　　　　匹兹堡地区主要的高科技产业集群(2007年)

集群名称	公司数量(个)	就业人数(人)	工资总额(亿美元)	主要公司
生命科学集群	3293	121630	66.19	匹兹堡大学医学中心、美德瑞达、飞利浦伟康医疗、赛默飞世尔科技
新能源技术集群	910	30448	20.75	贝克特尔—贝提斯国家实验室、康索尔能源公司、爱迪生生命集团、第一能源、基金煤炭公司、太阳能产业、西屋电气
信息技术集群	1538	29083	19.44	有限元分析软件公司、苹果、黑匣子、康卡斯特、谷歌、英特尔、IBM、华谊仪表
先进制造集群	1842	22400	11.86	美国铝业、治天公司、伊顿公司、考伯斯、德国朗盛、亨氏、PPG、西门子、美国钢铁公司
现代材料集群	254	11465	6.07	拜耳公司、卡尔冈炭素公司、美国赫西铜公司、努发化工、驴头公司
环境技术集群	1601	33129	2.14	民用与环境咨询公司、西门子环境系统与服务公司、威立雅环境集团、纺工镇环境集团公司

来源:朱华晟.匹兹堡地区的产业重构.城市问题,2011(05):80.

匹兹堡大学首任校长休·亨利·布莱肯瑞吉(Hugh Henry Brackenridge)指出:"一个国家的实力很大程度上是来源于居民的心智力量。"匹兹堡地区有30余所大学和学院,对支撑匹兹堡的转型和发展起了至关重要的作用。匹兹堡大学始创于1787年,是一家综合性公立大学,医学专业享有盛名,金融家安德鲁·梅隆(Andrew Mellon)是匹兹堡大学校友。卡耐基梅隆大学由钢铁大王安德鲁·卡耐基创始于1900年,最早为卡耐基技术学院(Carnegie Technical Schools),提供短期的技术资格证书培训,1914年创办音乐学院,1919年颁发第一个博士学位(茅以升),1967年卡耐基技术学院与梅隆科学研究所(Mellon Institute of Science)合并成卡耐基梅隆大学(Carnegie Mellon University),计算机专业和人工智能在全美领先。在匹兹堡大学和卡耐基梅隆大学的支持下,匹兹堡市自1970年代以来继续由重工业城市转向技术和生物医学产业领先的城市。在中心区以东的莫农加西拉河南北两岸,利用旧工业遗产建起匹兹堡技术中心(The Pittsburgh Technology Center)、南部工厂区混合用地开发(South Side Works)、生态创新区,目的是主导社区和城市的复活,带来新的就业岗位、年轻的居民、零售商、研发设施、办公室和新的基础设施。

匹兹堡技术中心,建于琼斯劳林钢铁厂旧址,占地48公顷,1983年由匹兹堡市重建局购买做棕地的前期处理,前期开发于1993—2001年完成,获得5400万美元的技术投资基金进行开发。其三面环水，以独立的园区模式来开发，锚点是匹兹堡大学生物技术和生物工程中心、卡耐基梅隆研究所，在2014年招聘的1000个岗位中，50%为制造业岗位，20%为专业技术服务等岗位。博恩特帕克大学在匹兹堡中心城区由工业厂房改造创建的文化区落户，其世界级的表演艺术教育既与城区文化创意产业契合，又丰富了中心区文化活动，对于吸引旅游、提高中心区人气发挥了带头作用。匹兹堡市还利用生态创新区的旧城更新模式改造匹兹堡中心区与奥克兰（匹兹堡大学、卡耐基梅隆大学所在社区）之间的社区，这个社区位于匹兹堡技术中心以西，长期以来缺少投资，几乎荒芜，人口数下降，希望通过社区的置入以及综合的经济、环境、品质对策，来吸引居民、增加就业，吸引更多投资进入。卡耐基梅隆大学的机器人学院就是利用位于黑泽伍德区的废弃棕地扩建了新的研究中心。

2）波士顿

波士顿于1950年代就开始中心区（波士顿城市中心，非狭义的下城区）的复兴改造，包括棚户区改造，利用港口、仓库区进行的中央商务区和商业区的建设如后湾（Back Bay），以及滨水区的更新改造如北部区（North End）、滨海区（Marina District）、南波士顿区（South Boston），使波士顿中心区不仅成为繁荣、宜人、具有活力的城市中心，而且也成为公司总部集聚、科技公司密集、房地产活跃的经济增长点和带动城市发展的引擎。

海港区（Seaport District）位于波士顿下城和南波士顿之间，与波士顿洛根机场及CBD临近，并有地铁和下城连接，有地下高速与机场及其他功能区相连。其历史上是港口、码头、停车场和仓库及造船厂等工业用地，2000—2014年成为波士顿最火热、增长最快的区域之一，2017年成为波士顿的增长引擎，是一个具有会展、文化、艺术、商业零售、商务办公、公寓、酒店、娱乐、科技及公园等综合城市功能的再开发地区。2007年，以扇码头（Fan Pier）区域低效利用的停车场地的先期综合开发为触媒，2010年，波士顿市政府启动海港创新区的建设作为信息时代的创新枢纽，主要引进发展清洁科技、健康信息技术及移动媒体等科技产业，逐渐形成拥有成百上千新办公楼、公寓楼、创新实验室等功能的创新区。至2017年共创造了5000多个新岗位、200家新公司，其中40%的公司位于创新区共享工位和孵化器中，有1100个房屋单元，其中300个是创新微单元，入驻了通用电气总部、锐步总部等。海港区在停车场、仓库等工业设施基础上，打造商业零售、商务大楼、豪华公寓楼、博物馆、艺术馆以及公园、水滨步道等高品质公共空间，营造良好的城市生活环境，以此为触媒，吸引其他公司总部、设计公司以及初创公司集聚，创造了共享工位以及生活工作住宅（live-work）的生活模式，以全新的开发和老建筑再利用创造城市实验室，以良好的环境和城市空间激发创新灵感，促进交流、合作和共享。

波士顿市区另一处高科技公司集聚的创新区域是位于剑桥镇（Cambridge）的肯德尔广场（Kendall Square），是以哈佛大学、麻省理工学院以及麻省总医院为依托的生物科技、信息技术和清洁能源等产业集群。集聚有150家生物科技、信息技术和清洁能源公司，如谷歌、微软、安进、渤健、诺华，由此带动了众多初创公司在此建立总部，剑桥创新中心（Cambridge Innovation Center）也位于此地，为初创公司提供共享工位和高质量的知识共享环境以及风险投资。肯德尔广场地区在 19 世纪、20 世纪初是以电厂、水厂以及生活用品生产为主的工业区，1911 年随着麻省理工学院的搬迁落户，该地区逐渐成为科技枢纽。1950 年代，随着麻省理工学院拿出部分靠近肯德尔广场的土地用于初创企业的发展，该地区开始吸引高科技公司和研究机构的集聚，1960 年代由联邦政府征用工厂用地用于研究机构的建设，1970 年代以后逐渐入驻生物科技公司和研究机构。肯德尔广场创新和科技产业集聚区是利用了高校研发、培训力量、金融、法律、医院以及高品质生活环境吸引生物等高科技产业及高层次人才的集聚（图 2.1）。

由此可见，美国工业化、信息化、全球化的过程中，城市区域发展演变表现为以下特点：①美国工业生产、制造部分的全球转移，向其他欠发达地区转移。②工业化、城市化呈现

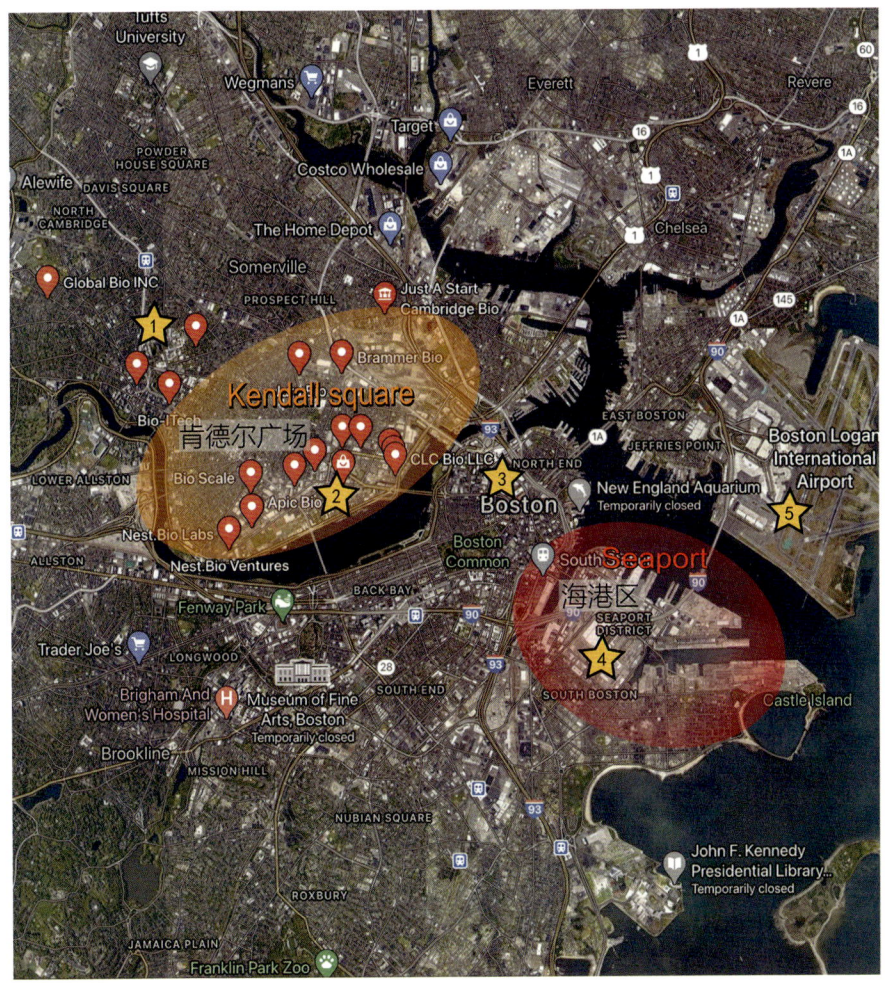

图 2.1　波士顿中心区两大科技产业集聚区
来源：作者自绘

东部→中西部→西部与南部梯次递进过程。③企业总部由北、东部向西、南部转移，全球性市场营销、金融等总部功能仍集中在纽约等大都市，以专业人员、管理为主的研究开发等总部功能向大都市郊区转移；产业结构的调整产生新的国防工业、航天工业、能源工业，向西、南部转移；转移的方式为向大都市区集聚、向城市中心集聚。④大都市区由城市中心向郊区扩散。⑤企业的水平分化转向垂直分化，即不同部分选址于（集聚或分散于）不同都市区。

参考文献：

[1] MCCARTHY J. Revitalization of the Core City: the Case of Detroit. Cities, 1997, 14(01):1-11.

[2] MULLER E K. Industrial Suburbs and the Growth of Metropolitan Pittsburgh, 1870—1920. Journal of Historical Geography, 2001, 27(01):58-73.

[3] PORTER M E. Inner-City Economic Development: Learnings From 20 Years of Research and Practice. Economic Development Quarterly, 2016, 30(02):105-116.

[4] PORTER M E. New Strategies of Inner City Economic Development. Economic Development Quarterly, 1997, 11(01):11-28.

[5] PORTER M E.The Competitive Advantage of the Inner City.Harvard Business Review, 1995, 28(03):132-132.

[6] 贝利.比较城市化.顾朝林，等，译.北京：商务印书馆，2014.

[7] 伯尔德，巴格力.美国的历史：从蛮荒时期到帝国时代.魏野畴，译.北京：新世界出版社，2017.

[8] 车卉淳，周学勤.芝加哥学派与新自由主义.北京：经济日报出版社，2007.

[9] 哈维.世界的逻辑.周大昕，译.北京：中信出版社，2017.

[10] 贺利思.伦敦的崛起：知识分子打造的城市.宋美莹，译.北京，电子工业出版社，2012.

[11] 科特金.全球城市史.王旭，等，译.北京：社会科学文献出版社，2014.

[12] 拉奥，斯加鲁菲.硅谷百年史：伟大的科技创新与创业历程 (1900—2013).2 版.闫景立，侯爱华，等，译.北京：人民邮电出版社，2014.

[13] 莱文森.集装箱改变世界.姜文波，译.北京：机械工业出版社，2014.

[14] 利维.现代城市规划.5 版.孙景秋，等，译.北京：中国人民大学出版社，2003.

[15] 麦金德.历史的地理枢纽.林尔蔚，陈江，译.北京：商务印书馆，2010.

[16] 芒福德.城市发展史：起源、演变和前景.宋俊岭，倪文彦，译.北京：中国建筑工业出版社，2005.

[17] 穆丽丽.20 世纪 80 年代之后的美国棕色地带问题分析：以匹兹堡工业区为例.厦门：厦门大学，2008.

[18] 诺克斯，迈克卡西.城市化.顾朝林，汤培源，杨兴柱，等，译.北京：科学出版社，2009.

[19] 钱德勒.看得见的手：美国企业的管理革命.重武，译.北京：商务印书馆，2016.

[20] 沙森.全球城市：纽约、伦敦、东京.周振华，等，译.上海：上海社会科学院出版社，2005.

[21] 史戴芬尼.共享经济时代：从分享房屋、技能到时间，颠覆未来产业与生活的关键趋势.郭恬君，译.台北：商周出版社，2015.

[22] 斯密.道德情操论.益群，宏峰，译.北京：中国致公出版社，2009.

[23] 托夫勒.第三次浪潮.朱志焱，潘琪，张焱，译.北京：新华出版社，1996.

[24] 王家庭, 张换兆. 工业化、城市化与土地制度的互动关系：美国的经验. 亚太经济, 2009(04):52-56.
[25] 王坚. 在线. 北京: 中信出版社, 2016.
[26] 王兰, 顾浩. 匹兹堡中心城区转型的过程及其规划. 国际城市规划, 2013, 28(06):36-42.
[27] 吴军. 全球科技史. 北京: 中信出版社, 2019.
[28] 希弗尔布施. 铁道之旅:19 世纪空间与时间的工业化. 金毅, 译. 上海: 上海人民出版社, 2017.
[29] 张庭伟. 2000 年以来美国城市的经济转型及重新工业化. 城市规划学刊, 2014, 215(02):15-23.
[30] 朱华晟. 匹兹堡地区的产业重构. 城市问题, 2011(05):80.

第 3 章　芝加哥的产业转型

天然的区位和自然资源条件是芝加哥成为美国中西部中心城市的基础条件，有眼光的商人和投资客蜂拥而至，芝加哥从商贸中心城市转变为工业城市以及具有多样化经济基础的全球城市，产业转型尤其是工业转型贯穿始终，并一直扮演着经济基石的角色，这也是城市物质空间、景观、形态格局和社会形态及城市创新发展的源泉。本章主要研究芝加哥的产业转型历程，特别是制造业复兴过程，总结产业转型演变的特点，深挖芝加哥产业转型创新演变的内在基因和内在机制。

3.1 产业转型历程

芝加哥大学城市地理学家迈克尔·康岑（Michael P. Conzen）将芝加哥的经济及城市发展过程分为以下五个阶段：新世界来临（New World Coming，1780—1832 年）、商贸时代（Merchant Coming，1833—1848 年）、工业化时代（Industrial Coming，1848—1894 年）、第二次工业化时代（Second Coming，1894—1968 年）、全球化时代（Global Coming，1969—2004 年）。[①] 结合芝加哥重要产业和重要企业发展的阶段性特征，即 1848 年第一条铁路、第一条运河以及芝加哥期货交易所成立，代表芝加哥由商业贸易时代转向工业化时代；1968 年芝加哥钢铁企业的倒闭标志着芝加哥福特式工业化巅峰时代的逝去，转向以电子等高科技产业为主的后工业化时代；2008 年美国金融危机是制造业复兴助推全面再工业化的关键节点。由此将芝加哥产业发展过程归纳为以下四个阶段：农产品贸易加工阶段（1848 年前）、工业化阶段（1848—1968 年）、后工业化阶段（1968—2008 年）、再工业化阶段（2008 年至今）。

3.1.1 农产品贸易加工阶段（1848 年前）

芝加哥始于芝加哥河注入密歇根湖的河口，背靠北伊利诺伊大平原和湖沼地带，腹地农、林、牧资源丰富，其北部、西北部的森林提供了优质、丰富的木材，南部、西部是广阔肥沃的中西部平原，盛产玉米、大豆和小麦，作为中西部地区森林产品和农产品对外运输贸易的出口通道，为早期工业化起步奠定了基础。1848 年前，芝加哥早期工业形式为农产品贸易初级加工，随着在芝加哥河南、北支流集聚的木材加工厂、农具制造厂、马车制造厂、造砖厂、采石场相继建成，一个工业城市雏形初步出现。

3.1.2 工业化阶段（1848—1968 年）

1893 年，哥伦比亚世界博览会在芝加哥举办，是芝加哥工业和城市发展成就的集中

---

① CONZEN M P. Global Chicago.[2021−03−01]. http://www.encyclopedia.chicagohistory.org/pages/300132.html.

展示，而1894年的经济危机预示着工业转型的新方向，如电力的广泛应用，因此如康岑所划分的，此工业化阶段包括工业化来临阶段（Industrial Coming，1848—1894年）和第二次工业化阶段（Second Coming，1894—1968年）。

1848—1894年间，工业化来临阶段以大机器工业化为主。1848年伊利诺伊—密歇根运河完工，格林纳（Galena）至芝加哥联合铁路（即芝加哥西北铁路）建成。电报机的发明和电报线路的开通让纽约、芝加哥、圣路易斯、新奥尔良连接起来，芝加哥成为水陆交通的枢纽，是农产品集散地以及商品转运贸易中心，面粉、肉类加工、罐头和木材加工等本地农产品加工业迅速发展，房地产和建筑业、服装业成为芝加哥的重要产业，男装引领全美，而船具、农用机械设备、建材以及印刷业等加工制造业也崭露头角。工厂主要在市区南面和西面芝加哥河两岸或铁路线旁集中。

1865年以后，在芝加哥南部出现有众多钢轨厂、轧钢厂、冷冻机车厂、铁路车厢厂等集聚的钢铁产业集群，被称为美国钢铁南部工厂（United States Steel South Works），1875年，芝加哥的钢轨产量已名列美国第一。1887年，芝加哥外环铁路建成，促进芝加哥外围工业城镇的发展。邻近的威斯康星、明尼苏达以及密歇根等州富产铁矿和煤矿，印第安纳州出产石灰石，密歇根湖提供丰富的淡水资源，随着城市的快速发展，各种机械设备、农业机具、铁路等交通运输设备、建筑用钢材等的需要，芝加哥钢铁产业得到快速发展，成为"美国的钢铁城市"。

至1893年，芝加哥已经建立肉类加工、钢铁冶炼、铁路车厢、冷冻机车等机械加工、石油精炼等具有丰富重化工业门类的工业体系，形成规划制造业区、工业园、工业集群、工业镇等工业组织形态，有18个工业联合体，占全美总数的1/10。

1890年代卡鲁米港口的兴建使芝加哥南部地区第79街以南，东起印第安纳州的盖瑞市、西至伊利诺伊州的乔利埃特市，以及向大都市区延伸的工业城镇东芝加哥市等地区，集聚发展了钢铁、炼油、屠宰、化工以及铁轨、火车机车、车厢、油罐车等重工业，包括美国钢铁公司、伊利诺伊钢铁公司、内陆钢铁公司等。直至1920年代，这一地区集中了芝加哥大都市区95%的初级金属加工业，72%的石油和煤产品加工业，30%的化工产品、石料、黏土、玻璃制品加工业，以及21%的交通设备制造业。

1894年后，芝加哥进入第二次工业化阶段，一方面钢铁、机械、设备等继续集聚发展，如1900年芝加哥控制了全美肉类包装产业，1902年芝加哥农机具机械工业在美国领先；另一方面汽车工业、电子工业快速发展，1933年福特汽车公司在芝加哥卡鲁米湖东南设立分厂，汽车业成为城市经济新的组成部分。

芝加哥电子业长期以来在美国电子行业处于领先地位，尤其是芝加哥是美国消费类电子主要生产基地之一。1893年，哥伦比亚世界博览会展出的电子产品吸引了成千上万的芝加哥市民和游客的关注。1910年代，AT&T的生产和研究分支机构——西部电气已经在无线电开发领域处于领先地位，并很快投入生产。1920—1930年代，无线电生产成为芝加哥地区新工业的核心。1920年代末,芝加哥地区生产的无线电占美国总产量的1/3。第二次世界大战期间,芝加哥许多无线电企业转向军用电子设备的生产,如巅峰无线电公司、西部电气、摩托罗拉公司等公司开始生产雷达设备,芝加哥的雷达—无线电工业公司,就业人口达4万人,生产了美国战争期间使用的约一半的军用电子设备。1945年,芝加哥都市区生产的收音机和电视机已占美国1/4,成为美国电话设备制造中心。20世纪后半期,由于生产企业的海外转移和向西海岸的转移,芝加哥的领先地位有所下降,但高科技含量的计算机和无线电通信领域有所加强。

1948年,芝加哥钢铁产业和相关领域就业人数达到50万人,超过匹兹堡,成为美国最大的钢铁生产基地之一。到1960年代,受国外厂商的竞争以及塑料产业崛起的影响,芝加哥钢铁生产步履维艰,1961年麦克米克收割机厂倒闭,1968年芝加哥钢铁企业关闭,芝加哥就业量下降到自大萧条以来的最低水平,只有几个厂家幸存。

3.1.3　后工业化阶段(1968—2008年)

1968年是芝加哥工业发展的重要转折点,一方面后福特主义生产模式(即机器化大生产时代)逐渐结束,出现小规模、分散化、产品定制化、差异化的生产模式。另一方面出现后工业化特征,即产业文化转型以及科技的突破发展。

1950年代后,随着芝加哥铁路运输以及钢铁、设备制造等相关重工业的衰败,工业发展已经越来越无法成为芝加哥的主要发展动力,本地制造业岗位数持续减少。1947年,芝加哥制造业高峰期的就业人员达到66.8万人,1967—1982年制造业就业人口减少25万人,1979—1989年又减少15.2万人,1990年代,制造业就业岗位仍在持续减少,到2000年,芝加哥大都市区的制造业就业岗位只占全部就业岗位的14%,大量就业人口转入服务业以及在郊区兴起的信息产业。[①]同时自1960年代开始,许多大公司纷纷将其总部迁至郊区,新兴产业也更多地在郊区兴起,1961年,芝加哥制造业在大都市区制造业的比例从1947年的71%下降到54%。

电子工业的郊区化比较明显。从第二次世界大战后到1970年代,芝加哥地区在全美的消费类电子产品生产方面仍占据鳌头,至1960年代末,电子行业就业量达14万人,生产全美近一半的电子产品。巅峰、旗舰和摩托罗拉这几家企业在美国被广泛认为是电子工业的领头人。到计算机时代,由于硅谷崛起以及日本、韩国、德国等海外竞争的激烈,芝加哥的地位有所下降,巅峰公司大量裁员、生产外迁,到20世纪末被一家韩国企业收购。摩托罗拉公司于1928年在芝加哥市成立,最早生产汽车收音机,第二次世界大战期间为美国军方生产步话机。第二次世界大战期间至1990年代是摩托罗拉的黄金时代,1970年

---

① WILLE L. At Home in the Loop. Carbondale:Southern Illinois University Press, 1997.

代摩托罗拉外迁至奥黑尔机场附近的香伯格市，1990年代早期成为全球第三大半导体和微处理器的生产厂家，1990年代末期其雇员达到25 000人，是芝加哥地区最大的就业基地之一。20世纪末期，摩托罗拉成功从军用电子企业转型到民用电子企业，成为全美电子业的领头羊，2012年，由于组织方式及技术更新慢，摩托罗拉被谷歌收购，2014年被中国联想收购[1]。

1950—1980年代，芝加哥产业重构的过程中，伴随着居住、商业和工业的郊区化，大量技术人员、中产阶级向郊区迁移，导致产业创新源外移，新兴工业如信息技术产业以及其他能源、生物等产业的生产和管理机构在大城市郊区集聚，促进边缘城市（Edge City）的兴起，如香伯格市的兴起与摩托罗拉公司的发展密不可分，内珀维尔市集聚阿贡国家实验室、费米国家加速器实验室以及众多高科技企业成为技术型郊区城镇。

由于大量生产功能外迁、就业岗位和消费能力的外迁，城市中心区面临经济衰败、城市空间景观破落以及社会安全等一系列问题。1980年代，芝加哥确立"以服务业为主导的多元化经济"的发展目标。

1．多元服务业的发展

芝加哥充分发挥传统金融贸易中心的作用，以及它位于美国交通运输网络中心的有利地理位置优势，重化工业的减少降低了城市资源能源消耗强度，促进了城市绿色转型，大力发展商业贸易、展览、会议、旅游，成为国际航空运输中心、国际光缆通信中心、美国的制造之都、金融贸易之都、会展之都、文化教育中心，基本形成了以服务业为主的多元化经济结构。

至2001年年底，芝加哥私人服务业的就业人口已经超过全部就业人口的一半，制造业就业人口所占比重下降至9.2%。和1990年代的快速上升趋势相比，2002—2008年间，芝加哥大都市区服务业就业人数增长趋势虽有所放缓，但总体规模呈现稳步攀升的趋势，至2008年，芝加哥大都市区服务业就业人数达到一个峰值，约390万人。

2．传统制造业的保留复兴与先进制造业发展

自1950年代，芝加哥就开始实施中心区活化和中心区工业保留的措施，在传统制造业中，扶助有优势的、已经建立了产业链的产业如食品加工、印刷业和金属加工业，持续发展附加值高的石化、制药、金属加工、机械制造、火车汽车部件及装配、航空产业等，以实体经济弥补虚拟经济和第三产业化带来的产业空心化，增强了经济的稳定性，增加了中心区的就业。

中心区的工业复兴成为1970年代后芝加哥政府着力解决的重要问题，一系列的政策和鼓励措施纷纷出台，如税收增量融资办法（TIF）、赋权（Empowerment）和激励政策

---

[1] 吴军．浪潮之巅（上）．4版．北京：人民邮电出版社，2019:250-271.

（Increment），目的在于保留并复兴沿芝加哥河、沿铁路的老工业带，以解决低收入阶层的就业问题。1988年，芝加哥划定首个规划制造业区（Planned Manufacturing District，PMD），对市内工业区采取保护措施。1992年，开始划定受保护的工业走廊。

芝加哥首先放弃已经成为夕阳产业的钢铁、冶金等重工业，并通过税收优惠、帮助解决土地问题等措施扶持有优势或已建立产业链的食品、印刷、金属加工等轻工业。而今，芝加哥仍是美国乃至世界食品产业重地，印刷业与出版、广告等行业相匹配，具有较为完整的产业链。

对于钢铁工业，芝加哥在注重保护环境、加快产业整合、优化生产流程的基础上提升钢铁工业的发展层次和水平，废弃旧钢铁厂的大片土地被规划为其他工业用地和绿化用地，一些新兴工业如包装工业在旧基地上建设起来。

此外，芝加哥还大力引进投资，尤其是引进计算机、生物制药业等高新科技产业的研究、开发和管理部门。在发展传统优势产业的同时，芝加哥不断调整优化制造业产业结构，通信设备业、照明和电气设备业、医疗器械业、食品加工等产业已成为芝加哥新的优势产业。芝加哥在生物制药技术上全球领先，拥有世界上最先进的信息交流设施，为无数国际高端网络提供合作互连点，是不断扩大的风力发电公司所在地以及美国绿色建筑委员会认证建筑最多的城市之一。这些制造业的繁荣发展吸纳了大量的社会就业。

芝加哥中心区以消费类工业为主，如消费类电子、消费类化工以及服装业、印刷业等，产业空间对城市和居住影响不大。在其他因为工艺升级和规模扩大而进行的工业空间置换过程中，除了因大量生产功能外迁对原有厂房、仓库除整体更新改造外，大量的铁路、仓库、邮政所以及高速公路等构成城市骨架的基础设施仍然保留，并逐步改造成为现代生活所必需的通勤、快速交通和物流运输设施。

3.1.4 再工业化阶段（2008年至今）

2008年美国金融危机后，芝加哥实体经济发挥重要作用的多样化经济模式成为全美典范。2010年，其工业产出结构中在全美排名第一的是机器制造、食品工业、装配金属制造、金属初级加工、塑料和橡胶制品制造、电气设备、器具和组件制造、造纸；第二是印刷及相关支持活动、非金属采矿产品制造；第三是其他制造业。2011年，奥巴马政府提出美国制造业复兴计划，芝加哥作为典型制造业社区也加大了制造业复兴的再工业化步伐。如发起制造业复兴和现代化计划，持续强化物流、商贸功能，在完善工业时代铁路、航运、铁路与公路转换等基础设施基础上，完善光电网络、互联网等信息基础设施，打造制造业、服务业、文化产业、高科技产业的混合经济。

表3.1是美国商务部经济分析局发布的2001—2017年芝加哥大都市区制造业GDP相关数据。可以看出，2001—2010年，芝加哥大都市区制造业GDP占芝加哥大都市区GDP的比重以及占全美制造业GDP的比重呈现出稳定发展的特征。

表 3.1　　2001—2017 年芝加哥大都市区制造业 GDP 相关数据

年份	芝加哥大都市区全产业 GDP（百万美元）	芝加哥大都市区制造业 GDP（百万美元）	全美制造业 GDP（百万美元）	芝加哥大都市区制造业占全产业的比重	芝加哥大都市区制造业占全美的比重
2001 年	414 435	55 909	1 266 031	13.49%	4.42%
2002 年	423 186	54 045	1 257 114	12.77%	4.30%
2003 年	436 293	56 560	1 310 679	12.96%	4.32%
2004 年	460 632	60 768	1 385 673	13.19%	4.39%
2005 年	486 302	61 700	1 462 174	12.69%	4.22%
2006 年	513 061	61 542	1 549 296	12.00%	3.97%
2007 年	534 765	65 379	1 598 938	12.23%	4.09%
2008 年	528 040	62 025	1 567 973	11.75%	3.96%
2009 年	516 756	62 345	1 495 392	12.06%	4.17%
2010 年	529 004	67 084	1 585 266	12.68%	4.23%
2011 年	547 626	72 230	1 648 642	13.19%	4.38%
2012 年	578 016	79 176	1 708 965	13.70%	4.63%
2013 年	585 948	74 812	1 749 701	12.77%	4.28%
2014 年	608 805	77 000	1 800 463	12.65%	4.28%
2015 年	639 033	78 696	1 871 635	12.31%	4.20%
2016 年	657 589	79 803	1 869 260	12.14%	4.27%
2017 年	679 699	82 161	1 921 089	12.09%	4.28%

来源：作者根据《芝加哥工业可持续发展计划》整理

在城市发展过程中，芝加哥产业转型经历了贸易工业化、重化工业化和制造业复兴过程，在转型过程中，在空间上从城市起源的沿河地带到沿铁路、站场，沿湖、沿公路及机场周边，从中心区到郊区再到大都市区，区域观念以及专业集聚和工业效率观念自始至终；首创工业集聚区、中央制造区（工业园区的雏形）和公司镇、工业走廊以及货运集群的布局模式；不论传统制造业、先进制造业、高科技工业都是创新的载体和源头，持续发展的工业是城市持续发展的基础，是稳定就业、吸引人口与资金、增强城市活力的重要工具，也是以多样化经济增强经济稳定性的重要法宝。

3.2　再工业化及制造业复兴

2008 年美国金融危机后，芝加哥市长发起制造业复兴和现代化计划，对每个工业走廊、水系及航运设施、铁路系统和孵化器等制造业复兴相关条件和设施进行系统评估和研究，对工业可持续发展条件和趋势进行综合规划研判。本节包括美国制造业复兴、《芝加哥工业可持续发展计划》及工业走廊复兴案例等内容。

3.2.1 美国制造业复兴

美国独立战争前后，美国工业发展一直跟跑英国，其轰轰烈烈的工业革命始于19世纪中后期的铁路发展、电力和电报电话等基础设施的发明和大规模生产。1900年代后，特别是1920—1930年代，汽车的规模化生产使美国工业革命进入福特时代，奠定了重型工业和消费工业的基础。两次世界大战给美国提供了军工以及机械、电子工业发展的机会，洛杉矶、迈阿密、休斯敦等阳光带城市以及底特律、芝加哥等老牌工业城市成为大型军工发展的城市。第二次世界大战以后，美国高新科技产业集聚区如加州硅谷、波士顿128公路、北卡罗来纳三角科技园区等加速了新兴科技产业发展，成为引领世界科技产业的先锋。1970年代前后，随着信息经济和全球化的发展，美国传统制造业大范围衰落并向全球发展中国家转移，实体经济逐渐让位于服务业经济，但美国制造业产出量仍占全球的19%。

美国长期以来一直依靠产品制造和在国内外市场的全球贸易能力而蓬勃发展。制造业在美国经济的几乎每一个领域都发挥着至关重要的作用，从航空航天到制药等。先进制造业——包括新的制造方法和通过创新实现的新产品生产——是美国经济实力的引擎，也是美国国家安全的支柱。随着新技术和创新的发展，生产力大大提高，实现了产品的推陈出新，并催生出全新产业，制造业的发展进步正使国家经济不断改善。[①]

2001年，美国高技术制造产品贸易从盈余转为赤字，贸易赤字从2003年的170亿美元上升到2010年的810亿美元，不仅低技术的就业岗位在流失，与制造业相关的研发活动和相应的高技能岗位也向发展中国家转移。从1990年代末以来，许多外国企业将大量研发活动转移到中国等新兴市场国家，如微软、甲骨文、摩托罗拉、西门子、IBM、英特尔等公司在中国设立研究实验室，英国石油公司和通用汽车等200多家主要外国企业，都将大量研究活动放在中国。

1. 2008年后的两轮制造业复兴计划

在2008年美国金融危机后，奥巴马政府着手推动制造业复兴，于2011年首次推出制造业复兴计划，此后每年发布制造业发展报告。美国总统科技顾问委员会于2011年提出了《确保美国先进制造业领导地位的报告》（以下称为"2011版"），提出产业政策不

---

① NSTC. Strategy for American Leadership in Advanced Manufacturing: A Report by the Submittee on Advanced Manufacturing Committee on Technology of the National Science & Technology Council. [2021-10-08].https://trumpwhitehouse.archives.gov/wp-content/uploads/2018/10/Advanced-Manufacturing-Strategic-Plan-2018.pdf.

是解决之道，而促进新技术和新方法的创新政策是振兴美国制造业的关键[①]。2016年唐纳德·特朗普任总统后，他从全球贸易、国防等国家安全的角度把制造业的复兴与美国国家全球引领地位联系起来，发布《美国先进制造业领导力策略2018》（以下称为"2018版"）[②]。报告指出，制造业的进步，在20世纪美国全球经济的主导地位中扮演了一个重要的角色。

面对激烈的全球竞争，特朗普政府采取了强有力的行动来捍卫经济，扩大制造业就业，并确保强大的制造业和国防工业基础以及弹性供应链。"在发展美国制造业的同时，我们不仅要增加就业机会和工资水平，更重要的是要培养'美国精神'。""没有任何地方比这里——美国——更适合于建造、雇用和成长了。美国对商业的开放程度比以往任何时候都要高。"

因此，本书视2011版为基于创新的制造业复兴计划，视2018版为基于贸易的制造业复兴计划。

1）2011版——基于创新的制造业复兴计划

2011年，美国总统科技顾问委员会指出，美国制造业发展近几十年在GDP份额和就业比例上逐年下降。低技术产品下降，在美国发明的先进技术产品生产以及研发活动逐渐转向发展中国家，这不仅是低工资竞争的结果，也因为技术更新更密切地与制造业相关联，研发活动选择了邻近制造业繁荣的国家和地区。"没有制造业活动我们无法维持世界创新引擎的地位"，必须将制造业复兴纳入关系美国高质量就业、国防安全、经济可持续发展以及保持美国世界领导地位的重要战略。解决办法不是扶持哪个产业、哪些行业，而是需要一贯的创新政策及创新基础设施，确保新技术和新方法的领先地位。2011版明晰了对制造业和创新的认识，以及如何通过鼓励制造业的创新发展保持科技的持续领先（表3.2）。

表3.2 《确保美国先进制造业领导地位的报告》（2011版）目录

章节	主要内容及核心观点
美国制造业的现状	
美国制造业领导地位下降意味着什么	先进制造业能够提供高质量的就业
创新政策：联邦政府的适当的角色	创造适于创新的活跃的环境
	克服市场失灵：美国投资的角色
	机遇：提升新技术
	机遇：支持共享基础设施
	机遇：再思考制造业过程

---

① PCAST. Report to the President on Ensuring American Leadership in Advanced Manufacturing.[2021-10-08].https://files.eric.ed.gov/fulltext/ED529992.pdf.

② NSTC. Strategy for American Leadership in Advanced Manufacturing: A Report by the Submittee on Advanced Manufacturing Committee on Technology of the National Science & Technology Council. [2021-10-08].https://trumpwhitehouse.archives.gov/wp-content/uploads/2018/10/Advanced-Manufacturing-Strategic-Plan-2018.pdf.

续表

章节	主要内容及核心观点
建议：推进先进制造业的复兴	克服市场失灵：为了美国的未来的先进制造业
	创造好的环境：税收政策，研究型企业以及熟练技能的工人

来源：作者根据《确保美国先进制造业领导地位的报告》整理

2011版指出先进制造业，是包括应用信息、自动化、计算机、软件、感应器和网络等先进技术，以及应用由物理、生物科学支持的前沿材料和容器的技术如纳米技术、化学、生物的制造业，也包括运用新方法制造现有产品以及由新的先进技术创造新产品的制造业。2011版提出两项策略：一是创造一个适于创新的产业生态环境，保证美国是适于干事创业的国家，包括优化税收和商业政策，如永久延长研发税收抵免，加大对基础研究、培训和高技能劳动力培训的支持，给三家重要科学机构（国家自然科学基金、能源部科学办公室、国家标准和技术研究所）未来十年双倍研究经费预算，加强中小学科学、技术、工程、数学（STEM）教育，支持鼓励中小企业繁荣等措施，以吸引制造业活动；二是联邦政府着力知识创新和技术创新，以先期公共投资能够保证新技术和设计方法（产业化）在美国开发出来，建立一系列创新基础设施支持技术性企业的繁荣发展。

由此，推进先进制造业计划（Advanced Manufacturing Initiative），其政府组织架构是，由美国国防部、能源部、商务部、经济发展部牵头，总统执行办公室协调，通过科技政策办公室、国家经济委员会、总统制造政策助理办公室，组成一个由学术界和产业界组成的咨询委员会，能关注并及时识别技术挑战和机遇。每两年向总统提交一份报告，说明最需要联邦投资的项目。具体包括：①由联邦政府联合资助学术界、产业界关于新技术和设计模式的应用研究；②通过公私合作（PPP）共同应对前沿挑战的技术进步；③减少企业制造产品的时间和解决技术难题的设计方法的发明和扩散；④帮助中小企业改进产品的共享创新设施和基础设施。先进制造业计划下还有系列配套计划。

2）2018版——基于贸易的制造业复兴计划

2018版报告指出，美国制造业相关科技方面的私人投资在近几年急剧萎缩，制造业就业从1990年代开始减少，2008年金融危机后加速流失，在通信和计算机工业方面的生产和就业急剧下降，美国缺少具有科学技术工程和算术知识与技能的劳动力。其制造业复兴计划的目的是保护经济、扩大制造业就业，保证强大的制造业和国防工业基础以及弹性供应链，以恢复美国在全产业领域的全球地位，保证美国国防安全和经济繁荣。报告由国家科技委员会先进制造业分委员会提出（表3.3）。

表 3.3　　　　　　　　《美国先进制造业领导力策略 2018》（2018 版）目录

章节	主要内容及核心观点
美国制造业与竞争力	影响先进制造业创新和竞争力的因素
	先进制造业的愿景与目标
目标 1：开发和转化新兴制造技术	抓住智能制造系统的未来
	开发世界领先的材料和加工技术
	确保通过国内制造获得医疗产品
	保持电子产品设计和制造领域的领先地位
	加强粮食和农产品生产制造的机遇
目标 2：教育、培训并连接制造业从业者	吸引和培养未来的制造业从业者
	更新和扩展职业教育和科技教育途径
	推广学徒制以及行业认可证书获得机制
	促进熟练技术工人与行业需求相匹配
目标 3：增强国内制造业供应链的能力	加强中小型制造企业在先进制造业中的作用
	鼓励制造业创新生态系统的发展
	加强国防制造业基础建设
	加强乡村社区先进制造业发展

来源：作者根据《美国先进制造业领导力策略 2018》整理

2018 版在以下方面的突出认识与以往不同：

（1）科学技术的快速发展及经济的驱动正在通过创意、设计、制造、流通和售后服务等改变产品和服务，因此制造业复兴是撬动整个产业领域的新技术平台。

（2）通过保护正当的互惠的贸易，才能保证先进制造业的良性环境。

（3）需要特别重视全方位的学习、培训和再教育，包括从小学到高中、技术培训、再培训、学徒制、高等教育，以及有效的业界承认、能力证书的取得等系列职业教育。

（4）联邦、州、地方三级政府必须统一行动支持先进制造业的发展，包括支持研究与开发；提高劳动者素质和技能；促进自由公正贸易；创造一套管理和税收体系解放私有部门。

（5）把制造业复兴与美国精神的复兴联系起来。

（6）影响先进制造业创新和竞争力的因素是，快速技术进步是制造业全产业链和全生命周期的，因此制造业对其他行业的就业具有广泛的影响，1 个技术密集型制造业岗位至少支持其他 4 个工作岗位，并由垂直分工向混合工种转化，即即时创新、即时开发生产、即时修正、即时调整。同时，制造业不再从价值链剥离，集研发、产品设计、软件开发和集成全生命周期的服务活动为市场提供有价值的产品和服务。

（7）先进制造业增长需要技术基础设施（technology-based infrastructure）的完善和提高。

（8）先进制造业的投资依赖于可靠和可预测的知识产权、专利、商标和贸易机密，这些相比其他技术不再无关紧要。

（9）先进制造业影响未来的市场、出口和贸易，市场包括产品市场和技术市场。

3）从2011版到2018版的转变

2011版注重以创新促制造业复兴，2018版则从贸易和经济整体发展角度出发，两轮先进制造业复兴战略的转变表现在以下几点。

（1）关注全价值链、全产业链的制造业提升需求，认识到制造业对其他行业的就业具有广泛的影响，制造业不再从价值链剥离，即制造业通过为市场提供有价值的产品和服务，制造业的发展涵盖了研发、产品设计、软件开发和集成以及全生命周期的服务活动，是经济繁荣、社会进步、科技创新和城市转型发展的需求和推动力量。如纽约、旧金山科技回归的硅巷模式，以及锈带向智带的转型，城市、城镇小制造业区的出现等。

（2）制造业发展的政策要素从"产业政策"到"创新政策"再到"贸易政策"，回归到制造业产生的原点，即为贸易而制造，制造业复兴策略已经不局限于产业政策，通过营造自由贸易环境以及创新创业的干事环境，满足市场需求、解决生产中的任何瓶颈。

（3）建立知识产权生态系统，先进制造业的投资依赖于可靠和可预测的知识产权、专利、商标和贸易机密，美国应从知识产权生态系统获益。

（4）从未来市场、出口、贸易角度看待先进制造业的需求和创新。

（5）从联邦、州到地方以及国防、能源、经济等各领域，政府、学界、企业、中介、教育等全关联环节的齐心协力促进制造业全面发展。

（6）加强对劳动者STEM素质的培训、知识储备，特朗普政府尤其看重全方位的学习培训和再教育，加强从小学到高中的STEM教育、技术培训、再培训、学徒制、高等教育以及有效的业界承认的能力证书获取途径。

（7）对研发类技术基础设施加大投资。

2．美国制造业复兴的新趋势：智带与硅巷模式

美国作为老工业帝国留下了众多工业遗产，100多年间的产业结构转换以及1970年代后全球化的浪潮使美国失掉了众多传统制造业发展空间，特别是美国东北部及中西部老工业城市经历了产业衰败、城市破败衰落的过程，被称为"锈带""冰冻带"，如俄亥俄州克利夫兰以及新英格兰罗德岛普罗维登斯等。像纽约等城市，制造业也早已离开中心区。

21世纪以来，一种由先进的研发设施带动的新制造业模式正在发达国家的老工业城市和社区获得新生，使"锈带"变为"智带"，即基于智力共享模式，由对当地有感情并有远见、有决心和影响力的人士或机构来联络，形成由研究型大学（或创新市场，如医院）、职业院校、创业公司（或孵化器）及成熟企业、吸引人的环境以及风险投资、律师、设计公司等构成联系紧密的协作生态系统，是在商业界和学术界以及地方人士之间搭建的共享智力、共享机遇、共同应对挑战的共同体。如曾经一直是全球轮胎制造业中心的俄亥俄州阿克伦正重新被唤醒发展成为美国高分子谷，阿克伦大学工学院以及高分子科学和工程学院成为全美最大的聚合物学术研究机构之一，也被公认为全球重要的聚合物专业知识中心，他们研究的先进材料正在改变汽车工业、航空航天工业及国防工业。2012年，奥巴马政府发起建立制造业研究所，其中包括当年在俄亥俄州杨斯顿建起了第一个研究所，专攻3D打印，2014年在芝加哥成立第二个研究所，专攻数字制造和数字设计。①

在纽约和旧金山出现另一种情形。纽约的老厂房和工业街区的文化转型SOHO模式曾经是发展中国家的效仿对象。随着互联网技术的兴起，纽约时尚艺术之都、媒体之都、金融中心、商业之都又成为新科技之都的创新源泉和服务对象，数字纽约、熨斗学校（Flatiron School）、街道和办公空间的更新成为城市更新的新方式，"楼上孵化器、楼下普拉达"，纽约硅巷迅速崛起成为全美仅次于硅谷的第二大科技集聚区，是美国工业城市制造业复兴的新趋势。

3. 美国制造业转型复兴的创新驱动力

1）制造业是创新的聚集体

美国经济学家约瑟夫·熊彼特认为"创新是生产过程中内生的"，日本企业家稻盛和夫的工作修行哲学也是同理，在工作、产品制造中蕴藏无尽的创新和用心，美国制造业复兴计划中反复强调"制造业是创新的熔炉"。创新是改善生产、提高效率和产品竞争力的需要，在产品更新迭代加速的时代，创新无疑蕴藏在生产过程中。

技术变革大致可以分为以下四类，其重要性和影响力依次增强②。

（1）渐进式创新。通过"边做边学"和"边用边学"对现有产品和技术进行的小范围的、逐渐的改进，尽管单个改进很小，经常被忽视，但是这些改进积累了一段时间后会带来显著的变化。

（2）根本性创新。非连续性事件显著地改变现有的产品或技术，但是单个根本性创新不会对经济系统产生广泛的影响，这种影响需要一系列这样的创新。

（3）技术体系变革。一系列的渐进式创新和根本性创新以及相应组织变革带来的技术广泛变革，这种变革影响经济系统的若干方向，同时产生全新的部门。技术体系变革一般与关键性通用技术的出现相关，例如信息技术、生物技术、材料技术、能源技术、空间技术等。

（4）技术—经济范式变革。真正的大规模变革，体现为新的技术系统。这种变革对

---

① 阿格塔米尔，巴克. 智能转型：从锈带到智带的经济奇迹. 徐一洲，译. 北京：中信出版社，2017.
② 迪肯. 全球性转变：重塑21世纪的全球经济地图. 刘卫东，等，译. 北京：商务印书馆，2009:76.

经济整体有广泛的影响，改变整个系统的生产和管理方式。蒸汽机、电力、计算机的发明都是这类影响深远变革的例子。熊彼特指出，"开动和保持资本主义发动机运动的根本推动力，来自资本主义企业创造的新消费品、新生产方法或运输方法、新市场、新产业组织的新形式。"[①] 这种变革同时带来很多渐进性创新和根本性创新，也可能最终形成几个新的技术体系。这种技术变革不仅带来新的产品、服务、系统和行业，而且直接或间接影响到经济系统的几乎所有方面。变革超出了具体的产品或生产技术，而影响了整个系统的投入成本结构、生产和流通。如互联网及5G带来的生活方式、管理方式、流通方式的根本性变革，共享经济的产生减少了需求端与供给端之间的中间环节，缩短了创新产生和应用的时间距离，也是一次根本性的创新，将颠覆性影响世界经济。

2）美国制造业复兴的创新路径

其一，以科技创新引导城市产业创新。2011版提出将制造现有产品的新方法及由新的先进技术创造的新产品的生产，以及应用先进技术的传统制造业纳入先进制造业。提出制造业复兴不是提出几项具体的产业扶持政策，而是为创新创造一个良好的环境，以使美国有一个好的营商环境，通过优化税收和商业政策、对基础研究的大力支持以及对高技能劳动力的培训和教育，同时为克服市场失效，政府投资创新基础设施，保证新技术和新的工艺设计方法能够得到开发，以技术为基础的企业能够以此得到繁荣。强调建立"先进制造业同盟系统"（the Advanced Manufacturing Partnership）和"国家制造业创新网络"（National Network for Manufacturing Innovation）作为美国先进制造业共同发展的平台和联络系统。

其二，以综合创新推动制造业复兴。2018版报告包括三个具体目标，即开发和转化新制造技术；教育、培训和连接制造业大军；扩展国内制造供应链的容量和规模。报告提出，制造业驱动全球经济，先进制造业影响未来的市场、出口和贸易，其中包括产品市场和技术市场，先进制造业复兴需要保护和提升美国工业的贸易政策。报告提出制造业不再从价值链剥离，即与研发、产品设计、软件开发和集成等全生命周期的服务活动联系在一起以为市场提供有价值的产品和服务。强调"在此发明，在此生产"（invent here, made here），将研发和生产都留在美国国内。先进制造业的增长需要技术基础设施（technology-based infrastructure）的进步，其投资依赖于可靠和可预测的知识产权、专利、商标和贸易机密，这些知识产权相比其他科学技术不再无关紧要，美国应从知识产权生态系统获益。同时，劳动力急需STEM知识储备，需要号召国家、州、地方各级政府齐心协力发展先进制造业。

其三，制造业复兴的全面创新路径。即从创新版到贸易版的美国先进制造业战略政策

---

① 熊彼特. 资本主义、社会主义与民主. 吴良健, 译. 北京：商务印书馆, 1999.

有以下变化：一是重视全价值链、全产业链的制造业提升需求，认为竞争力的提升和价值创造存在于产品和服务的创意、设计、制造、流通和售后服务的全过程，而每一个阶段的创新离不开科技革新，离不开产品供应，由此才有服务于时尚、金融、传媒、健康医疗等高端服务业的科技创新和经济繁荣；二是从"产业政策"到"创新政策"再到"贸易政策"，创造自由贸易、创新创业的营商环境；三是知识产权生态系统的价值得到重视。供应创造需求，从未来市场、出口、贸易角度看待先进制造业的需求和创新，制造业的重要性得到全面认识，调动美国从联邦、州到地方各层级，国防、能源、经济等各领域，政府、学界、企业、中介、教育等各关联环节的齐心协力，加强对劳动者 STEM 素质的培训、教育和知识储备的便利性的重视。

两版报告的具体措施都聚焦到构建学、政、企、商贸、金融、中介服务参与的制造业生态系统，即制造业发展共同体和联合创新平台，一方面完善科技孵化器产业，另一方面做强商业孵化器，即改善营商环境，从补齐创业短板、扶持创业的角度出发，扶持学术界基础研究的理论创新、知识溢出，创新金融对知识创新、模式创新的支持，保障创新人的成果利益享有权，国家对研发类技术基础设施加大投资，促进现有高校、实验室、科研机构等创新设施、学术机构做大基础研究，扶持产业界的产品孵化和商业界的做大做强。

（1）孵化器模式

还原孵化器概念，孵化器即孵化、辅助企业生长。孵化器的思想最早源于爱迪生的发明工厂和弗雷德里克·特曼为斯坦福毕业生提供的创业指导课。美国于 1959 年诞生首家孵化器——贝特维亚工业中心，是利用倒闭厂房服务企业的偶然创新，1980 年代开始大量出现，成为政府推动创新创业的重要工具，在美国西部、中西部、南部及东北部围绕高校及大企业涌现较多孵化器。

（2）高科技园区模式

高科技园区是高科技企业研究成果的生产基地，包含点子、技术孵化设施与风险投资、商业孵化设施以及产业配套，是高科技企业集聚地，如硅谷、128 公路高科技园区模式，再如北卡科技三角模式，类似日本关西科技城、筑波科学城，是区域创新源模式。

（3）硅巷—智带模式

硅巷—智带模式是解决市场需求的问题导向模式，反映了大学、研发回归城市的趋势，是"一种基于先进的研发部门的新制造业模式，正为发达国家带来某种新生"，从"锈带"变为"智带"。

智带生态系统是智力共享和智能制造模式，充分利用工业互联网技术，将智力资源与智能制造系统连接在一起，以具备深厚专业知识的研究机构、教育机构为核心，政府对基础研究进行扶持，具有诱人的工作生活环境、充足的资本，充满信任和允许自由思考的氛围。除了研究型大学，智带生态系统通常还包括一家大公司（全球性企业），懂得商业中基础研究的需求和价值，并能充分利用研究创新来创造商业价值，如俄勒冈州波特兰市的英特尔公司,"研究人员深知他们不能投身到令人痴迷但不创造任何价值的研究课题中"。传统企业工作模式与智能制造、智力共享模式存在差异,如基于工业互联网联盟的智能农场是机器人、传感器、清洁能源、水资源管理、生物技术、信息技术等合而为一的整体运营。有了强大的基础研究实力和商业公司的眼界与成熟的商业运营,西方国家将重拾在服装鞋帽等日常用品生产领域的竞争力。

"智带"模式正助力美国锈带旧工业遗产全面转化为制造业发展创新优势的趋势。正如美国麻省理工大学校长拉斐尔·赖夫(L. Rafael Reif)指出,"大量一流的美国大学在联邦政府的长期支持下,正在进行高级研究","行业—大学—政府这一合作伙伴关系,令我们的整个创新体系更快、更有效,让美国产生的创意首先进入美国市场"。[①]

3.2.2　芝加哥制造业复兴

1. 芝加哥在全美制造业复兴版图中的地位

芝加哥大都市区是美国重要的制造业中心之一,被公认为是生产各种原材料和非专利产品的多样化制造基地之一。制造业专业划分明确,有 11 个子行业,其中中等高技术产业比尖端高技术产业在该地区更为重要。2011 年,芝加哥地区中等高技术产业占所有就业岗位比例为美国平均水平的 1.21 倍,而尖端高技术产业占所有就业岗位的比例低于美国平均水平。芝加哥大都市区拥有 41.1 万个制造业工作岗位,仅次于洛杉矶大都市区。其中有 47% 的制造业岗位位于库克县的市区,16% 在芝加哥市,31% 在库克县的郊区。制造业岗位数占总岗位数的比例与美国的制造业岗位数占比相比,已从 2001 年的 1.08 倍上升到 2011 年的 1.11 倍。在全美范围内,芝加哥地区的制造业生产总值仅次于洛杉矶地区排名第二。 制造业提供的岗位工资高于其他行业。2011 年,芝加哥大都市制造业就业岗位的平均年收入为 67 168 美元,比大都市区所有工作岗位的平均年收入高约 16%。[②]

目前,芝加哥大都市区制造业复兴的政策集中在加强该地区已经具有专业化优势的行业,在此基础上衍生发展的新兴产业,或者与它们有共同技术基础的其他行业,以及可以促进高工资、高技能生产的其他行业。

芝加哥作为老工业城市,其创业资源(enterprenuers)非常丰富,包括可用于建设研发设施、加速器、孵化器、共享工位的以老工业厂房为基础的物质资源,芝加哥大学、西北大学等研究型大学、研究机构、专业咨询机构及各类职业培训学校、行业网络、行业协会等人力培训的教育资源和社会资源,以及资助/贷款、风险投资、天使投资等金融资源。

---

① REIF L R. China's Challenge Is America's Opportunity.(2018-08-10)[2021-10-08].https://www.nytimes.com/2018/08/08/opinion/china-technology-trade-united-states.html.
② Chicago Department of Housing and Economic Development. Chicago Sustainable Industries: A Business Plan for Manufacturing.[2021-10-08].https://www.chicago.gov/city/en/depts/dcd/supp_info/chicago_sustainableindustries.html.

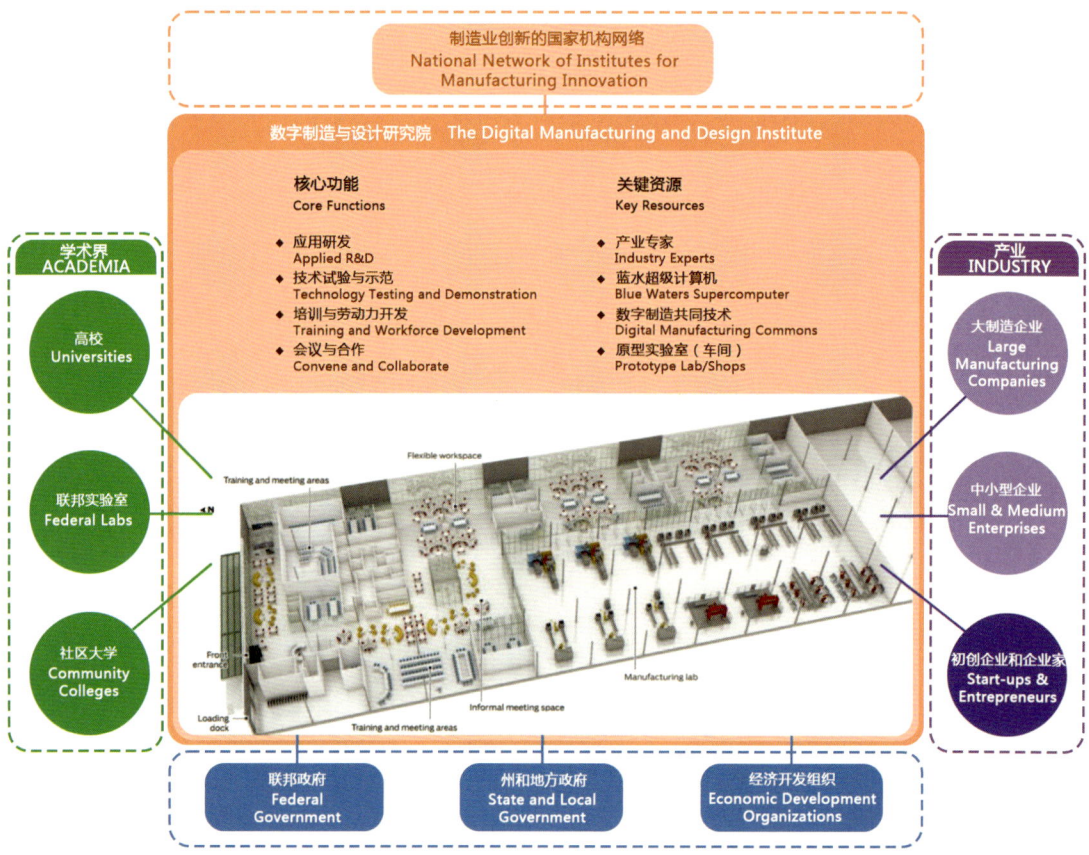

图 3.1　芝加哥数字制造与设计研究院构造模式
来源：FRIEDMAN S B, et al. City of Chicago: Manufacturing Incubator Feasibility.[2021-10-08]. https://www.chicago.gov/content/dam/city/depts/zlup/Planning_and_Policy/Publications/Chicago%20Industrial%20Corridors/Incubatory_Study_2014.pdf.

在奥巴马政府先进制造业计划的"先进制造业同盟系统"和"国家制造业创新网络"中，芝加哥数字制造与设计研究院（Digital Manufacturing and Design Institute）是美国 12 个国家制造业创新网络的关键节点之一（图 3.1）。芝加哥大都市区金属财团制造社区（Chicago Metro Metal Consortium Manufacturing Community）是 2014 年芝加哥地区入选第一批全美 12 个制造业社区（工业社区）之一的基础，以吸引联邦政府计划的投资支持，带动新增制造业领域的私人投资，促进贸易和出口增长。

表 3.4 表明，芝加哥产出前 5 位的制造业类别分别是机器制造、食品加工、金属构件制造、初级金属加工、塑料和橡胶制品制造。

表 3.4　　芝加哥制造业主导门类

排名	次类	2010年区域生产总值（百万美元）	占产出比例
美国排名第一	机械制造	7608	12%
	食品加工	7174	12%
	金属构件制造	6873	11%
	初级金属加工	3423	6%
	塑料和橡胶制品制造	3335	5%
	电气设备、设置和配件制造	2780	4%
	造纸	1871	3%
美国排名第二	印刷以及相关活动	1758	3%
	非金属矿产品制造	902	1%
美国排名第三	其他各类制造	3909	6%

来源：作者根据《芝加哥工业可持续发展计划》整理

2．芝加哥制造业复兴总体策略

1950年代后，芝加哥面临着钢铁等重工业衰败、工业区凋零的困境。芝加哥现有的27个工业走廊，是1992年以来沿交通轴线划定的面积在70—3500英亩不等的连绵的地理区域，以制造业为主，含物流仓储、重大市政基础设施。一直以来，新扩展的制造业、批发和分销公司都集聚到工业走廊系统，是芝加哥的经济骨架。为适应快速变化的经济需求，并维持芝加哥作为世界上有竞争力的制造业中心城市的历史地位，自2012年起，芝加哥发布一系列促进制造业复兴的政策措施。

2012年，芝加哥世界商业咨询机构（World Business of Chicago）所做的"经济增长和就业规划"首次将芝加哥发展战略转向"成为先进制造业的领导枢纽"（Leading Hub for Advanced Manufacturing）。2013年，《芝加哥工业可持续发展计划》（*Chicago Sustainable Industries: A Business Plan for Manufacturing*，CSI）提出了针对制造业领域的多项优化管治、加强基础设施、改善劳动力培训的战略措施。提出工业现代化内容包括产业结构现代化、交通方式现代化、物业现代化、组织方式现代化等。《芝加哥工业可持续发展计划》通过提出多种涉及制造业、用地、公共投资、合作伙伴关系和监管改进等城市政策和战略，以确保当地制造商的可持续发展和竞争力提升，继而优化和改善经济增长与就业计划。主要侧重于制定政策和策略，提出了最大化地理空间优势、提升物流优势、加大公共设施基础建设、促进制造业共同体合作关系四大策略，以及32条行动计划，随着诺福克（Norfolk）南方铁路公司正在进行的第47街多式联运设施扩建，芝加哥市提议将英格伍德社区（Englewood）的铁路车场和其他战略部分正式指定为一个新的工业走廊，即丹瑞安（Dan Ryan）工业走廊。还包括修订卡鲁米湖区域的区划边界和工业走廊边界；修订区划代码以定义21世纪制造业、修订规划制造业区边界；通过基础设施投资和对港口设施的有效管理和运营，振兴伊利诺伊国际港区等（表3.5）。

芝加哥2012年后的制造业复兴计划着重完善制造业复兴的制度、人才及产业空间组织保障。发挥制造业发展合作组织的作用，创建由政府、企业、代表中小企业的制造业支持协会、劳动者组织和教育机构组成的制造业共同体，形成制造业复兴的社会合力，包括加强制造业就业、薪酬宣传，吸引人才在制造业就业，加强制造业人才培训计划，工业集聚区引进工业园区的管理模式，配备园区公共服务设施，尤其鼓励发展中小企业，简化和公开透明企业办事许可和流程等措施。

2016年，芝加哥规划发展局联合官员、商家、产权人、地方规划机构以及其他利益相关方正式启动了《芝加哥河北支流工业走廊现代化框架规划》（Mayor Emanuel's Industrial Corridor Modernization Initiative[①]），包括对工业走廊赖以存在的河道设施的调查、对工业走廊（IC）和规划制造业区（PMD）等产业区划的实施评估、制造业孵化器可行性研究，在此基础上，对27个工业走廊现代化提出发展规划指引。

表3.5 《芝加哥工业可持续发展计划》目录

章节	内容
策略一：最大化发挥芝加哥区位优势	为新时代的制造业储备工业走廊
	改善卡鲁米工业走廊
	强化制造业分区区划
	管理制造业地产
策略二：利用当地物流	完善铁路、空运和港口基础设施
	追踪卡车线路
	提升水路基础设施
策略三：最大限度地利用公用设施	提供可靠的电力
	确保充足的通信能力
	利用太阳能和水能
策略四：引领制造业协作	找寻劳动力
	创建工业园区
	发展中小企业
	提升监管透明度

来源：作者根据《芝加哥工业可持续发展计划》整理

---

① 详见：https://www.chicago.gov/city/en/depts/dcd/supp_info/repositioning-chicago-s-industrial-corridors-for-today-s-economy.html#:~:text=The%20goals%20of%20the%20City's%20Industrial%20Corridor%20Modernization,features%20of%20local%20industrial%20corridors%20to%20foster%20deman。

3．芝加哥制造业复兴的关键举措

重点从 2008 年后芝加哥制造业复兴的相关研究和政策，总结其制造业复兴的关键举措，包括制造业生态系统构建、先进制造业创新发展、孵化器生长、老工业遗产保护与利用、工业生产空间规划与维护、交通基础设施的常态更新等规划及政策手段。

1) 制造业生态系统构建

在学术界（创新支撑和引领以及合格人才的培养、技能培训），人力组织（提供符合制造业发展要求的后备劳动者，对接雇主与学校），风险投资和天使投资人，贸易协会，其他私人（上下游产业）或公共机构代表（政策制定）之间构建密切的合作伙伴关系，构建制造业生态系统即制造业共同体。芝加哥的制造业生态系统规模庞大、类别多样、力量强大，拥有世界一流的制造业资产，有助于芝加哥地区的制造业初创企业和已有制造商的发展。

> "策略四：引领制造业协作"
>
> 在过去的两年中，美国陆续发布了关于全国性及区域性的制造业及其政策的研究。芝加哥伊利诺伊大学城市经济发展中心在 2013 年 2 月发布的报告中，为政策和社会问题提供了一个精彩概要："芝加哥地区制造业政策正面临的一个终极挑战是，现阶段这些政策之间并没有相互协调。这就产生了一个危机，即不同的政策可能会在不同的目的上起作用，或是某项单独的政策可能力度不够大，无法充分利用规模经济。虽然没有必要由单一的公共或私人组织进行所有的政策实施，但芝加哥的制造业政策将受益于某种更为宽松的协调形式。"
>
> ——《芝加哥工业可持续发展计划》

2) 先进制造业创新发展

先进制造业，概略来说就是指制造现有产品的新方法以及由新的先进技术生产新产品的制造业。因此，复兴制造业发展政策重在支持全产业链和全生命周期的产品和服务提供过程，不仅只是研发、产品设计及销售和售后服务等高附加值部分，还包括产品生产制造环节，这个环节同样蕴藏着巨大的创新需求，特别是在市场差异化、定制化和快速变化的情况下需要即时研发、即时制造。

3) 孵化器在于孵化和辅助企业生长

从孵化的服务对象和产出内容来看，孵化器可分为商业孵化器和制造业孵化器。商业孵化器可以帮助初创企业避免在发展过程中经历各种商业陷阱，帮助他们更快速成长，增加成功概率，主要是帮助企业构建商业计划，提供融资、监管、管理支持和提供创业物质空间。制造业孵化器则是为了孵化制造企业。

商业孵化器即商业开发过程中的孵化：孵化过程包括从商业概念（产品点子、市场商机）到商业计划（销售计划、过程与材料、知识产权、天使投资与风险投资），再到有效的市

图 3.2　商业开发过程中的孵化
来　源：FRIEDMAN S B, et al. City of Chicago: Manufacturing Incubator Feasibility.[2021-10-08]. https://www.chicago.gov/content/dam/city/depts/zlup/Planning_and_Policy/Publications/Chicago%20Industrial%20Corridors/Incubatory_Study_2014.pdf.

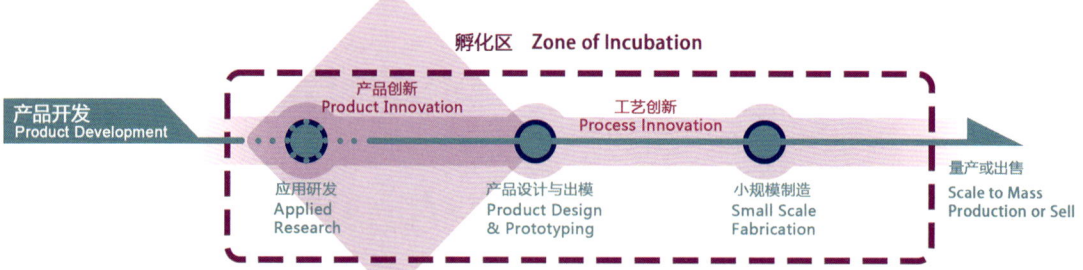

图 3.3　产品开发过程中的孵化
来　源：FRIEDMAN S B, et al. City of Chicago: Manufacturing Incubator Feasibility.[2021-10-08]. https://www.chicago.gov/content/dam/city/depts/zlup/Planning_and_Policy/Publications/Chicago%20Industrial%20Corridors/Incubatory_Study_2014.pdf.

场化（优化制造过程、建立供应链、建立客户基础），孵化成功进入规模化生产或销售（图3.2）。

制造业孵化器即产品开发过程中的孵化：孵化过程包括产品创新和工艺创新，从应用研发到产品设计和出模，最后进入小规模制造。制造业孵化器有三种原始模式——研发溢出、新产品开发、小规模制造，是三种制造业孵化器类型，同时也是研发创新过程的三个阶段（图3.3、表3.6）。

芝加哥作为工商业重镇，有许多商业孵化器，但只有少数孵化器服务于制造业，发展制造业孵化器是制造业复兴的关键。

表 3.6　　　　　　　　　　　　　　制造业孵化的阶段性特征

特征	研发溢出	新产品开发	小规模制造
支撑机构	大学或者研究院	公司资助者，大学延伸机构，地方政府	公司赞助者，非营利单位
关注点	研究成果或技术的商业化	依托现有技术的新产品开发	生产和销售的扩张

续表

特征	研发溢出	新产品开发	小规模制造
雇主/会员类型	学术研究者，经验丰富的企业家，工程师/设计师	工程师/设计师，业内资深人士	业内资深人士，中途跳槽者
典型法律结构	非营利（独立或大学）	非营利或营利	非营利
选址	在或邻近大学校园/研发设施	邻近城市中心区氛围	工业区，邻近高速公路
芝加哥案例	伊利诺伊理工孵化器	芝加哥催化器	富尔顿—卡罗尔中心
研究案例	i-Gate 创新枢纽（加州利弗莫尔）	旧金山柠檬实验室	无

来源：FRIEDMAN S B, et al. City of Chicago: Manufacturing Incubator Feasibility.[2021-10-08]. https://www.chicago.gov/content/dam/city/depts/zlup/Planning_and_Policy/Publications/Chicago%20Industrial%20Corridors/Incubatory_Study_2014.pdf.

> **"策略一：最大化发挥芝加哥区位优势"**
>
> ● **创建工业园区**
>
> 在通过工业保留计划（Local Industrial Retention Initiative）签约的15个非营利组织中，有13个在地理上位于特定的工业走廊内，每个工业保留计划都协助企业参与到城市项目中，如小企业改善基金会。工业保留计划还运营工业用地，为企业获取执照、许可和检查程序提供初步协助，并致电或访问公司所有者，收集有关商业问题的反馈意见。
>
> 芝加哥另一个本地化城市项目是特殊服务区（SSAs），在其他城市被称为商业改善区。特殊服务区是地方税区，通过征收地方化财产税，为扩大服务和项目提供资金，资助的项目可包括公共道路维护和美化、地区营销和广告、商业保留/吸引力提升、特别活动和宣传活动、汽车和自行车交通，以及安全设施的建设。特殊服务区的运作非常成功，但在47个项目中，只有2个位于制造业区域：牲畜院和布莱顿园区工业走廊。而这两项预算中的大部分都用于安全目的，而不是用于制造业的特定需求。
>
> **政策**：管理和营销芝加哥的工业走廊使之成为当地就业中心。
>
> *行动25*：创建工业走廊特别服务区计划和工业走廊周边街景设计导则，以满足现有制造商的需求，并支持将这些区域作为现代工业园区经营。
>
> *行动26*：与当地制造业组织合作，利用工业走廊特别服务区计划，开发定制市场营销，并协助为每个工业走廊制定资本改进计划。
>
> *行动27*：将详细的工业走廊和现场信息整合到芝加哥市招商局的项目中，以推广芝加哥先进制造业投资潜力。
>
> ——《芝加哥工业可持续发展计划》

4）老工业遗产保护与利用

美国将历史和文化保护作为社区生活的组成部分，芝加哥也珍视曾经的工业帝国的辉煌历史，在持续利用中延续老工业城市的风貌特色。如2013年的《芝加哥工业可持续发展计划》提出制造业复兴的基础在于：最大化发挥芝加哥区位优势，包括强化以工业走廊为主的工业基础设施格局和工业布局模式，为下一代工业发展留足空间；强化工业区划，保留足够的工业用地；管理和修复旧工业房地产，提供新制造业发展空间（制造业地产）；投资当地物流设施，优化铁路、空运、港口，保护便于运输的多式联运物流设施并纳入工业走廊；最大化发挥市政基础设施作用。

> **"策略一：最大化发挥芝加哥区位优势"**
> ● **管理制造业地产**
>
> 在城市中寻求生产企业和开发商往往无法、不愿意或根本没有时间来承担的修复旧建筑、重整场地、拆除建筑物、采取环境补救措施和建造新设施等一系列昂贵而耗时的过程。在此过程中，为新的制造业生产目的而展开的对老旧的私有制造工厂和棕地的整治储备工作是必要的。
>
> 尽管芝加哥没有许多城市自1960年代以来所使用的那样专门用于组装、储备或管理大型工业地产的实体，但一些总部位于芝加哥的非营利组织积极运作或管理用于制造业的工业地产。例如，北支工厂（North Branch Works）通过收集和分发可交易和可进行再利用的物业信息，为芝加哥河北部支流的制造商提供服务。与此同时，芝加哥西北工业委员会（ICNC）为富尔顿—卡罗尔商业中心提供管理和服务，该中心于1980年代在美国商务部的帮助下被收购并开发。富尔顿—卡罗尔商业中心是一个占地410 000平方英尺的工业设施，因其可承受的租金、灵活的租赁政策以及它所提供的商业开发资源、现场顾问、维护人员和物业经理，有120多家小型企业从中受益。自1980年以来，有1000多家企业在富尔顿—卡罗尔商业中心开设经营店面。2012年，制造业复兴中心（前身为劳动和社区研究中心）和芝加哥制造业复兴委员会领导了一个由商业和社区团体组成的联盟，通过将芝加哥阿米蒂奇、西北、普拉斯基、肯真、西部/奥格登和罗斯福/西塞罗等工业走廊的资产联系起来，为高端制造商、供应商、相关产业和教育机构的生态系统建立共同愿景。联盟的目标是招募一家固定公司，以便在当地开展运营活动。
>
> 在芝加哥开发新的生产设施的另一个可能的选择，是向特定工业空间的开发者提供公共援助。但这个选择的问题在于存在违约的风险。
>
> **政策：支持各实体获得、开发或管理工业走廊内的地产供制造业使用。**
>
> 行动7：与当地制造业组织和工业开发商合作，在工业走廊内探索新的工业地产机会。
> ——《芝加哥工业可持续发展计划》

5）工业生产空间规划与维护

"持续投入支持工业走廊的建设，为下一代工业发展留足空间。"芝加哥一直坚持沿铁路、水路、公路等交通走廊集中发展工业的工业走廊布局原则，并坚持对工业片区的整体保护和控制，而非独立工业地块的控制，以保持工业区的环境氛围和设施完善。芝加哥工业走廊的边界通常与铁路路堤、水路、公路、主干道和其他人造及自然缓冲区相契合，从而有效地将内部工业用途与相邻居住和商业活动分隔。最早的工业集聚区可追溯至1865年建的牲畜院；1909年，《芝加哥规划》在已有工业集聚区基础上沿交通轴线划定15个工业增长区域；自1940年代以来，芝加哥一直坚持集中发展工业，1946年，规划工业和铁路用地占城市用地比例增加到19.6%；1950年代开始，对历史工业用地予以保护；1966年，规划在已有11平方英里（约28.5平方公里）[①]基础上增加7平方英里工业用地；1988年，市议会对具有基础骨架作用的重工业用地和区域划定3个规划制造业区，保护工业用途，禁止其他不相容用途如房地产开发，新增、新建工业企业向规划制造业区集中；1992年，划定工业走廊，严格限制工业或制造业活动，任何用地变更需经过规划委员会和市议会审查。至2013年，芝加哥共有26个工业走廊，拥有全市66%的区划制造业用地，剩余34%的区划制造业用地很多集中在与工业走廊共享铁路线的区域。2016年修订区划界限，全市工业走廊达到27个（图3.4—图3.6）。

图3.4　芝加哥的规划制造业区分布
注：工业走廊内的用地区划变更必须经由芝加哥规划委员会审查，该委员会可以拒绝那些可能会导致现有企业冲突或削弱走廊工业完整性的提案。规划制造业区的立法提供了额外的土地用途保护，该立法禁止在区域内进行住宅和大规模零售业的发展。
来源：作者根据《芝加哥工业可持续发展计划》绘制

---

① 1平方英里约为2.6平方公里，以下均按此换算，不再给出公制单位换算。

产业与城市：芝加哥的转型发展

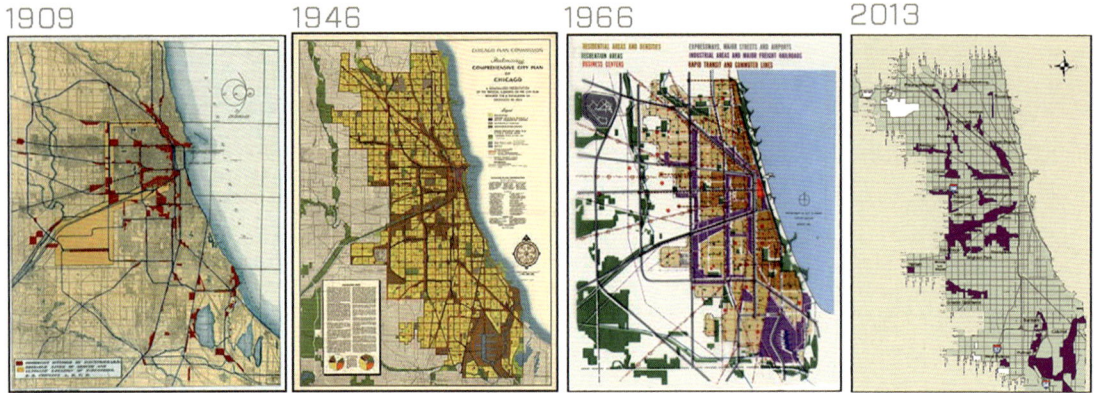

图 3.5　芝加哥历史上的工业用地规划
来源：《芝加哥工业可持续发展计划》

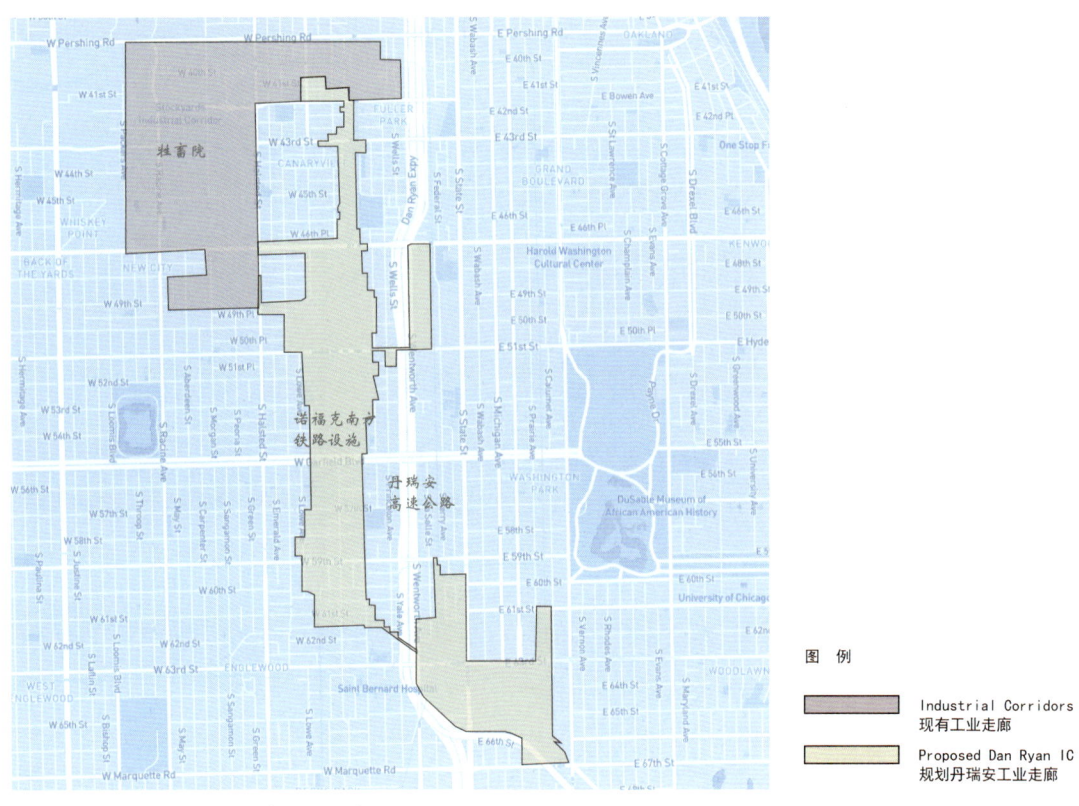

图 3.6　丹瑞安（Dan Ryan）工业走廊
来源：作者根据《芝加哥工业可持续发展计划》绘制

"策略一：最大化发挥芝加哥区位优势"

自 1940 年代以来，芝加哥一直在实施规划和政策，将工业活动集中在特别适合制造业活动的特定领域。这些区域通常位于水道和铁路走廊沿线，并逐步发展成为高效的制造环境，当地公司可以在不受土地用途不兼容使用的压力情况下运作，尤其是对于某些住宅和特定商业活动。

卡鲁米湖附近的近南区，曾是芝加哥历史上最大、最密集的制造业所在地。伊利诺伊州国际港区在卡鲁米湖地区拥有可以方便进出密西西比河及大湖的航运系统的大片土地，其评估土地未来的方向，并向私营公司租赁运营土地使用。作为该进程的一部分，伊利诺伊州国际港区考虑转由私人投资者/经营者提供资金、重新规划基础设施、市场化运作资产，并与该区域货运系统的主要利益相关方重新建立关系。芝加哥大都市区污水回收局在卡鲁米湖地区也拥有大片土地，其中大部分用于在露天环境下干燥生物固体。芝加哥大都市区污水回收局土地未来的可能性是用于发展制造业基础设施，这些基础设施可适应接收和使用经处理的废水而非饮用水作为原料投入。

伊利诺伊州国际港区于 2012 年完成了一项战略和资本需求研究，在这项研究中，卡鲁米湖的北部被描述为"最不可能进行土地创造和工业利用的地区，有用于非工业用途的潜力。然而，将工业区和非工业地区分隔开来的屏障将是区域安全和保障的必要条件"。伊利诺伊州国际港区还拥有位于卡鲁米湖以北的哈伯塞德国际高尔夫中心。这一区域在图中以绿色高亮显示，建议划为公共开发共建。此外，该工业走廊还应包括宽阔的铁路走廊、钢轨场和毗邻的工业用地。其中包含的大量休闲和自然区域，也应被划为公共开敞空间用地。这些区域在图中均用绿色高亮显示（图 3.7）。

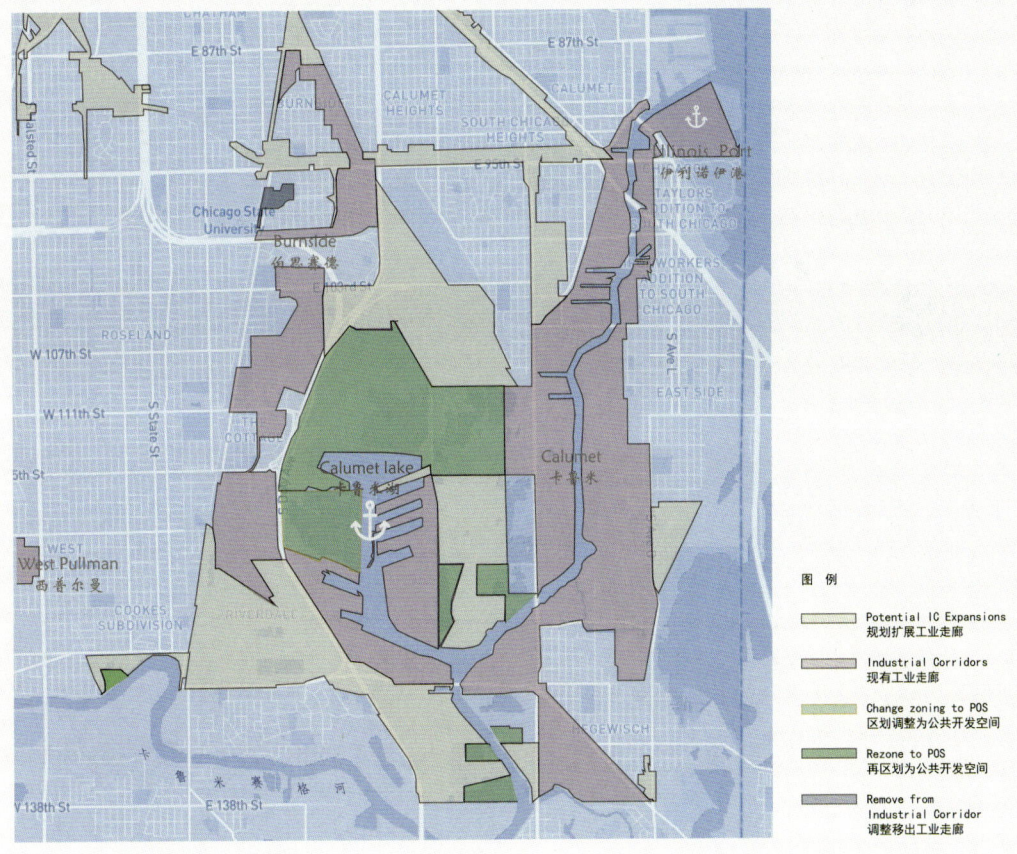

图 3.7　卡鲁米工业走廊的边界修改建议和区划变化
来源：作者根据《芝加哥工业可持续发展计划》绘制

——《芝加哥工业可持续发展计划》

6）交通基础设施的常态更新

芝加哥制造业复兴计划相关研究包含对交通基础设施使用状况的调查研究。

"策略二：利用当地物流"

长期以来，芝加哥工业基础设施的规划和发展一直有助于最大限度地发挥芝加哥作为美国铁路、水路、公路和航空中心枢纽的位置。鉴于预计未来几十年卡车和铁路运量的增长，这些公共基础设施必须进行战略性地保护、有选择地扩建，并保护其免受不兼容用途开发的侵蚀，以确保产品、设备、人员和信息的有效流通。

- **完善铁路、空运和港口基础设施**

从 2011—2040 年，芝加哥的铁路运输预计价值将翻 3 倍。增加的货运活动将加强该地区作为制造业中心的作用，同时也可能加剧交通拥堵问题。"芝加哥地区环境和运输效率计划"和芝加哥交通部，在 2011 年的《芝加哥铁路经济机遇计划》中提出了一项可行性框架，以提升交通系统效率，减少拥堵，充分利用工业走廊内的货运铁路。通过《芝加哥工业可持续发展计划》选择合适的机遇，进一步加强和保护铁路和多式联运设施之间的联系，例如修改工业走廊边界，以囊括现有的铁路站场和设施，以及在丹瑞安高速公路（I-90/94 公路）沿线建立一个新的工业走廊（图 3.6）。

正在进行中的奥黑尔机场现代化提升计划虽主要侧重于商业货运业务，但也将通过重新配置跑道和建立可以容纳下一代大型货运飞机的货运中心为航空货运发展带来红利（而中途国际机场则主要提供以乘客为导向的客运需求）。

伊利诺伊州国际港区管理着全美位于卡鲁米河沿岸最大的内陆普通货物港。伊利诺伊州国际港区关于战略和资本需求研究的报告指出，需要侧重于研究工业、海运和货运问题和机遇；积极管理伊利诺伊州国际港区的土地财产，包括为现有和可能重新设计的场地制定和执行建设规划；积极提升港口设施、功能，拓展港口业务，使其成为工业/海运业务的理想地点；严格追求运营效率和财务问责。作为对这项研究的回应，2013 年 7 月，市长伊曼纽尔和州长奎恩（Quinn）宣布了一项新的《港务局管理计划》，以重振港口这一长期未得到充分利用的基础设施资源。该计划预计将增加多达 2000 个就业岗位。

政策：保持芝加哥铁路、航空和港口基础设施的完整性和有效性。

行动 8：继续作为《芝加哥地区环境与交通改善计划》的积极合作伙伴，以提高区域铁路网络的运行速度和效率，维护和管理适应奥黑尔国际机场空运业务的设施。

行动 9：与芝加哥大都市区货运规划委员会继续合作，开发和完善以铁路为导向的工业发展战略，确定保护和投资铁路侧线和支线。

行动 10：继续维护和管理设施和资源，以适应奥黑尔国际机场周边日益增长的航空货运业务需求。

行动 11：将现存和规划的铁路车场划入工业走廊范围。

行动 12：通过基础设施投资以及更有效地管理和运营港口设施，振兴伊利诺伊国际港区。

第3章 芝加哥的产业转型

- **追踪货运线路**

作为五条州际公路及其支路的交会点,芝加哥地区和当地卡车的运营既存在优势也具有挑战。虽然提供配送通道的路线选择非常多,但真正能够使货运抵达所有目的地的路线却少之又少,并且现状也没有虚拟或在线追踪资源来监测各个街道和高速公路上的货车移动情况。更为复杂的是,芝加哥地区一直被列为美国道路拥堵最严重的地区之一,其中部分原因应归结于陈旧的铁路高架桥网络,其较低的限高进一步限制了卡车的移动性。货运线路网络设计的缺乏阻碍了制造业有效地安排路线和遵守政府规章的能力。构建特定的货运网络将缓解这些劣势,同时增加经济发展机会。

政策:维持全市范围内的现实和虚拟货运路线追踪系统。

行动13:提升并改善、加强全市货运路线,制定资本投资计划和发展指导方针,将当地的货运线路与其他街道区分开来。

行动14:建立一个交互式的当地货运路线地图和通行咨询系统,能够将高架道路的限高和实时交通状况一并考虑,为商运司机提供最佳路线的信息。

- **提升航运基础设施**

芝加哥的水路被广泛认为是重型散装货物和一般货物的一种高效运输方式。2011年,由美国陆军工程兵团领导的五大湖跨密西西比河流域研究小组发布了一份关于芝加哥地区河道系统货运流量的基础报告。货运和经济数据表明,近三分之二的货物和四分之三以上的收货止于芝加哥境内,这使芝加哥驳船枢纽地位再次得到确认。城市的航运设施如今面临着特殊的挑战,必须解决这些问题,以保持和促进它们更多地用于以制造业为基础的交通运输,具体涉及基础设施以及河岸地区的某些特定区划要求(图3.8)。

政策:提高芝加哥航运基础设施的效率。

行动15:确定航运规划发展条例,以便精简现有制造业用地的扩展情况审查。

行动16:创建海堤和码头基础设施规划,以保护需要驳船通道的工业用户节点。

行动17:与州和联邦机构合作,使现场开发管理问题透明化,并为驳船运输制定管理计划。

——《芝加哥工业可持续发展计划》

4. 芝加哥工业走廊现代化复兴案例

自2016年,芝加哥陆续启动27个工业走廊的建设评估和现代化规划,本节重点介绍芝加哥河北支流工业走廊、雷文斯伍德(Ravenswood)工业走廊、小村庄(Little Village)工业走廊、肯真(Kinzie)工业走廊四个工业走廊的现代化规划。

1)芝加哥河北支流工业走廊规划[①]

北支流工业走廊是沿着芝加哥河北侧支流划定的760英亩工业区域,《芝加哥河北

---

① Chicago Department of Planning and Development. Mayor Emanuel's Industrial Corridor Modernization: North Branch Framework.[2021-10-08].https://www.chicago.gov/city/en/depts/dcd/supp_info/north-branch-industrial-corridor.html.

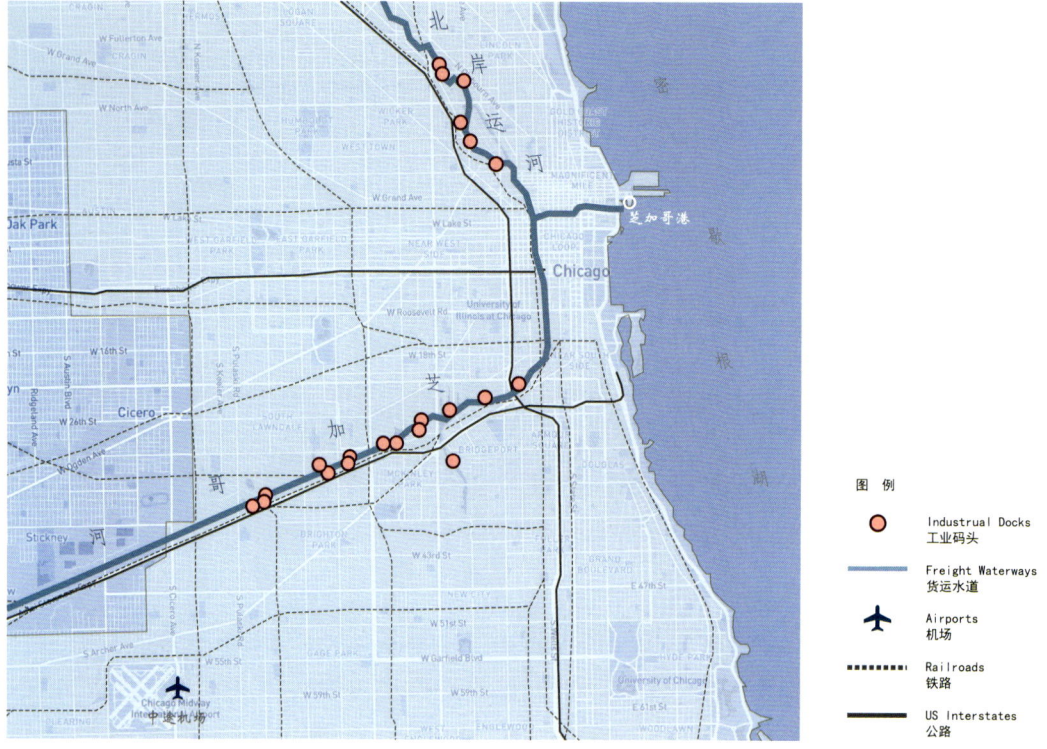

图 3.8　芝加哥河沿岸工业码头分布图
来源：作者根据《芝加哥工业可持续发展计划》绘制

支流工业走廊现代化框架规划》（Mayor Emanuel's Industrial Corridor Modernization: North Branch Framework）针对用地转型、低效用地和空地的利用以及市场需要而规划禁止的用地等土地利用问题研究解决办法，对规划制造业区有效性进行定期评价。北支流走廊内有 4 个规划制造业区，总面积达到 620 英亩。

（1）交通与连通性

北支流走廊是一条线型走廊，反映了芝加哥河沿线长达一个多世纪的工业增长情况。这条自然形成的通道也影响了毗邻的联合太平洋铁路走廊（Union Pacific Rail Corridor）和肯尼迪高速公路的位置，为通勤者、工人和当地居民尤其是东西向交通频繁的人士带来了交通和连接上的障碍，现有交叉口的通行能力限制也会影响交通高峰期间的车辆流通。

北支流区域得益于它所临近的五个捷运系统红线、棕线和蓝线站点，包括一个为联合太平洋北线铁路和西北线铁路提供服务的地铁通勤站，以及许多通往芝加哥各社区和周边其他城市的单人或双人的接驳转程巴士线路站点。

在研究区域附近分布了诸多芝加哥的自行车路线网络，河流本身对于工业生产来说也是一个重要的交通资源，但除此之外，在芝加哥大街和北大街附近的水上的士站以外的通勤目的并没有得到充分利用（图 3.9）。

第3章 芝加哥的产业转型

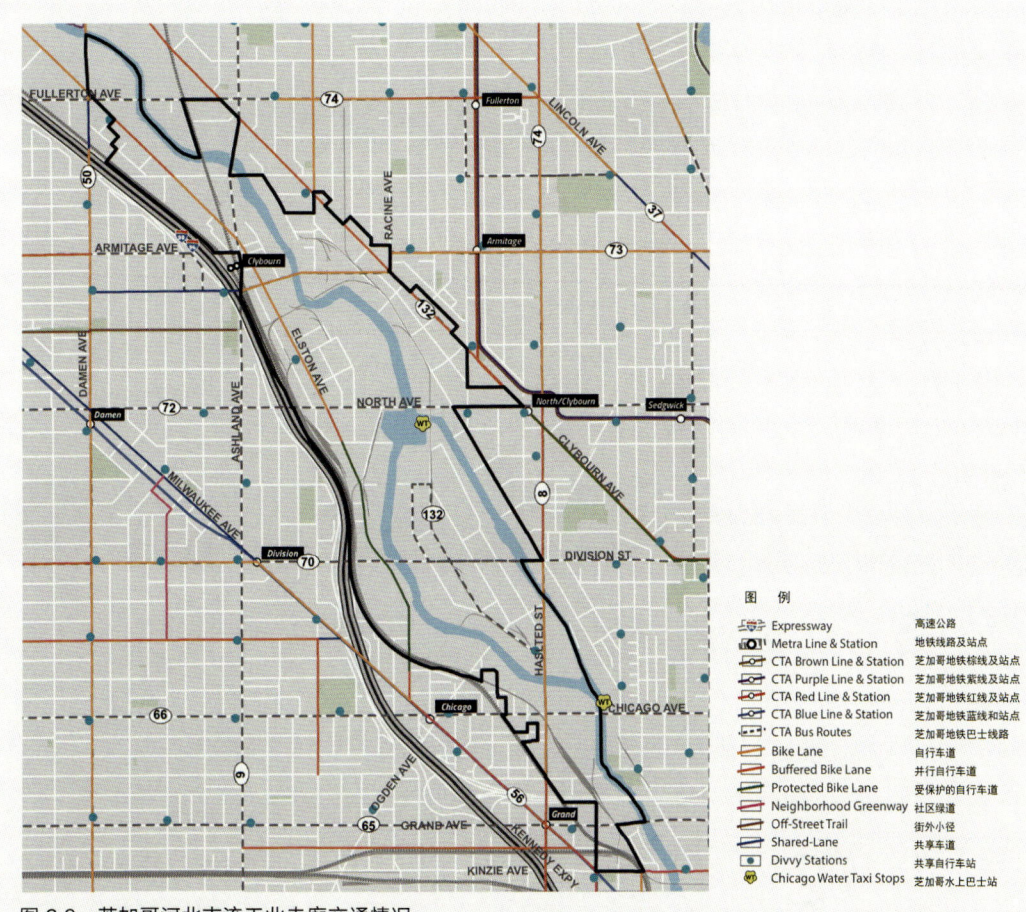

图 3.9 芝加哥河北支流工业走廊交通情况
来源：作者根据《芝加哥河北支流工业走廊现代化框架规划》绘制

（2）开放空间

除了少数特例外，北支流工业走廊作为工业区，不受开放空间和河流规划项目的管制。这条走廊中最重要的开放空间——芝加哥河贯穿整个走廊，全长 3.7 英里，包括近 1 英里长的北支运河——它构成了鹅岛（Goose Island）的东部边界。如今，大部分北支流工业走廊内的河流和运河公众是无法进入的。随着该地区逐步转型为功能更为复合的就业中心，用地功能的兼容和更为开放的公共空间将是其成功的关键。

（3）城市特色

北支流区域因其同名的水道而独具城市特色，同时这条水道也促进了该地区的工业发展和邻近的铁路和高速公路建设。区域内的景观元素由材料筒仓、大型工业设备、铁路线、车辆、铁路桥梁和高架桥、海堤、公路路堤和许多砖石工业建筑组成。

整个走廊内约有 60 个建（构）筑物和工业特征被确定具有历史特色、建筑特色或其他能够影响走廊内环境景观的作用。随着该地区向混合功能就业中心转型，走廊内独特的物质和自然资产可以整合成一个现代化的、功能性的就业中心的独有特色。

——《芝加哥河北支流工业走廊现代化框架规划》

北支流走廊是始自1880年的芝加哥最古老的就业中心之一，自1980年代以来制造业开始衰败，1988年芝加哥在此划定第一个规划制造业区，为更好地引导其向工业创新和现代化发展，参照西雅图、波士顿和匹兹堡等城市工业区转型为新知识型企业或创新区的成功经验，寻求解决办法。北支流走廊的特殊之处在于其发展方向始终专注于制造业创新。2000年后陆续新建了一些制造业孵化器，它们分别是：①箭牌全球创新中心（Wrigley's Global Innovation Center），创办于2005年，是一个激发创意、促进合作的合伙艺术创意平台，包括三个层次的机动实验室、办公空间和冬季花园，邻近的创业工厂在此试验新的机械和制造工艺，制造的样品用来筛选模型，进行客户试验和分析评估。②伊利诺伊大学实验室及其300+合作伙伴（UI LABS and its 300+ partners），创办于2015年，是一流的创新加速器，集成解决制造业和智能城市中任何机构难以独立完成的问题，如计算、大数据和物联网。③制造枢纽（mHUB），创办于2016年，是芝加哥第一家创新中心，聚焦于实体产品开发和制造，以延续芝加哥作为制造之都、工业中心的传奇。④通用电气融合中心（GE FUSE at mHUB），创办于2017年，是一个致力于联合创新的合伙系统和平台，通过人与技术的联合以快速建模和小规模制造的试验方式来解决创新问题。

这些孵化器为北支流走廊提供了专注于工业技术及先进制造业的创新内核。这使该地区有别于其他制造业集群，更类似于研究所与大学机构，并能够与信息和技术领域的公司兼容。这些锚点的研究和设计工作可供全部芝加哥工业走廊系统、地区和美国的制造商所使用。

北支流走廊的规划框架由芝加哥规划与发展部与交通部联合组织完成，采取了前所未有地由产权人和社区、非营利组织等利益相关方参与规划过程的方式，社区产权人如芝加哥交通运输局的参与对规划至关重要，以保证规划可以立即实施。一系列公共参与过程中产生的关键结论和建议经汇总直接形成规划框架的结论。

北支流工业走廊现代化框架规划重新思考30年前芝加哥工业走廊划定时的想法和目的。回顾以往对北支流有所影响的规划和规定（ordinances），将规划目标和预测与现实情况进行比较，规划将工业走廊半英里以外的区域纳入研究范围，特别是走廊内关键性的设施、交通问题、开敞空间、基础设施、被界定为未来增长和投资的主要建设街区是规划评估研究的重点。

该规划成果包含两项内容：一是土地利用和发展框架，被芝加哥规划委员会采用以用于审核私人开发方案；二是实施规章、条例，形成由市议会同意的实施性规章和条例来实施概念规划的土地利用和开发投资资助建议。规划通过税收减免政策、州及联邦资助、开发商的贡献以及其他渠道等方式，为基础设施、交通枢纽站、开敞空间的改善提升项目提供金融支持，以提升北支流地区的就业和税收基础，同时也为芝加哥其他工业走廊的复兴和健康发展提供新的发展途径和样本。

概念规划的三个主要目标是：支持北支流工业走廊成为芝加哥市一个重要的经济引擎和有活力的就业中心；让所有交通方式更好地进入；强化独特的自然资源和建成资源特色

优势。

在对走廊及邻近区域的投资开发预测基础上,规划确定一些关键性的基础设施项目以加强地区的交通和流通,增加河滨地带的公共可达性的开敞空间项目,主要服务北支流工业走廊及邻近社区的休闲需求。规划也制定了一些引导强化该地区的工业地区景观环境、保护优化自然环境的设计导则。

规划主要建议包括土地利用、开敞空间、交通、设计导则四个方面。在土地利用方面,规划回顾了过去30年来就业和土地利用变化,对优化提升现有区划提出建议,以更精准地满足现有和预期的市场需求,包括由传统制造业向先进制造业、创新、高科技办公和其他用途的转换。规划建议还包括在邻近中心区和邻近居住社区的边缘地带实施商业、零售、居住等混合用途项目。减少规划制造业区的用地量,保留鹅岛上的核心工业区,走廊北端的规划制造业区用地(PDM)代之以区划制造业用地(M),南端用中心区服务业区划用地(Downtown Service,DS)取代,未来区划调整变更由产权单位和开发商申请单个进行。规划制造业区与区划制造业用地的区别在于,规划制造业区用地为历史保留制造业用地,区划制造业用地为其他改扩建或新建工业用地,详见"工业走廊的分区"[①]和"关键服务设施"[②]的规划调整。

(4)工业走廊的分区

北支流走廊内的功能、基础设施和面临的机遇各不相同。该地区可划分为三个不同的分区:①北部分区,大部分位于富勒顿和北大街之间,土地用途最为混合,包括工业、办公、商业、零售和住宅。这一区域还包括大型的、空置的和未利用的场地,包括芝加哥市舰队和设施管理设施以及芬可乐钢铁厂的旧址。②中部分区,大部分位于北大街和芝加哥大街之间,主要由鹅岛组成。这一区域目前拥有充分利用的工业和市政公用事业公司,包括几个关键服务提供商。区域内还包括新兴的办公和轻工业群组。这一分区拥有走廊内最稳定的土地用途。③南部分区,大部分位于芝加哥大街和肯真大街之间,包括工业和办公的混合用地,以及单一产权的大片土地。这一区域毗邻中心区和高密度混合用途的地产(图3.10)。

(5)关键服务设施

水路通道对于运输包括沙子和砾石在内的原材料、废金属和某些矿物的行业来说仍然是至关重要的。由于混凝土和沥青是一种对时间敏感的材料,必须在短时间内生产和交付,对于建筑业来说,还需要额外考虑到选址区位问题。此外,北支流区域还包括市政公用设施用地和一个服务区域明确的城市废品转运设施(图3.11)。

---

① Chicago Department of Planning and Development. Mayor Emanuel's Industrial Corridor Modernization: North Branch Framework.[2021-10-08].https://www.chicago.gov/city/en/depts/dcd/supp_info/north-branch-industrial-corridor.html.
② 同上。

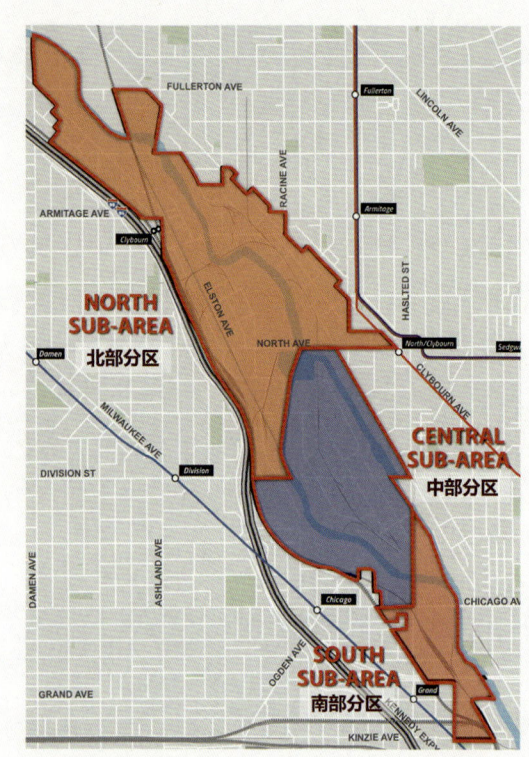

图 3.10　芝加哥河北支流工业走廊规划土地利用分区框架
来源：作者根据《芝加哥河北支流工业走廊现代化框架规划》绘制

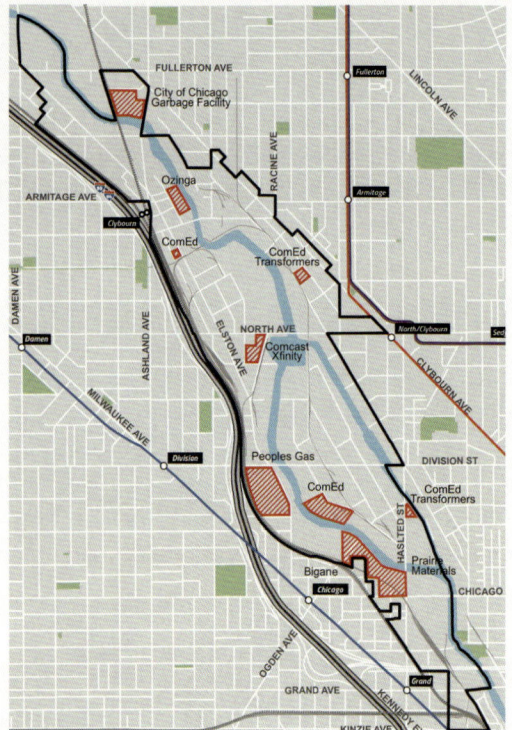

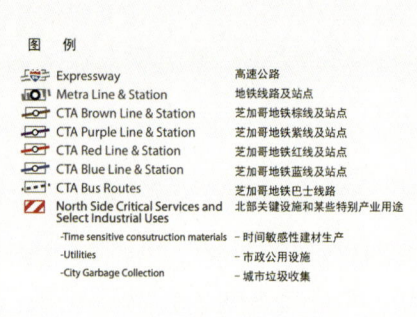

图 3.11　芝加哥河北支流工业走廊关键服务设施和特别工业用途
来源：作者根据《芝加哥河北支流工业走廊现代化框架规划》绘制

——《芝加哥河北支流工业走廊现代化框架规划》

规划开辟约 60 英亩的公共可达开敞空间,由沿河开辟的新路径、新的湿地公园、新项目的附属休闲空间等组成。规划认可周边社区利用开敞空间作为运动活动用途,以作为将来单个地块区划调整许可的依据。60 英亩中不少于 10 英亩的开敞空间需用于休闲空间,滨水地带新建建筑需退后水岸线 30 英尺①。

实施一些基础设施项目和改善工程,以融入周边道路交通网络,改善步行和自行车交通与地铁站点的可达性,考虑穿越本地区核心以连通中心区的多式联运站点方式,见导则 2.1、2.2、2.3、2.6(图 3.12)。

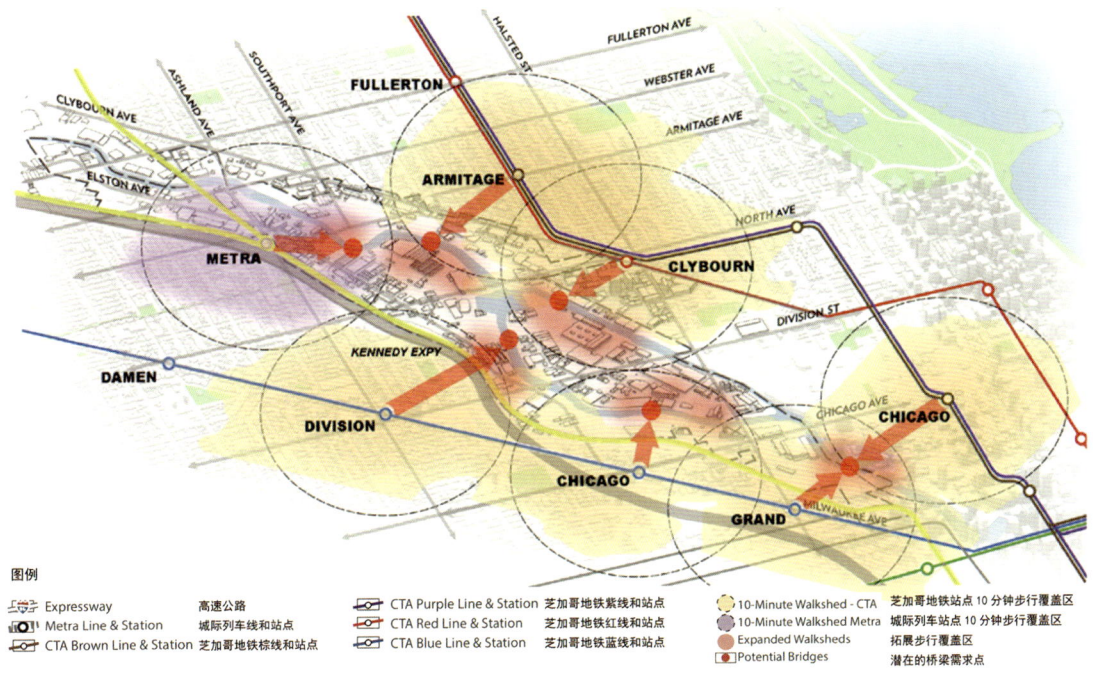

图 3.12 芝加哥河北支流工业走廊轨道站点步行覆盖区
来源:作者根据《芝加哥河北支流工业走廊现代化框架规划》绘制

- **导则 2.1:通过现有街道的战略重组项目改善交通循环**

  应通过调研位于南港大道(Southport Avenue)和黑鹰街(Blackhawk Street)的新桥梁,以及研究范围内的道路交叉口现状情况,对车行交通的衔接和连通情况进行研究。

- **导则 2.2:通过芝加哥捷运局改善走廊内外公交服务规划,管控交通和改善循环**

  公交系统的改善可以使现状驾车的人更愿意选择公交出行,从而潜在地减少机动车交通量,并且可以减少出行时间。需加以研究的改善措施包括:建设公交专用道、繁忙路口的公交支线、公交专用信号灯,改善公交站设施,提升上客速度,为区域内火车站提供专用服务,以及其他措施。

---

① 1 英尺约为 0.3 米,以下均按此换算,不再给出公制单位换算。

- 导则 2.3：通过技术手段的实施，更有效地管理机动车交通，改善交通状况

应通过更现代化的交通基础设施和智能交通控制技术，包括"智能信号灯"、交通信号优先次序（TSP）和利用其他更协调的实时信号评估、预测和管理交通量的设备，改善现有道路网络的性能。

- 导则 2.6：评估南北向过境通道的可行性

专门为中转、步行和骑自行车者开辟新的道路通行权，将提供可靠的大容量交通服务，并建立与周围社区和交通枢纽的安全、方便的连接。这种过境通道可能有助舒缓交通拥堵的状况，并能够支撑走廊内的经济及人口增长。

设计导则：标识公共道路、河流边界、开敞空间和城市设计原则，来保存该走廊的工业区特色，此原则适用于需要市政府审核批准的新的建设项目和修复改善项目。

——《芝加哥河北支流工业走廊现代化框架规划》

2）雷文斯伍德工业走廊规划

雷文斯伍德工业走廊是位于芝加哥东北部的一条南北走向细长形的工业走廊，距离中心区5英里，早期以制砖业和轻工业为主。其北部是主要的传统制造业区域，而南部经历了一系列的工业用地变化，金融、保险、房地产、教育和医疗岗位大幅增加，总就业岗位占整个工业走廊的82%。针对南部分区，规划在土地利用和分区规划方面，需评估就业和土地利用趋势以及现状工业走廊边界的关联度；历史遗存方面，需评估历史资源，提出有针对性的保留策略；交通策略方面，要进行最大限度的交通覆盖，确保可达性和安全性的提升，提出应对不断变化的机动车科技提升的交通措施；可持续发展方面，将雨水管理系统纳入实践，同时评估使用太阳能的可能[①]。

3）小村庄工业走廊规划

小村庄工业走廊位于芝加哥南西部，是以南部运河沿线的55号州际公路（I55）为边界的楔形工业走廊，其工业用地占24.7%，交通用地占38.2%（其中货车及站场用地占21.9%），主导产业为制造业和物流仓储。有别于其他工业走廊，小村庄工业走廊因其沿河的地理位置和货运交通的发展所带来的公共环境问题是当地民众较为关心的问题所在，空气质量、开放空间、水质量、居民健康等公共卫生状况高居社区关注榜首。因此，芝加哥规划发展部（DPD）特邀芝加哥公共卫生部（CDPH）从整体健康状况和环境空气质量数据收集的角度入手，有针对性地提出适宜新型工业发展的可持续发展政策，以改善当地的人居环境。规划主要战略包括：土地利用方面，重新调整工业走廊边界线，以增加就业和减少非兼容用地对工业工地的侵占；交通衔接方面，打通与相邻西南侧工业走廊的货运

---

① 详见：https://www.chicago.gov/city/en/depts/dcd/supp_info/ravenswood-framework-plan-and-design-guidelines.html。

交通联系，解决未来工业发展将面临的运输局限，加强过境交通的通达性，提升内部道路的可达性，使工业走廊更安全便捷；重点集中在可持续发展方面，基于"健康""能源""暴雨""景观""绿色屋面""节水""交通""固废""劳动力""野生动物"等多方面考量，提出包括实施现场可再生能源、增加景观美化、保护水路运输、鼓励使用替代燃料车辆进行工业运营等具体措施，以解决水和空气质量问题。规划共形成18条具体战略措施，并通过设计导则引导实施[1]。

4）肯真工业走廊规划

肯真工业走廊是位于芝加哥近西部沿肯真铁路的工业走廊，19世纪沿线以电器厂、电厂为主。以奥格登大道为界，东部是以信息科技产业为主导的富尔顿创新区，将作为缓冲区，更多地进行混合功能利用，以衔接东部市中心的综合功能；西部更大范围内是以工业服务为主导产业的肯真工业走廊，将确保其规划制造业区能够持续保有工业活力。为保持以走廊西部为主的全市经济引擎和重要的就业中心地位（2015年，肯真走廊就业人口占所有走廊就业总数的50%以上），同时为所有交通方式提供更好的通道，规划共形成12条具体战略措施，其主要策略包括：土地利用方面，修订区划法，重新规定拟保留的规划制造业区内的准许用途——不再增加重工业用地，与工业相容的商业用途将被准入，以适应和指导现代产业的开发需求；交通改进方面，强化多式联运网络，打通内部断头路，增设站点，改善交通基础设施，使其更有效地为工业用户、雇员和居民服务；可持续发展方面，通过设计导则的制定，鼓励对现有工业建筑遗产进行高效活化利用，强化走廊独特的建筑环境，同时出台太阳能利用和雨水管理等可持续发展措施[2]。

3.3 产业空间形态演变

产业转型包括门类结构转型及空间布局结构转型。芝加哥产业门类结构的转型遵循全球科技进步和工业化的大趋势，即从农产品贸易加工到钢铁及其相关行业的福特式大工业，再转换到后福特式工业与部分福特式工业并存，到当今的多元混合经济及多元制造业，而传统制造业占很大比例的工业结构。

在芝加哥城市发展过程中，工业（制造业）空间形态的演变是以经济形态的发展、交通通信方式的变化、生产活动的组织以及环境保护的要求、企业管理方式的变革、市场趋势的变化等为基础，其中的核心要素是企业生存发展和效率需要，如对港口、机场、航道、铁路站场、物流枢纽、多式联运等交通枢纽的依赖，由芝加哥草原平原和河流水网的地形特点决定了其工业空间形态的独特性和首创性，如中央制造业区（CMD）、规划制造业区

---

[1] 详见：https://www.chicago.gov/city/en/depts/dcd/supp_info/little-village-framework-plan.html。
[2] 详见：https://www.chicago.gov/city/en/depts/dcd/supp_info/kinzie-framework-plan.html。

（PMD）、工业走廊（IC）、企业镇（公司镇）、货运集群、货运—制造枢纽以及大都市区的专业城镇集群。由不同的企业组织形式、企业群体空间集聚方式的演变形塑了芝加哥及大都市区的空间形态。

在空间布局上，从沿河、湖、站场集聚到依托铁路、站场、运河、河道的片区及轴带，逐步形成郊区工业区、环城工业带，以及依托网络化的交通走廊的专业化、专门化、大范围协作（包括全球协作），从围绕市场、围绕交通设施、围绕创新设施到新的产业集群，即以复杂制造业为需求端，集聚上下游创新企业或以综合性货运枢纽组织产业集群，从郊区回到中心区，交通市政基础设施与历史工业物业为引致因素，以中心区的零售商业、贸易、金融市场、文化传媒等第三产业为市场和消费端，在布局上呈现中心区以专业零售集聚区、工业走廊（规划制造业区及工厂＋科创孵化器＋教育培训＋文化娱乐）形态为主，而大都市区以"工业镇（公司镇）＋交通枢纽＋货运枢纽"的"货运—制造业"集群与产业集群形态为主。

产业转型的内在因素包括占地空间（地价因素及生产线规模等因素）、进出口等协作运输条件及精准物流、贸易规则、创新要素四个方面。其核心是遵循商业效益和效率原则以及合作共赢原则，如罗伯特·刘易斯（Robert Lewis）[1]所总结的，芝加哥商业协会成员来自各行业的厂家、机构，为寻求市场和利润，商业机制、市场机制在起根本作用，采取不同战略、不同形式、不同制造业发展机制，不同类型的企业和公司并存，企业位移具有不确定性，大企业有的外迁，有的部分保留在中心区、部分外迁；小企业有的留在中心区，有的集聚在城市边缘，利用服务中心区人口和服务大企业的便利，形成不同的制造业区和集聚经济，形成大都市区城乡经济联系和经济依存一体化，并且一直保持强关联作用。大都市区除了制造业的相互关联外，还有当地机构的协调作用，相互学习的环境，专业及多技能的劳动力，大都市区的法律、会计等中介服务机构以及研究所、培训机构等，共同构成大都市区产业集群的微观地理环境（图3.13）。

3.3.1 产业布局格局演变

芝加哥地区工业布局演变的总体特点表现出由芝加哥中心区向周边郊区以及大都市区进行转移与扩散的过程，并相对集聚于芝加哥市区专业化、集中化的工业走廊，以及大都市区以工业镇为基础的产业集群和货运—制造业集群[2][3][4]（图3.14）。

---

[1]　LEWIS R. Chicago Made: Factory Networks in the Industrial Metropolis. Chicago: the University of Chicago Press, 2008:15.
[2]　Chicago Department of Planning and Development. The Geography of Production: Chicago and its Industrial Corridor System.[2021-11-11].https://www.chicago.gov/content/dam/city/depts/zlup/Industrial_Modernization/UpdatedCaseforIndustrialCorridorSystem.pdf.
[3]　详见：芝加哥历史博物馆网站 http://www.encyclopedia.chicagohistory.org/。
[4]　霍伊特. 房地产周期百年史:1830—1933年芝加哥城市发展与土地价值. 贾祖国，译. 北京：经济科学出版社，2017.

第 3 章 芝加哥的产业转型

图 3.13 产业转型的原则和要素
来源：作者自绘

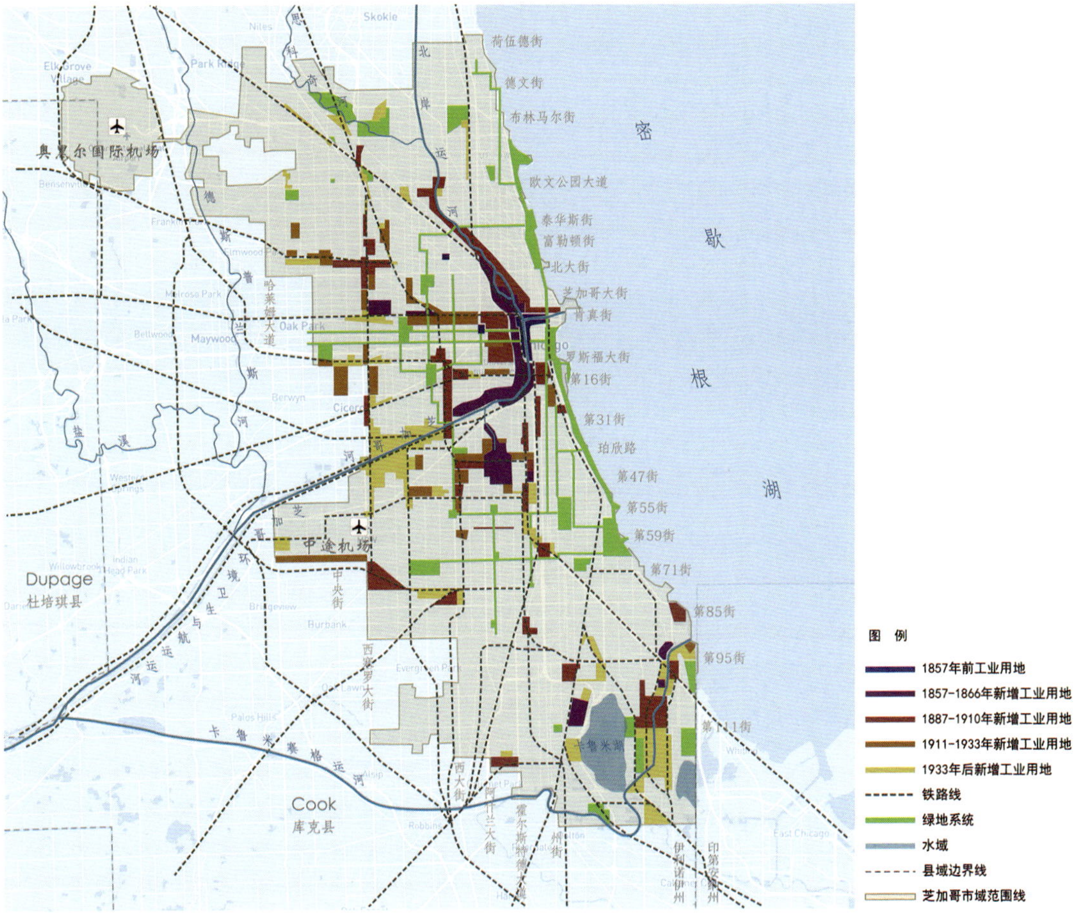

图 3.14 芝加哥产业布局演变图
来源：作者自绘

087

1. 1840 年代前，芝加哥河沿河及中心区布置独立工厂

1840 年代以前，在芝加哥河沿河以及沿河以南区域布置如印刷和制砖厂等传统工业的独立工厂。

2. 1950—1890 年代，芝加哥北部、西部、南部形成环城工业片区 + 工业轴带

1850 年代，随着铁路在芝加哥河西侧设站，以及伊利诺伊—密歇根运河的开通，工业布局向卢普区以外南北支流以及从中心区向外围城镇和都市区迁移。

中心区除芝加哥河南北两岸的加工厂外，南支流两侧也是工厂区，如位于兰道夫街、市场街和富兰克林街的工厂区，华盛顿大街克林顿街与运河街之间的炼铁厂、木材厂等，芝加哥河北岸的麦克米克收割机厂。随着 1885 年、1890 年、1893 年、1903 年芝加哥中心区南部的一系列车站的建成以及芝加哥期货交易所的南移，带动卢普南部地区（South Loop）印刷工业区的集聚发展。

在西部，包括近西部（Near West Side）、下西部（Lower West Side），以及北部逐步有肉类加工、机械、电器等工业发展，如近西部沿西北铁路—肯真铁路的以电器、电厂为主的肯真工业走廊，下西部因为修建奥格登大道和伯灵顿北部铁路，拓宽芝加哥河，在皮尔森地区集聚了木材加工、酿酒、铸造、收割机制造等工业。

随着铁路的进入，在中心区周边的近郊区形成工业卫星城，如南芝加哥的 26 街卡维利（Carville）、39 街与密歇根湖之间的克里夫威利（Cleveville）以及牲畜院，形成南芝加哥地区工业集聚区；西部西大街（West Av.）与富勒顿街交界处的霍斯坦（Holstein）；北部芝加哥河北支流工业集中区鹅岛、北大街、雷文森大街（Ravenson Av.）等。

牲畜院（芝加哥肉类加工中心）是 1865 年在芝加哥河南支流的泡沫河尽端开辟的屠宰业集聚区，为避免零散的屠宰业造成的运输和生产过程的污染，是利用河流并引入铁路专用线形成的芝加哥第一个工业集聚走廊。

3. 1890—1945 年，沿铁路线、公路线在近郊、远郊集聚发展工业

随着铁路、公路和汽车运输、生产线模式等科技的发展，带动了一批近郊、远郊工业区的发展。1890 年代，卡鲁米港口建成，带动环卡鲁米湖钢铁及装备制造业的建立，一系列铁路设备专业镇建立起来。1905 年邻近牲畜院创建中央制造业区（Central Manufacturing District, CMD），是美国第一个规划制造业区，面积 265 英亩。1909 年，《芝加哥规划》确定"沿铁路、河流延伸布局工业"的模式，规划 15 个工业集中区（走廊），规划将卢普区内的工业企业外迁。

第一次世界大战后至 1929 年，工业区继续朝更远的沿铁路分布的郊区迁移，如新工业区富勒顿/克劳福德大街、65 街/71 街/西塞罗大街/哈莱姆大街、第 39 街/阿什兰大街、第 47 街/阿什兰大街、北西塞罗大街/迪维森大街、第 47 街/西大街，老工业区如杰克逊大街/门罗大街/霍尔斯特德大道/摩根街、卡鲁米河/第 99 街/第 106 街、芝加哥河北支/肯植大道、芝加哥河南支、州街/第 16 街、芝加哥河南支流/罗斯福大街/第

16 街的地价相对平稳，少数有所下降①。

1933 年，福特汽车公司在芝加哥卡鲁米湖东南设立分厂，代表资本化福特式大公司（流水线、垂直一体化）的郊区化开始出现。

4．1945—1970 年代，内城去工业化及工业集聚、分散与郊区化

第二次世界大战以后，随着知识型、科技型公司的崛起，产业组织的垂直分化导致的全球化、弹性供应链，对航空枢纽的依赖及集装箱的采用，以及环境、土地、工会因素的介入，工业企业需要更多土地、更少就业，许多老工业集聚区逐渐衰败，大型工业企业逐渐倒闭，中心区出现去工业化，工业向轴线集聚，向郊区分散。部分劳动密集型企业、服务中心区的企业留在中心区。

1952 年，面对中心区企业外迁和内城衰败，芝加哥规划委员会发布《芝加哥工业研究》，指出芝加哥大都市区 80% 的制造业公司和岗位在芝加哥，芝加哥有利于工业和批发货运贸易的地理区位将继续吸引工业，工业用地需求更多地来自现有公司的生产扩张。制定工业行为准则（Industrial Performance Code）来规范工业布局以及道路、卡车和公交换乘设施的规划，指引市内工业搬迁到指定工业区，该建议 1957 年在区划法修订中予以公布实施。

《芝加哥工业研究》特别提出 6 条工业规划原则：①芝加哥需要强大的工业基础；②城市规划要为现有厂区扩大规模、新增工业项目、特别设计的街道、相应设施和服务提供空间，以形成理想、有效率的工业布局模式；③要控制预留与交通线路和设施有便捷联系的潜在工业用地；④工业区的街道布局要特别考虑现代工业的设计要求；⑤工业用地不允许无条件地分散在其他用地中，其他用地应从工业用地中减少；⑥芝加哥工业用地需要保持适当的规模。

1958—1961 年，有 150 家公司离开芝加哥市，而 24% 的新办制造业选择芝加哥市内，1947—1961 年，有 1100 家芝加哥公司就地扩张，900 家异地搬迁。

1964 年，此时期的产业发展对交通和环境以及用地规模提出了更高要求，芝加哥总体规划相应提出工业用地向高速公路 I-55、I-93/94 沿线转移，如北西地区（Northwest Side）和近郊区，同时在邻近交通设施的区域开发工业区，将零散的工业搬迁至工业走廊，改善破败的大型工业地区如卡鲁米湖地区等的交通条件和环境质量。

1968 年，芝加哥钢铁企业关闭，1970—1980 年代初，南芝加哥地区钢铁联合企业（South Works）以及依托钢铁产业的铁路设备制造业的多米诺效应，南部制造业区走向衰败。

1971 年，芝加哥牲畜院肉类加工集聚区关闭，随着 1973—1974 年金融危机和石油危机的爆发，1972—1981 年，芝加哥市内减少了 10% 的私人部门制造业岗位，而在大都

---

① 霍伊特．房地产周期百年史：1830—1933 年芝加哥城市发展与土地价值．贾祖国，译．北京：经济科学出版社，2017．

市区以服务业、高科技以及先进制造业拉升了 25% 的就业岗位。

1980 年代，芝加哥开始经历一轮房地产高潮，中心区工业用地面临被居住、娱乐、商业、办公等功能挤占的危机，如沿芝加哥河北支流工业用地被开发成大型单层商业机构，多层工业建筑被改造为 LOFT 和办公用途。

5．1980 年代以后，中心区提出工业保留计划，控制产业发展空间

1980 年代，制造业主、非营利工业倡导（组织）集团、当地经济和就业发展委员会（LEED）和规划开发部（局）联合发布土地利用政策，禁止在工业走廊内布局居住用地。1985 年提出工业保留计划，1980—1990 年代制造业郊区化速度得到减缓。

1988 年，在美国商务部所属的国家标准和技术研究院发起霍林斯（Hollings）制造业广泛伙伴组织（Manufacture Extensive Partnership）以帮助中小企业发展，1988 年，新的区划工具规划制造业区被提出，并划定第一个规划制造业区，严格保护工业用地，实行与湿地类似的占用补偿制度。

1990 年代上半期，针对芝加哥北、南、西部的工业用地综合政策出台。1992 年，芝加哥规划委员会首次划定工业走廊，严格限定工业或制造业活动，任何工业用地变更都需经过规划委员会和市议会审查。

1999—2008 年，全美城市制造业大衰退，重新审视制造业发展和再工业化。2004 年，芝加哥分区条例通过，当时 24 个工业走廊的边界均在条例中加以明确；至 2007 年，市议会共批准 15 个规划制造业区，均为各自工业走廊的核心组成部分。

6．2008 年以后的制造业复兴

2011 年，在美国商务部经济发展管理局（Department of Commerce Economic Development Administration）的资助下，芝加哥规划发展部门发布了制造业工作计划的第一阶段内容，提出"可持续工业"（Sustainable Industries）目标。这一计划即 2013 年通过的《芝加哥工业可持续发展计划》，共划定 27 个工业走廊。陆续出台系列制造业复兴计划文件，并针对每个工业走廊在调查研究基础上提出更新、复兴措施。

3.3.2 产业空间组织机理

早期，由于产业类型、规模和管理方式的不同，以及不同阶段企业发展要素的差异，芝加哥工业企业组织包括以下几种形式：工业园区、工业城镇（公司镇）、制造业集群、货运—制造业集群等。根据不同阶段企业的不同需求，芝加哥地区企业群体集聚方式表现为以下几种集聚类型：邻近进出口设施如机场、公路、铁路、河道、港口、码头、车站；邻近用户和消费市场，如中心区、产业链上下游；邻近创新设施，如大学、研究机构；邻近自然和宜人的城市环境。

从聚集的产业类型和相互关系来看包括，同类产业集群，共享公共设施、创新设施、交通市政设施，享受同业学习、激励及规模效应；上下游关联产业集群，共享市场或互为市场，相互供给和消费；不同类聚集，共享市政、交通、土地和物业管理。随着芝加哥城市经济从殖民地经济及贸易经济向工业化经济、资本主义经济以及信息经济或知识经济的转变，工业结构由简单农畜产品加工向轻工、重化工业的转变，以及后工业化时代向科技型产业的转变，在布局形态上表现出由沿河、沿湖向沿铁路、沿公路布局，工业园区、工业城镇和工业集聚区并存的形态，在产业空间组织有关联集聚模式、货运—制造业集聚模式、科技创新集聚模式。

1．关联集聚模式

关联集聚模式是指同类产业共享园区服务、产业链关联的集聚模式，包括工业园区、工业城镇模式。

工业园区，包括同类企业或上下游关联企业的集聚以及单个企业所有环节的集聚，如位于牲畜院的肉类加工集团，是围绕肉类加工及其衍生产品等一系列生产加工企业集中模式。1905年，由弗雷德里克·普林斯（Frederick Henry Prince）创办的中央制造园区，与牲畜院相邻，利用芝加哥铁路编组线路与主干铁路相连的优势集聚不同企业，至1915年，园区企业有200多家，是企业的孵化器，企业可以通过出租或购买获得工业物业，是美国最早的工业地产模式的规划制造业园区之一，后来在芝加哥大都市区城镇伊塔斯加（Itasca）、圣查尔斯（St. Charles）、菲尼克斯（Phoenix）、欧罗拉（Aurora）、埃尔克格罗夫（Elk Grove）得到广泛复制。单个企业的工业园区是集聚企业集团全部功能环节如生产、研发、博物馆以及部分生活设施的综合企业园区模式，如摩托罗拉产业园区。

工业城镇，又称公司镇、专业城镇，在芝加哥大都市区利用密集的水运、铁路及公路网络而形成的产业集群，形成专业化生产城镇集聚区域。如芝加哥南部卡鲁米地区是随着1850—1880年代大量铁路从东部、南部进入芝加哥，1860—1880年代后围绕卡鲁米湖及卡鲁米港重点发展的重化工业区，形成以专业化铁路设备生产为核心的工业城镇群，如以生产豪华车厢为主的普尔曼镇（Pullman）、北芝加哥镇（North Chicago），共享芝加哥南部钢铁生产基地以及卡鲁米湖的港口条件，向西通过运河通达内陆，向东通过密歇根湖和铁路通达东部并出海，同时也构成钢铁及设备制造的上下游产业集群。至1920年代，这一地区集中了芝加哥大都市区95%的初级金属加工业，72%的石油和煤产品加工业，30%的化工产品、石料、黏土、玻璃制品加工业，21%的交通设备制造岗位。位于芝加哥大都市区的印第安纳州东芝加哥市（East Chicago）是受芝加哥经济辐射和影响，以设施的改造吸引工业投资，接纳芝加哥市区投资转移而快速崛起的工业城镇。1888年，芝加哥与卡鲁米地区联络线（属于巴尔的摩—俄亥俄铁路）将此地与芝加哥干线铁路系统相连，疏通印第安纳港口航道，并使该市与密歇根湖和大卡鲁米河相通，吸引钢铁、石油冶炼、施工、制造以及化学等为主的重化工业在港区和内部运河沿岸迅速发展，同时对配套的居住社区进行统一规划，逐步发展形成工业城镇。

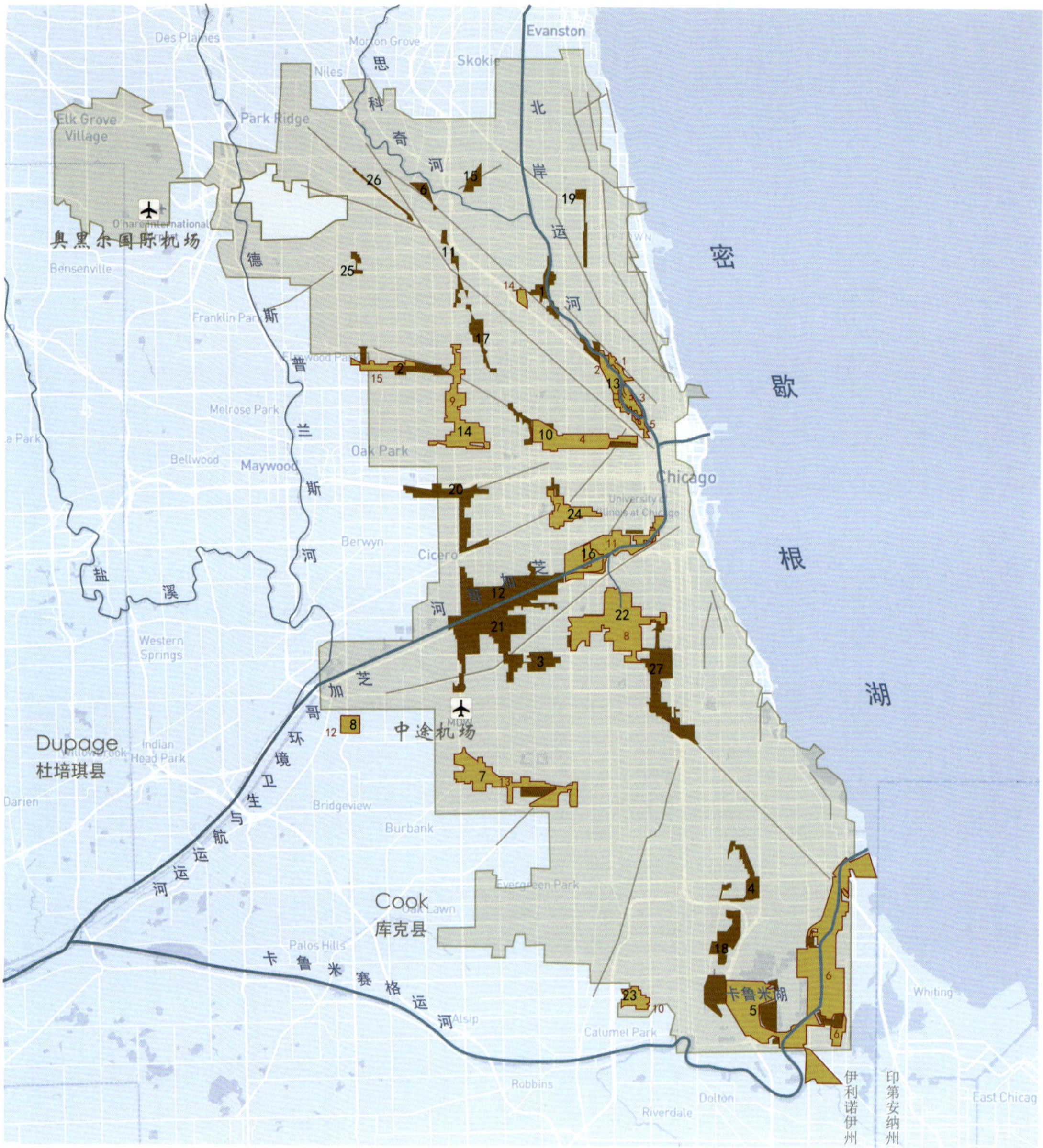

产业与城市：芝加哥的转型发展

图例

Planned manufacturing Districts
规划制造业区

Industrial Corridors
工业走廊

1. Clybourn 克雷邦
2. Elston 埃尔斯顿
3. Goose Island 鹅岛
4. Kinzie 肯真
5. Chicago-Halsted 芝加哥-霍尔斯特德
6. Lake Calumet 卡鲁米湖
7. Western-Ogden 西奥格登
8. Stockyards 牲畜院
9. North 北部
10. West Pullman 西普尔曼
11. Pilsen 皮尔森
12. Harlem 哈雷姆
13. Greater Southwest 大西南
14. Kennedy 肯尼迪
15. Armitage 阿米蒂奇

1. Addison 爱迪生
2. Armitage 阿米蒂奇
3. Brighton Park 布莱顿公园
4. Burnside 伯恩赛德
5. Calumet 卡鲁米
6. Elston/Armstrong 埃尔斯顿/阿姆斯特朗
7. Greater Southwest 大西南
8. Harlem 哈雷姆
9. Kennedy 肯尼迪
10. Knox 诺克斯
11. Kinzie 肯真
12. Little Village 小村庄
13. North Branch 北支流
14. Northwest 西北
15. Peterson 彼得森

16. Pilsen 皮尔逊
17. Pulaski 帕拉斯凯
18. Pullman 普尔曼
19. Raven 雷文斯伍德
20. Roosevelt/Cicero 罗斯福/西塞罗
21. Stevenson 史蒂文森
22. Stockyards 牲畜院
23. West Pullman 西普尔曼
24. Western-Ogden 西奥格登
25. Wright 莱特
26. Northwest Highway 西北公路
27. Dan Ryan 丹瑞安

图 3.15　芝加哥工业走廊及规划制造业区分布
来源：作者根据《芝加哥工业可持续发展计划》绘制

2．货运—制造业集聚模式

货运—制造业集聚模式，是指依赖货运交通基础设施的集聚模式。即沿铁路、公路、河流或运河并排设置制造业、仓库走廊，有利于加快货运并降低成本，以货运体系为基础的产业布局成为组织城市居住社区、形成城市社会结构的基础。芝加哥企业群体空间集聚形态呈现典型的货运—制造业集聚特征——沿交通走廊集聚的工业走廊，包括沿河、沿湖、沿铁路、沿公路，形成以交通枢纽为核心的货运—制造业集群。

芝加哥早期贸易工业化开始于芝加哥河两侧，随着运河、铁路、港口以及后期公路、机场的建设，引导企业的空间集聚。1909年《芝加哥规划》提出的以货运转运点组织生产即货运经济空间模式，是在芝加哥企业群体空间集聚规律的基础上，提出的以效率和城市美化为原则的企业布局原则，在此后的产业区位选择中得到遵守。

自1865年在铁路沿线创建了联合屠宰中心起，芝加哥便有意识地通过工业走廊系统（IC），坚持对工业集聚区的用地及交通设施进行整体保护和控制，坚持沿铁路、水路、公路等货运交通走廊集中发展制造业、产业园区、物流园区为原则，以保护工业区的环境氛围和设施完善，并且能够吸引新的货运企业落户。

工业走廊，是芝加哥市在1950年代开始控制保留的依托交通廊道的工业用地集聚地段的基础上划定的产业集中发展区。1992年，芝加哥规划委员会首次划定工业走廊，严格限定工业或制造业活动，任何工业用地变更都需经过规划委员会和市议会审查。至2017年，共有27个认定的工业走廊，其工业用地占全市总量的2/3，其中包括15个规划制造业区，规定了允许的用途类型和规模。在工业走廊内允许工业企业在不同工业走廊的迁移，在规划制造业区以外允许传统产业外迁，为服务于中央商务区商业、金融、零售、办公服务的信息、技术产业内迁腾出空间。

工业走廊是芝加哥沿交通走廊、市政设施走廊集聚布局产业模式的优化和延续，不仅保留和控制了最优的产业发展空间，而且形成与生活空间和生态空间的天然有效隔离。工业走廊内制造业保留的原因在于：由锚点+配套产业构成完整制造业生态系统或产业链；工业走廊内是长期以来形成的"工厂+基础设施+交通设施+特别设计的厂房"，更新成本低于重新选址新建；同时有利于政府对工业的补贴如税收增量融资、环境补偿费等支持政策的延续性（图3.15、图3.16）。

货运—制造业枢纽模式，是货运集群与制造业集群融合形成的相互依存的枢纽模式，遵循产业园区与交通货运设施邻近布局的指导原则，将交通枢纽的货运优势最大化，促进货运物流业与制造业的相互促进。

1）货运集群

芝加哥地区拥有密集的主干州际公路、铁路以及发达的航空和水运设施，由此形成芝加哥大都市区以货运枢纽为核心的货运集群，拥有全美第二的货运从业人员（图3.17）。

芝加哥大都市区规划署在2013年的报告《货运—制造业枢纽：芝加哥大都市区的内

产业与城市：芝加哥的转型发展

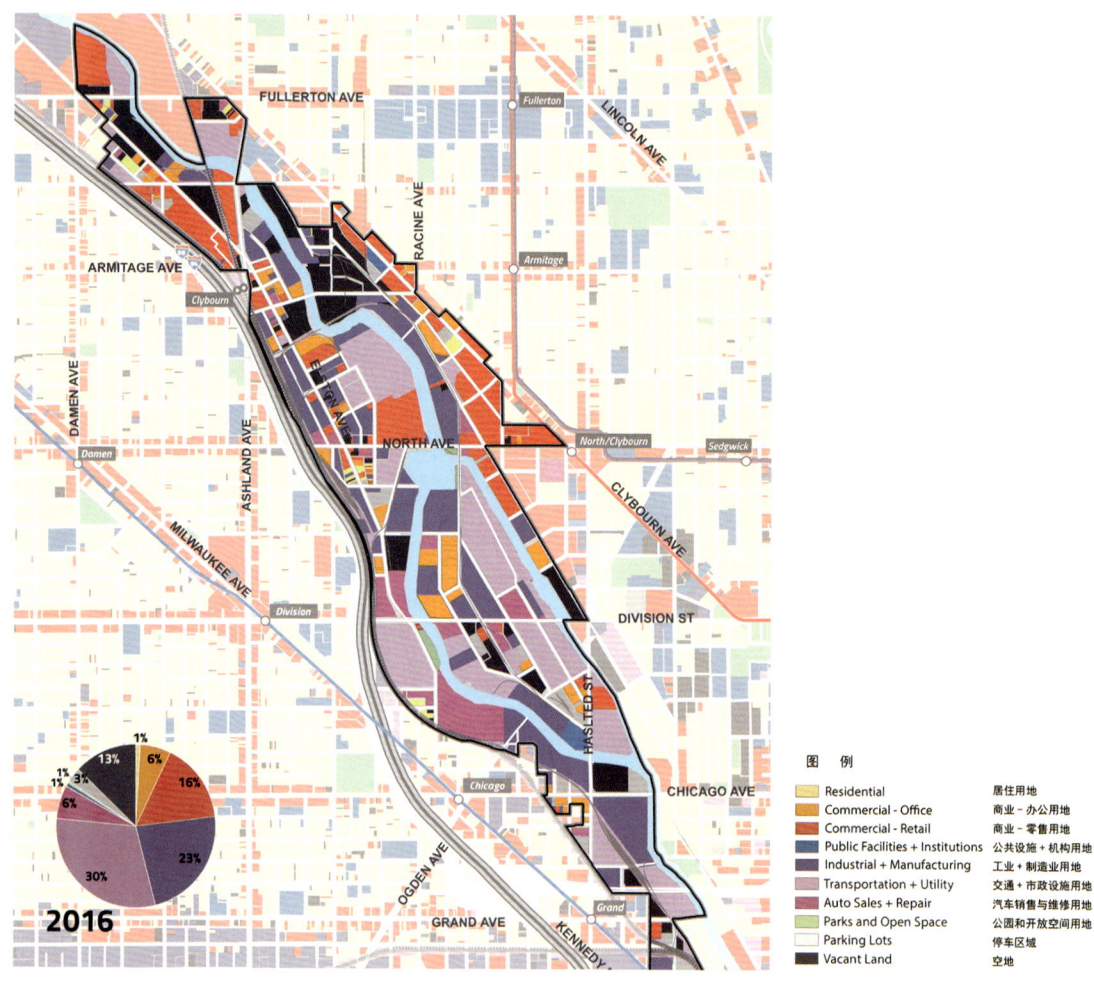

图 3.16 芝加哥河北支流工业走廊土地利用（2016 年）
来源：作者根据《芝加哥河北支流工业走廊现代化框架规划》绘制

在优势》[1] 中指出，芝加哥地区拥有比美国任何地方都更多的主干州际公路和铁路线，以及开发成熟的航空和水运设施。再加上美国第二大货运工人聚集地，这种无与伦比的货运通道为制造商提供了特定供应链需求的模式选择，提供了更直接的路线和捷径，增加了供应商和市场的准入机会，改善了物流的可靠性，可以通过集中需求、库存控制和激发竞争来降低成本。

2）制造业集群

芝加哥地区自 1860 年代即形成依赖于货运设施的金属加工和机械制造等重工业集群。在货运集群基础上，芝加哥大都市区现在形成 6 个货运与制造业集群：核心/中途机场（Core/

---

[1] CMAP. The FreightManufacturing Nexus: Metropolitan Chicago's Built-in Advantage. [2021-10-19].https://www.cmap.illinois.gov/documents/10180/27283/Freight-Manufacturing-Nexus-8-6-13-1.pdf/16f3459b-05af-4eac-af71-f9a8f18f7bc2.

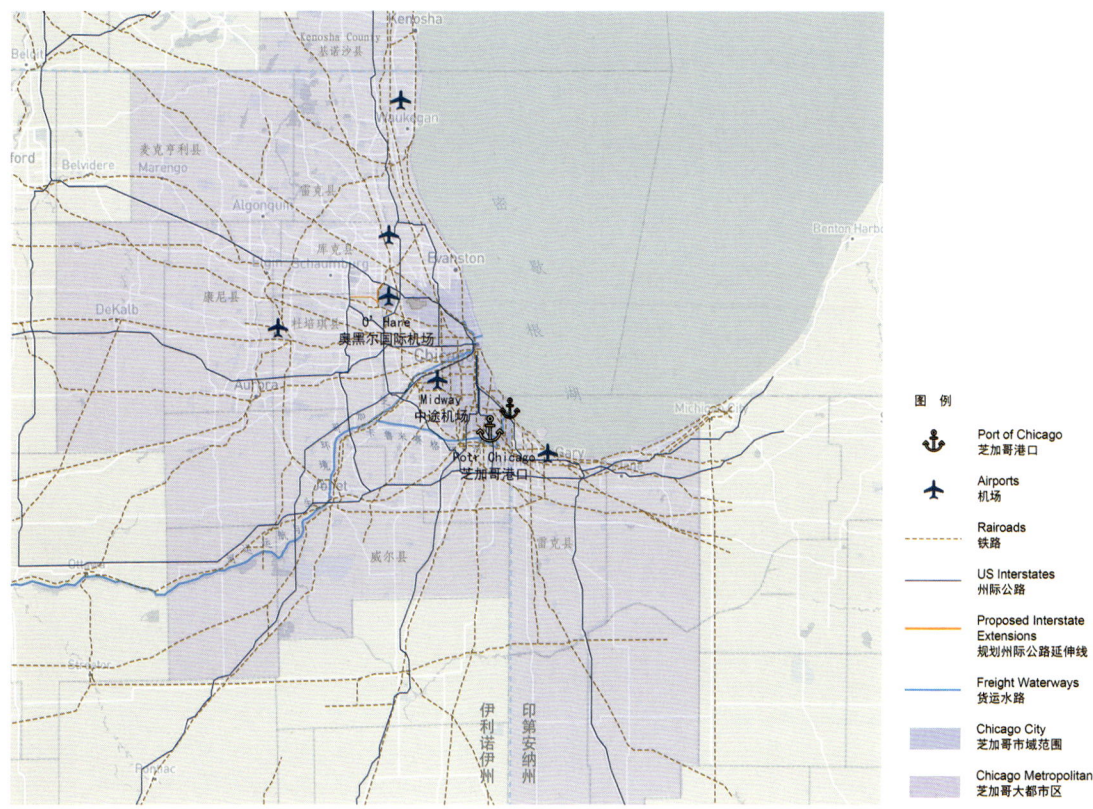

图3.17 芝加哥工业运输基础设施分布
注：图中芝加哥港指芝加哥港卡鲁米港的合称。
来源：作者根据《芝加哥工业可持续发展计划》绘制

Midway）、大奥黑尔地区（Greater O'Hare）、南库克地区（South Cook）、北芝加哥地区（North Chicagoland）、福克斯河谷（Fox River Valley）、威尔县（Will County），前3个集群靠近芝加哥市区，与现有交通设施和劳动力相近，另外3个集群位于芝加哥大都市区域边缘，这6个集群拥有芝加哥大都市区71%的工业用地和82%的货运相关用地（图3.18）。

根据《货运—制造业枢纽：芝加哥大都市区的内在优势》，随着全球化时代以来产业链的垂直分化，现今的美国制造业公司平均规模较小，且倾向于专门从事最终产品的某一特定组成部分[1]。这些规模较小的专业公司往往是区域性的，事实上，在芝加哥大都市区的全部制造业集群公司中，有84%的企业雇用的工人不超过50人。这种集中式布局产生了许多大都市区域内部的供应链活动，因此将此类制造业活动联系起来的这样一种高效的、区域内部的货运系统需求便带动了区域的经济增长。

芝加哥大都市区内的初级金属—金属制造—终端机械这条供应链，与电子产品等低重

---

[1] 麻省理工学院创新与生产工作组. 麻省理工学院在创新经济报告中的产品预览. 剑桥：麻省理工学院，2013.

产业与城市：芝加哥的转型发展

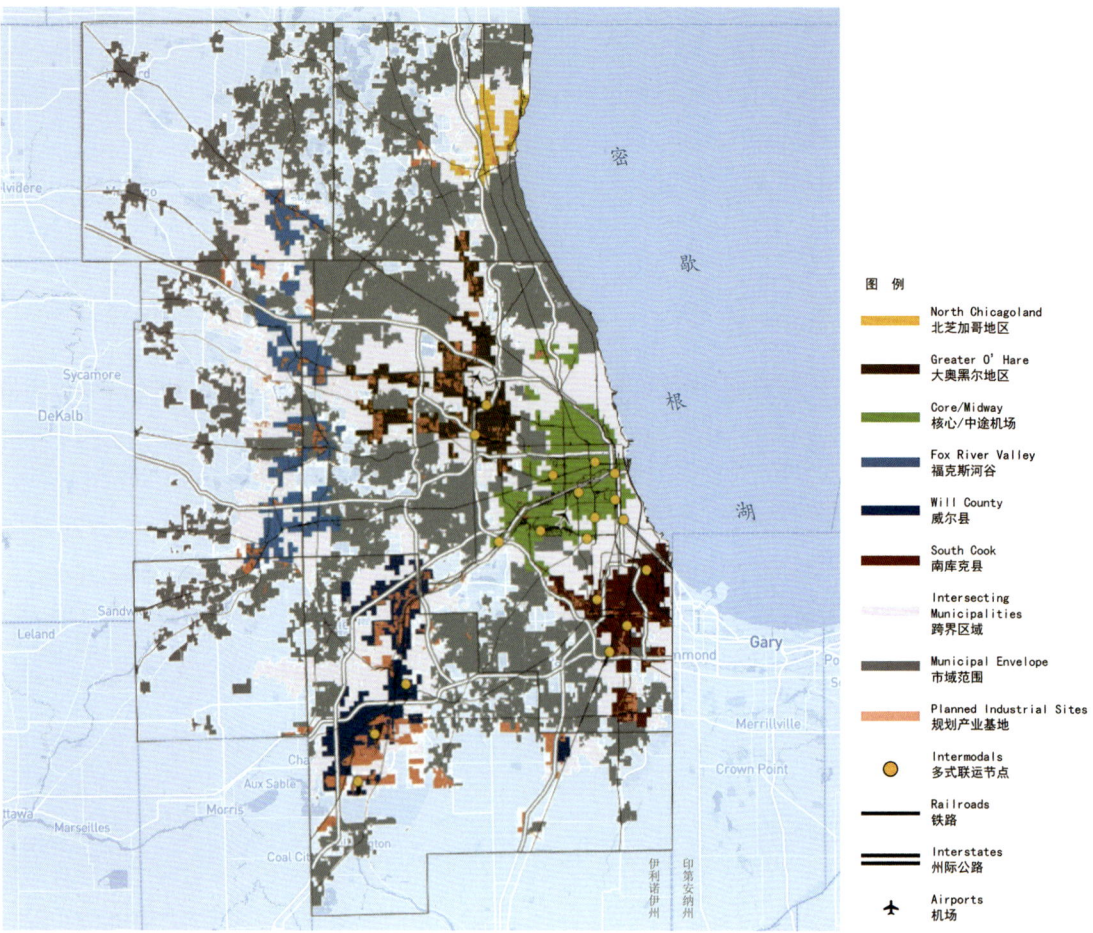

图 3.18　芝加哥地区货运与制造业集群
来源：作者根据《货运—制造业枢纽：芝加哥大都市区的内在优势》绘制

量、高价值商品更倾向于利用全球生产系统的模式不同，金属加工和机械等重工业和资本密集型产业的贸易流动仍然是"由集成到区域生产系统中的区域运输系统所主导"。这种利用区域供应链的重工业和资本密集型产业模式同样也存在于芝加哥大都市区，每年在该地区流通的近 3 亿吨货物中，绝大部分用于初级金属、矿产和金属制造（表 3.7）。

表 3.7	货运对制造商的实际经济效益
货运集聚的优势	多模式选择：适应不同企业的成本预算、运输弹性和市场时间要求
	通过直达运输、频繁地抄近路、多路线的汇集提高物流速度
	加强可达性：对于低成本、专业化的供应商以及出口市场
	通过有组织、多种选择方式以及稳定性来改善物流，保证可靠性
	通过满负荷的传输、载货返航、竞争以及控制库存等方式降低成本

来源：作者根据《货运—制造业枢纽：芝加哥大都市区的内在优势》整理

《货运—制造业枢纽：芝加哥大都市区的内在优势》进一步解释了什么是货运—制造业枢纽：

- **什么是货运—制造业枢纽？**

尽管推动该区域早期发展的条件已经发生了变化，但据芝加哥大都市区规划署近期的集群研究报告显示，该区域的货运—制造业交织是芝加哥大都市区的内在优势，以适应不断变化的全球经济。特别是，芝加哥大都市区货运集群的规模和实力使得该地区拥有独特的地位和设施，可以充分实施美国最近的制造业复苏计划。这些以往的货运投资——不仅是在运输基础设施方面，同样也是在劳动力和工业创新方面的投资——将继续促进芝加哥大都市区的制造业发展进程。自2010年以来，不仅是货运—制造业枢纽内的就业增长超过了其他行业，而且即便同样是在货运、制造业和物流业，枢纽内产业的增速也超过了各自在美国的增速。因此，芝加哥大都市区的货运—制造业枢纽的增长态势反映了该区域现存的优势。

在货运方面，包括运送原材料和中间物料、促成区域内供应链形成并通过本地消费和出口为最终货物提供通道的承运方，还包括为货运承运方和制造商提供的物流服务，这是在全球供应链和即时生产时代越来越不可或缺的要素。有了这种货运承运方和物流公司的集中，区域制造商就可以更好地发展供应链，实现成本节约和效率提升，优化分销和库存，并发挥比较优势。简而言之，货运与制造业的区域集中化和集中布局保障了根本的经济效益（表3.8、图3.19）。

表3.8 芝加哥大都市区货运—制造业枢纽内的三大核心产业

产业	区域就业（2012年）	区域聚集度（2012年）*
制造业	388 105	1.1
货运运输业	82 517	1.3
物流业	21 301	2.0

注：*区域聚集度（区位商）显示出芝加哥大都市区比美国平均水平更为专业化的行业。包含了芝加哥大都市区内7个县的所有数据。
来源：《货运—制造业枢纽：芝加哥大都市区的内在优势》

货运集群包括：直接驱动经济活动的核心产业（包括铁路运输业、水路运输业、货车运输业、航空运输业）；为核心产业提供增值投入的供给产业（包括运输、机械、制造和租赁、仓储与配送、包装和标签、运输纸箱及其他）；提供维护及设施的支撑产业（包括装卸运作、公路、街道和桥梁建设、模式支撑等）；以及从核心产业购买产品和服务的客户（如货运调度、批发贸易代理商等）。

同时货运与制造业同区位具有较大的经济优势即即时性、同步性、价值内部化（集群的效应），同步的货运、复杂物流与复杂的制造业流程为制造商提供了满足特定供应链需求的模式选择，可选择多种运输方式或定制货运，缩短转运时间，提高物流和配送

产业与城市：芝加哥的转型发展

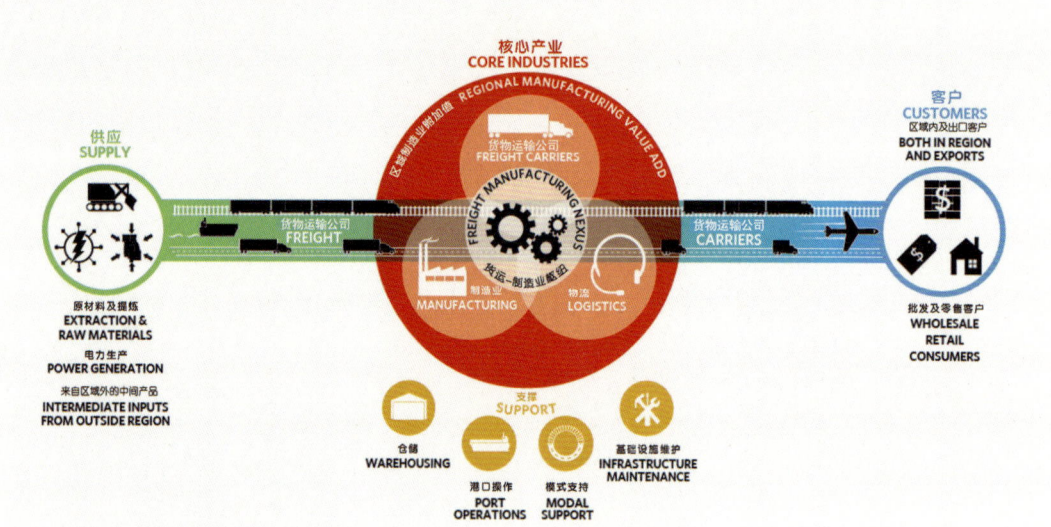

图 3.19　货运—制造业枢纽构成
注：货运—制造业枢纽（中心红圈内）是由三大核心产业——制造业企业、货运承运方和物流供应商组成，它们共同推动了制造业的区域增值。这三大核心产业负责将供应产业（左边绿色部分）的投入转化为供客户（右边蓝色部分）消费的商品。支撑产业（核心圈下方的黄色部分）是为核心产业提供基本服务的。
来源：作者根据《货运—制造业枢纽：芝加哥大都市区的内在优势》绘制

的可靠性，制造商通过集中需求、库存控制和竞争降低了成本。如依托芝加哥货运中心规划制造业区，并在邻近货运中心区域规划建设中途机场，加强了货运中转的多式联运模式的功能和效率。货运与制造业集群，是充分利用芝加哥大都市区区位和综合交通优势，不断优化减少货运和制造业对人居环境的负面影响，形成独特的货运集群与制造业集群相互依存的集聚方式和形态。其中货运—制造枢纽是"货运与制造业集群"模式的核心，是指在供给端和用户端之间通过制造、货运和物流合一的货运制造枢纽提升区域制造业附加值的货运与制造业融合模式，由仓储、装卸操作、多式联运和基础设施维护来支撑，供给端提供原材料或初级加工产品，或者调控外地的产品供给。用户端是指区域内或区域外的批发或零售客户。

- **物流业的改善**

按百分比计算，物流业是货运—制造业枢纽中增长最快的部分之一。2002—2012年，芝加哥大都市区的物流公司增加了5600多个工作岗位，增长了36%。同一时期，区域内的物流专业化程度相对于美国平均水平有所提高，物流业就业的区域区位商从1.86增加到2。

物流的集中使货运更加高效和协作，从而促进了交通运输的优势发展。在多种运输模式下，区域内的制造商可以利用芝加哥大都市区的专业化和不断发展的物流业来更好地组织供应链。尤其值得一提的是，该地区高度集中的物流公司提高了货运的可靠性，这是当今经济中的一个基本要素，因为越来越多的制造商在准时制生产模式下运作。事实上，最近的两项调查发现，制造商对货运环节最为关心的不是成本，而是可靠性。随着集中程度的增加，物流供应商可以帮助制造商更好地利用该区域聚集起来的货运资源，

第 3 章　芝加哥的产业转型

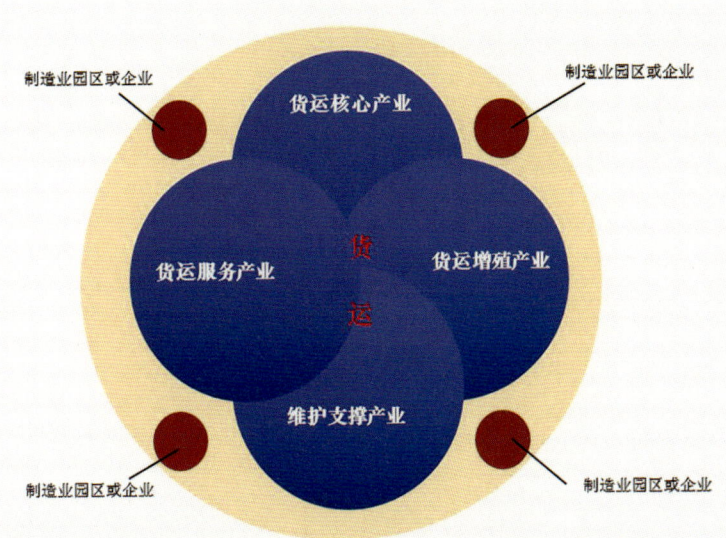

图 3.20　货运—制造业集群图示
来源：作者自绘

通过满足紧密的供应链窗口、出现问题时及时变更替代方案，以及提供更加稳定和可预测的需求水平，从而提高货运的可靠性（图 3.20）。

- 按照制造业类型进行的集中布局

芝加哥大都市区制造业构成的多元化是集群的一大标志。为了将具有不同聚集度的各种产业组织起来，芝加哥大都市区规划署依据集群研究报告和麦肯锡公司近期的研究成果，提出了三大制造业产业分类——资源密集型初级生产产业、区域加工型产业、全球贸易终端产品型产业。表 3.9 分析了货物的价值和重量、主要的运输特点和决定因素，以及三大类别各自的货运模式，以说明哪些行业从与货运公司和基础设施的集中布局中获益最大。表后综合总结了三大类别的各自结论。

表 3.9　　不同制造业类型的货运需求

	资源密集初级生产型	区域加工型	全球贸易终端产品型
价值密度*	低	中	高
主要运输特点	- 产品差异化小，以价格竞争 - 商品价格波动 - 通过运输挤出成本优势	区域消费型： - 新鲜度，当地口味 - 抢占市场 中间产品型： - 链接上游（原材料供应商）和下游（客户） - 垂直非一体化，专业化，用户化	劳动力密集型： - 低工资高于运输成本 创新型： - 对消费者需求变化做出快速回应 - 技术型劳动力

续表

	资源密集初级生产型	区域加工型	全球贸易终端产品型
产业	- 木材 - 石油和煤矿 - 造纸 - 初级金属 - 废品	区域消费型： - 食品 - 饮料 - 印刷 中间产品型： - 金属制品 - 塑料和橡胶 - 化学品	劳动力密集型： - 家具 - 服装 - 某些组装式电子产品 创新型： - 医疗供给 - 机械制造 - 某些计算机和电子产品
关键性运输决定因素	运输成本和地理位置临近	供应链的衔接	可靠性、灵活性、出口通道
主要货运模式	卡车、铁路、水运	卡车	卡车、空运
集中布局的趋势	高	高	中等偏低

注：* 价值密度即货物价值除以重量
来源：作者根据《货运—制造业枢纽：芝加哥大都市区的内在优势》绘制

- **芝加哥大都市区的制造业子集群**

上述三个制造业类别表明，虽然所有类型的制造业都依赖于货运系统，但却是通过不同的方式。重型生产和区域加工业倾向于与货运公司集中布局，以获得成本优势和高衔接度。相比之下，更高价值的贸易型商品则更倾向于与全球生产系统联系在一起，因此不那么需要直接与区域货运公司集中布局。

图 3.21 显示了芝加哥大都市区内的资源密集型初级生产、区域加工型和全球贸易型三大类型中的各自关键产业所集中的区域，将上述结论与芝加哥大都市区进行对应①。每个行业都显示出其独特的地理位置和对区域货运系统的相应需求。这些结果进一步解释了为什么奥黑尔机场和中途机场周边的关键节点能够同时受益于货运和制造业就业，而雷克县南部的制造业集中区域却可以在较少的货运集中情况下运作。反过来，研究结果还表明，哪些类型的制造业能利用该区域独特的地位而作为货运和制造业中心。

初级金属，作为资源密集型产业代表——是五个被分析行业中的第一个产业（图 3.21 中浅绿色区域），在哈维镇或芝加哥高地等南郊社区拥有最高的聚集度，在奥黑尔机场附近的聚集度次高。这种集中度为制造商提供了多种模式选择，如便于连接水运和铁路以及靠近印第安纳州西北部的供应商。其分布情况支撑了这一观点：运输成本和基础设施可达性是资源密集型初级产业最为关键的区位选择决定因素。总体而言，初级金属行业的地理集中度表明，这一行业有着向货运公司、基础设施和用户需求临近布局的强烈倾向，并从中受益。

与资源密集型初级产业一样，芝加哥地区的区域加工型产业也显示出集中于货运公司和基础设施布局的强烈倾向。例如，金属制品公司虽遍布整个区域，但却在奥黑尔机

---

① 由于图中只列出了五个行业，因此对于区域制造商的货运需求和集中布局而言，图示只是定性研究，而非全面性研究。

第 3 章 芝加哥的产业转型

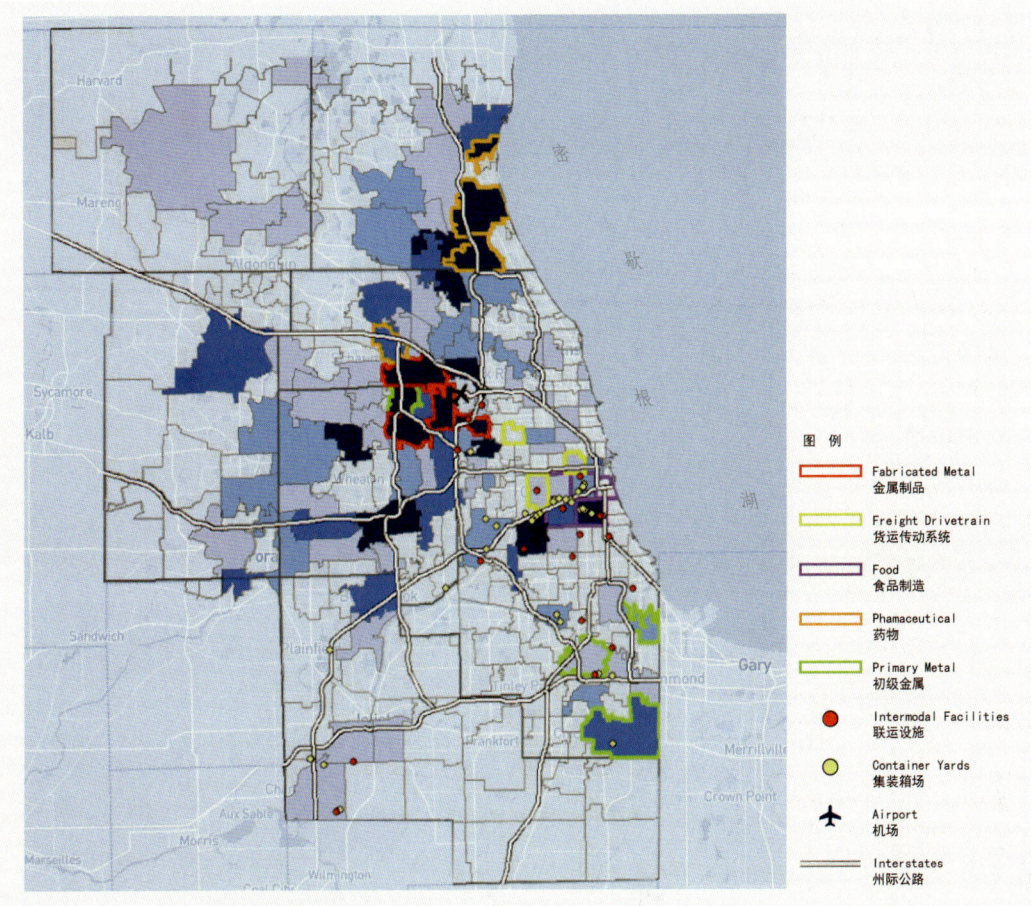

图 3.21 芝加哥大都市区内的制造业子集群
来源：作者根据《货运—制造业枢纽：芝加哥大都市区的内在优势》绘制

场区域保持着惊人的集中度（图 3.21 中红色区域）。在每个邮编区域内的金属制品公司平均数量约为 10 家，而奥黑尔机场附近区域内的最高公司数量是上述的 15 倍。通过集中于该区域货运—制造业枢纽的核心，金属制造企业反映了中间产业在靠近货运公司和基础设施方面的优势——集中布局可以将上游原材料供应商、下游终端设备装配商以及其他供应链环节相链接。

虽然区域金属制造商在奥黑尔机场周边地区的货运—制造业节点上表现出特定的集中度，但食品制造商却明显集中在该地区的第二个节点：所有拥有最多数量的食品制造公司都位于芝加哥市，连绵集中在中途机场区域东北部（图 3.21 中紫色区域）。作为区域内铁路系统的核心，这一区位为食品制造商提供了可进口大宗农产品的铁路运输通道，且因临近货运承运人和客户需求，它还有助于确保食品新鲜度和灵活性，以更好地满足当地市场的口味。

最后一个制造业类别着眼于出口类制成品。芝加哥大都市区内保持出口专业化的一个行业是货运设备制造业，尤其是货运驱动系统和传输行业（图中黄色区域）。高达 4.04 的区位商可以证明该区域的这一产业出口活动之高。这一类型的产业似乎仍然集中

101

在货运资源附近——较高的产量和重量和在发达供应链中所处的位置，意味着制造商很可能选址在货运和制造业集中布局的地区，以寻求最小化运输成本和最大限度地准时制生产。

与重型货运机械不同的是，该区域的制药出口商似乎不那么依赖于与货运公司和基础设施的直接邻近布局。除了医疗供应和电子公司之外，这些制药公司占据了雷克县南部的主要制造业就业中心的绝大部分（图 3.21 中浅绿色区域）。雷克县南部地区之所以能够在货运公司占比相对较少的情况下脱颖而出，部分原因可能来自其制成品的性质。虽然这些行业当然也是需要区域货运系统来获得出口通道、灵活性和更快地投入市场时间，但它们可能不那么依赖芝加哥大都市区作为其未来增长的货运枢纽。

——《货运—制造业枢纽：芝加哥大都市区的内在优势》

3．科技创新集聚模式

早在 1850 年代，芝加哥中心区电子公司楼宇（迪尔伯恩车站附近）以及印刷带（printing

图 3.22　芝加哥中心区特色功能集聚区分布
来源：作者自绘

row）即是与市场邻近的产业布局模式，市场是指芝加哥期货交易所以及迪尔伯恩车站。

2000 年以后出现的类似硅巷和智带的发展模式，是基于科技创新和制造业复兴的工业空间集聚模式，邻近用户和消费市场，如中心区以零售商业、贸易、金融市场、文化传媒以及医院等第三产业为市场和消费端。而以中心区工业走廊为基础集聚制造业孵化器，如芝加哥河北支流工业走廊、肯真工业走廊利用老工业厂房集聚大学、研究机构等创新设施，对科研成果小规模试产以及产业化，以复杂制造业为市场，集聚上下游创新企业，从郊区回归中心区。芝加哥河北支流工业走廊的四个制造业创新锚点，与其他工业集中区不同，是制造业孵化器，具有制造业、信息产业、办公、创新产业、技术以及研究所、大学机构等综合功能，可称为科技型企业，但它的成果能为任何一个制造企业所用，为弹性供应链的供应端。

芝加哥中心区特色商业和文化、金融集聚区，也是科技创新的集聚区（图 3.22）。

参考文献：

[1] Chicago Department of Housing and Economic Development. Chicago Sustainable Industries: A Business Plan for Manufacturing. [2021-10-08]. https://www.chicago.gov/city/en/depts/dcd/supp_info/chicago_sustainableindustries.html.

[2] Chicago Department of Planning and Development, Department of Transportation. Industrial Corridor Modernization: North Branch Framework. [2021-10-08]. https://www.cityofchicago.org/.

[3] Chicago Department of Planning and Development, Department of Transportation. Industrial Corridor Modernization: Ravenswood Framework Plan and Design Guidelines. [2021-10-08]. https://www.cityofchicago.org/.

[4] Chicago Metropolitan Agency for Planning. On To 2050. [2021-10-08]. https://www.cmap.illinois.gov.

[5] Chicago Metropolitan Agency for Planning. Regional Strategic Freight Direction. [2021-10-08]. https://www.cmap.illinois.gov.

[6] Chicago Metropolitan Agency for Planning. The Freight Manufacturing Nexus: Metropolitan Chicago's Built-in Advantage. [2021-10-08]. https://www.cmap.illinois.gov.

[7] Chicago Metropolitan Agency for Planning. The Freight System Snapshot. [2021-10-08]. https://www.cmap.illinois.gov.

[8] Chicago Department of Housing and Economic Development. Planned Manufacturing District Modernization Report(Draft). [2021-10-08]. https://www.cityofchicago.org/.

[9] Chicago Department of Planning and Development. The Geography of Production: Chicago and its Industrial Corridor System. [2021-10-08]. https://www.cityofchicago.org/.

[10] Chicago Department of Planning and Development. Industrial Corridor Modernization: Little Village Framework Plan. [2021-10-08]. https://www.cityofchicago.org/.

[11] Chicago Department of Planning and Development. Industrial Corridor Modernization:Kinzie Framework Plan. [2021-10-08]. https://www.cityofchicago.org/.

[12] Chicago Department of Planning and Development. Industrial Usage of Chicago Area Waterway System: Barge study. [2021-10-08]. https://www.cityofchicago.org/.

[13] Chicago Department of Planning and Development. Trends in Transitioning Industrial Districts in U.S. Cities. [2021-10-08]. https://www.cityofchicago.org/.

[14] FRIEDMAN S B, et al. City of Chicago: Manufacturing Incubator Feasibility.[2021-10-08]. https://www.chicago.gov/content/dam/city/depts/zlup/Planning_and_Policy/Publications/Chicago%20Industrial%20Corridors/Incubatory_Study_2014.pdf.

[15] 阿格塔米尔,巴克.智能转型：从锈带到智带的经济奇迹.徐一洲,译.北京：中信出版社,2017.

[16] 哈维.新自由主义简史.王钦,译.上海：上海译文出版社,2016.

[17] 胡晓玲.解构纽约世界艺术之都背后的逻辑：兼陈丹青《纽约琐记》读后.(2019-02-02)[2021-10-19]. http://www.beijingdecheng.com/news_detail/id/137.html.

[18] 史密斯.《芝加哥规划》与美国城市的再造.王红扬,译.南京：译林出版社,2017.

[19] 张庭伟.为多元化的城市经济创建高质量的城市空间：芝加哥城市发展的一些做法.城市规划汇刊, 2002(06):11.

第 4 章 芝加哥的城市转型

芝加哥在19世纪及20世纪上半叶人口爆发式增长，从草原前哨到商贸中心、工业城市、工商业大都市、全球城市，经历了运河时代、马车时代、铁路时代、汽车时代、航空及网络时代，城市从河岸向三个方向扩散，随着内部功能的调整、产业及人口与社会空间的位移，形成"中心区+大都市区""中心商业区/中央商务区/首脑区+公司镇/功能区/工业走廊"的空间结构形态。

本章主要从城市规模与职能演变、功能布局与空间结构两个方面来构建芝加哥的城市蝶变图景。芝加哥城市职能是芝加哥新自由主义、适当管制及企业家政府共同作用的结果，是保持城市稳定发展的调适器；交通运输不仅构成城市骨架，也是近两百年芝加哥城市发展不变的引擎，是城市产业的组成部分，也是产业发展的需求端，交通骨架系统的远见、交通与城市功能区的契合很大程度上是芝加哥城市发展的独特内核；城市空间形态的演变包括外部的空间扩展与内部的空间结构调整，其中中心区与大都市区的分工与协作、产业空间演化、居住与社会空间的演化、滨水空间和公园系统的谋划与调整具有芝加哥的特征，也是芝加哥作为全球城市规划典范的体现。

4.1 城市规模、市区范围及城市职能演变

4.1.1 城市规模变化

自1837年建市起，从人口规模、市区范围的阶段性变化可将芝加哥城市发展分为以下阶段：1850年前、1850—1870年、1870—1890年、1890—1920年、1920—1950年、1950—1990年、1990年至今。

从表4.1可见，芝加哥建市后人口和用地快速增长，1850—1880年间人口增长速度加快；1889年6月29日并入海德公园、湖区、湖景区、杰弗逊及西塞罗部分区域，相应地1890年用地跳跃式地增加143平方英里，为城市范围大集并时期；1940—1950年突破性扩张15平方英里，主要是奥黑尔机场并入，由此市区范围固定下来，人口此时达到顶峰，为362.09万人。1950年后人口逐渐下降；1970—1980年十年人口下降36.4万人，为下降幅度最大的时期；1980—1990年十年人口下降22万人；1990—2000年人口增长11万人；2000—2010年减少20万人。

表4.1　芝加哥市1830—2010年每10年市区面积、人口、人口密度变化

年份	面积（平方英里）	人口（人）	人口密度（人/平方英里）
1830年	0.417	100	240
1840年	10.186	4470	439
1850年	9.311	29 963	3218
1860年	17.492	112 172	6413

续表

年份	面积（平方英里）	人口（人）	人口密度（人/平方英里）
1870 年	35.152	298 977	8505
1880 年	35.152	503 185	14 315
1890 年	178.052	1 099 850	6177
1900 年	189.517	1 698 575	8963
1910 年	190.204	2 185 283	11 489
1920 年	198.27	2 701 705	13 626
1930 年	207.204	3 376 438	16 295
1940 年	212.863	3 396,808	15 958
1950 年	227.63	3 620,962	15 907
1960 年	227.63	3 550 404	15 597
1970 年	227.63	3 369 357	14 802
1980 年	227.63	3 005 072	13 202
1990 年	227.63	2 783 726	12 229
2000 年	227.63	2 896 016	12 722
2010 年	227.63	2 695 598	11 842

来源：作者根据 2010 年美国人口普查数据整理

4.1.2　市区范围扩展

图 4.1 显示了芝加哥市在 1835—1960 年间与周边地区行政区划集并过程，其中 1851—1920 年是芝加哥周边广泛融入合并时期，经历了 1837 年建市、1848 年铁路与运河修筑、1871 年大火、1893 年哥伦比亚世界博览会、1929 年大萧条及郊区化、规模化、福特化大生产以及 1950 年代奥黑尔机场开通商航等重要节点，同时也是芝加哥工业化时代重大基础设施建设、城市发展和人口快速涌入增长的重要时期，是芝加哥城市发展的黄金时代。

4.1.3　城市职能演进

第 3 章将芝加哥产业发展过程归纳为农产品贸易加工阶段（1848 年前）、工业化阶段（1848—1968 年）、后工业化阶段（1968—2008 年）、再工业化阶段（2008 年至今）四个阶段。结合王旭[①]以交通方式对美国工业革命进程的划分（即海港时代、运河时代、铁路时代、公路时代、飞机时代、互联网时代），可以将芝加哥的城市职能发展分为以下 3 个阶段：

---
① 王旭. 美国城市发展模式：从城市化到大都市区化. 北京：清华大学出版社，2007:4.

第 4 章 芝加哥的城市转型

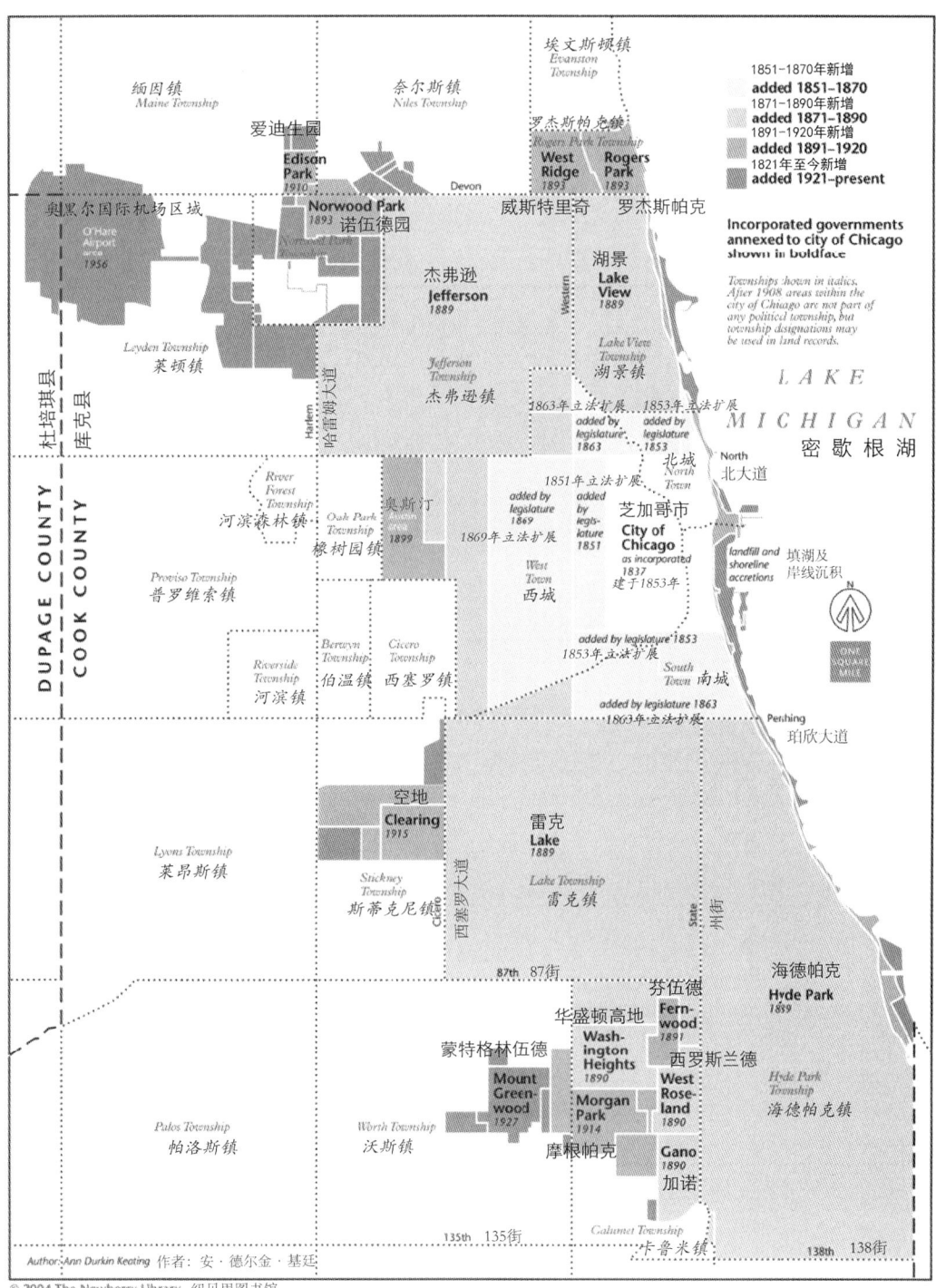

图 4.1 芝加哥行政区划集并过程图

原图作者注：

合并到芝加哥市的政府单位以粗体表示。

镇以斜体表示。

1908 年后芝加哥市的镇不再属于其他任何行政镇，但在土地记录中仍使用镇名称。

来源：作者根据 http://www.encyclopedia.chicagohistory.org/pages/3716.html 绘制

1．商贸中心城市

自 1837 年建市到 1850 年，芝加哥是以贸易流通为主的商业中心城市。1848 年，芝加哥第一条铁路建成通车，伊利诺伊—密歇根运河开通，奠定了芝加哥商业通衢的基础，同年，芝加哥商会（芝加哥期货交易所前身）成立，成为引领城市发展的商业组织。此阶段运河航运是芝加哥对外交通主要方式，是芝加哥的运河时代。

2．工业城市、工商业大都市

芝加哥自 1850 年代后进入铁路时代，1850—1970 年代，随着东部资金、人才的涌入，商业投机中地产投机占有很大比重，推动芝加哥的城市建设进入高潮。1871 年，芝加哥发生大火，大片中心区建筑成为焦土，是中心区重建和大量人口、资金涌入的契机。1889 年，周边地区用地的大规模集并和人口规模突破百万人，芝加哥用地和人口达到大都市规模。1893 年，芝加哥举办哥伦比亚世界博览会，是芝加哥工业实力的展示。同时，芝加哥进一步集聚力量，在工业结构上表现为向大机器生产和重化工业转化，在城市建设上表现为中心区的空间结构转型、城市功能转型提升。

19 世纪末、20 世纪初，工业化促成城市发展的巅峰，大机器工业的发展促成芝加哥商业金融体系的日渐成熟和完善。1872 年，芝加哥拥有 21 家联邦银行和 8 家州银行，1910 年成为仅次于纽约的第二大金融中心。19 世纪末，芝加哥已经形成高架铁路环绕的卢普（Loop）中心商业区和中央商务区，零售商业、办公、金融设施集聚。1885—1916 年，芝加哥又成为巨大的能源中心（发电中心）、国家电话网的重要组成部分、电话通信设备的主要生产中心以及邮政中心。

1909 年，《芝加哥规划》的编制和实施，是芝加哥城市转型发展的重要节点，瞄准大都市区域，确立中心区的功能定位。

随着 1920 年代汽车工业的大发展以及 1950 年代奥黑尔机场区域的并入，汽车、公路及航空促成两轮郊区化发展，人口郊区化带动郊区制造业和购物中心发展，中心区向专业化、专门化零售业和服务业发展。

芝加哥在过去几十年里人口的增长并不是仅靠日益增加的制造业提供的就业机会支撑，各式各样的服务业提供的就业机会也支撑着城市的人口，如交通业、贸易、公共服务、家政个人服务等，是一个综合性就业中心。[1]

这一阶段，由于铁路和电话的发展，芝加哥郊区及大都市区的工业卫星城、公司镇开始发展，如普尔曼镇、绿岛镇，以及以芝加哥为中心 35 英里范围内的加里、沃基根、埃尔金、奥罗拉、乔利埃特、芝加哥高地等工业城市（表 4.2）。

---

[1] 霍伊特. 房地产周期百年史:1830—1933 年芝加哥城市发展与土地价值. 贾祖国，译. 北京：经济科学出版社，2017:166.

表 4.2　　　　　　芝加哥地区 1947 年、1982 年、1992 年制造业就业及比例

地区	1947 年		1982 年		1992 年	
	就业数（人）	比例	就业数（人）	比例	就业数（人）	比例
芝加哥市	668 000	78%	277 000	37%	187 000	31%
郊区：库克县	121 000	14%	279 000	37%	235 400	39%
周边县	64 000	8%	189 000	26%	185 200	30%
合计	853 000	100%	745 000	100%	607 600	100%

来源：沙森.全球城市：纽约、伦敦、东京.周振华，等，译.上海：上海社会科学院出版社，2005.

3．全球城市

自 1970 年代至今，在重化工业衰败和工业郊区化的同时，芝加哥服务于全球市场的商贸物流、金融设施及文化教育设施使其保持了全球化服务功能和全球城市地位。

芝加哥城市职能从贸易、工业与金融、交通枢纽、综合功能的大都市，发展为拥有完善的服务业、制造业、货运物流业的美国第三大全球城市。

随着 1970 年代芝加哥一系列大型制造企业的关闭，芝加哥市及郊区就业岗位急剧减少，和美国整体经济环境同步，1980 年代是服务业转型发展的时期，随着生产的全球化转移，依托通信网络和数字技术的全球生产管理、控制和服务向具有国际贸易和金融基础、制造业基础的全球城市转移，按照丝奇雅·沙森[①]以及珍妮特·阿布 - 卢格霍德（Janet L. Abu-Lughod）[②]的研究，1980—1990 年代，虽然面临着公司总部的郊区化和外迁，芝加哥服务业也得到快速发展，以农工为服务对象的期货交易所以及以强大的商品贸易为基础的商品交易所通过扩展国际货币业务、国际商品进出口贸易等，1990 年代芝加哥期货交易所实际交易数量和交易市值都有明显增长，这是比全球市场份额更为重要的指标，对城市经济具有乘数效应，占据了专业金融中心的地位。同时，芝加哥外贸公司的高度纵向一体化和专业服务的内部化，使芝加哥形成不同于纽约面向世界市场的独特的生产者服务业[③]。从相关统计数据来看，1980—2000 年，芝加哥生产性服务业也出现快速发展，如 1990 年代芝加哥人力供应服务、计算机及数据处理、管理及公共关系等部门具有超过纽约的较高的增长率，广告业、建筑服务、研发和测试服务等与纽约一样具有极高的区位商。1988—2000 年，芝加哥有外国分部的法律公司成倍增多，1985—1996 年，芝加哥商务服务和信息产业就业总数比例有较大提高，纽约却都有下降。从 1950 年代开始，芝加哥一直注重市区工业的保留发展，与独特的生产性服务业门类相得益彰（表 4.3—表 4.9）。

---

① 沙森.全球城市：纽约、伦敦、东京.周振华，等，译.上海：上海社会科学院出版社，2005.
② ABU-LUGHOD L J. New York, Chicago, Los Angeles: America's Global Cities. Minneapolis: University of Minnesota Press, 1999.
③ 卡斯特.网络社会的崛起.夏铸九，王志弘，等，译.北京：社会科学文献出版社，2003.

表4.3　美国主要城市的生产者服务占美国就业比重（1977—1997年）

城市	1977年	1985年	1993年	1997年
纽约	8.3%	7.2%	4.4%	4.2%
洛杉矶	4.6%	4.6%	4.0%	3.7%
芝加哥	4.2%	4.6%	3.2%	3.1%
休斯敦	1.7%	3.5%	1.7%	1.5%
底特律	1.0%	0.8%	0.6%	0.6%
波士顿	1.2%	1.2%	0.9%	0.9%
美国生产者服务工作总数（人）	9 804 104	12 328 104	15 785 687	17 630 321

来源：沙森.全球城市：纽约、伦敦、东京.周振华，等，译.上海：上海社会科学院出版社，2005.

表4.4　纽约市、洛杉矶和芝加哥商务服务和工程／管理服务区位商（1993年、1997年）

部门	纽约市		洛杉矶		芝加哥	
	1993年	1997年	1993年	1997年	1993年	1997年
广告	5.1	4.9	1.5	1.6	3.6	2.9
信用报告及收集	0.4	0.7	1.0	0.8	2.0	2.4
邮寄、复印及速记	2.3	2.1	1.7	1.6	2.1	2.2
建筑服务	1.5	1.1	0.8	0.8	1.5	1.6
人力供应服务	0.8	0.8	1.2	1.3	1.4	1.6
计算机及数据处理	0.8	0.9	1.0	0.9	1.6	1.8
商务服务	1.5	1.4	1.5	1.5	1.9	1.8
研究和测试	1.3	1.1	1.1	1.2	1.8	2.0
管理及公共关系	1.6	1.5	1.2	0.9	1.9	2.1

注：纽约市包括王后县、国王县、布朗克斯县、里士满县和纽约。
来源：沙森.全球城市：纽约、伦敦、东京.周振华，等，译.上海：上海社会科学院出版社，2005.

表4.5　曼哈顿、洛杉矶和芝加哥拥有外国分部的法律公司数（1988年、2000年）

城市	法律公司数（个）		有外国分部的公司数（个）		占比	
	1988年	2000年	1988年	2000年	1988年	2000年
曼哈顿	1147	2425	78	100	6.8%	4.1%
洛杉矶	765	1597	39	45	5.1%	2.8%
芝加哥	567	1028	11	43	1.9%	4.2%
总数	2479	5050	128	188	—	—

来源：沙森.全球城市：纽约、伦敦、东京.周振华，等，译.上海：上海社会科学院出版社，2005.

表 4.6　　　　　纽约和芝加哥部分行业的就业百分比（1981—1996 年）

行业	纽约			芝加哥		
	1981 年	1985 年	1996 年	1981 年	1985 年	1996 年
制造业	16.0%	14.0%	8.1%	28.4%	20.9%	17.6%
运输、通信和公用设施	6.5%	6.5%	6.2%	5.4%	5.8%	7.0%
金融、保险和房地产	11.5%	12.4%	23.2%	6.1%	7.4%	10.3%
服务业	23.3%	26.5%	43.5%	21.2%	24.6%	37.1%

来源：沙森.全球城市：纽约、伦敦、东京.周振华，等，译.上海：上海社会科学院出版社，2005.

表 4.7　　　　　纽约和芝加哥的生产者服务就业增长率（1977—1996 年）

行业	1977—1985 年		1985—1987 年		1993—1996 年	
	纽约	芝加哥	纽约	芝加哥	纽约	芝加哥
银行	15.4%	11.9%	5.6%	−0.2%	−20.1%	−3.9%
征信机构	49.3%	25.4%	9.4%	5.1%	0.4%	−7.7%
证券和商品经纪人	73.0%	74.0%	33.1%	12.8%	25.4%	14.5%
保险公司	−9.0%	−11.5%	−1.6%	3.9%	17.1%	−11.1%
保险代理商、经纪人和服务	33.5%	15.0%	0.1%	15.8%	−0.6%	12.6%
房地产	7.6%	3.7%	3.7%	14.4%	3.9%	6.1%
控股及其他投资机构	−8.6%	77.0%	4.0%	7.0%	36.4%	−4.8%
商务服务	47.0%	51.3%	8.3%	-5.6%	9.3%	17.9%
法律服务	58.7%	67.5%	14.6%	17.9%	−2.6%	1.9%
会员制机构	4.7%	4.3%	8.6%	3.2%	−6.1%	2.1%
其他	38.6%	32.9%	14.4%	10.4%	254.5%	20.3%

来源：沙森.全球城市：纽约、伦敦、东京.周振华，等，译.上海：上海社会科学院出版社，2005.

表 4.8　美国和纽约市、洛杉矶、芝加哥的信息产业就业占总就业数百分比（1985 年、1996 年）

行业	芝加哥		洛杉矶		纽约市		美国	
	1985 年	1996 年	1985 年	1996 年	1985 年	1996 年	1985 年	1996 年
通信	1.5%	1.4%	1.9%	1.2%	2.4%	1.6%	1.6%	1.3%
金融、保险和房地产	10.2%	10.3%	8.0%	7.1%	17.3%	14.5%	7.4%	7.0%
商务服务	7.4%	9.3%	6.8%	8.6%	9.4%	7.1%	15.3%	7.1%
法律服务	1.2%	1.5%	1.1%	1.3%	1.9%	2.1%	0.8%	0.9%
工程管理服务	—	3.7%	—	3.9%	—	3.3%	—	2.9%
信息产业总数	20.3%	26.1%	17.8%	22.2%	31.0%	28.5%	25.1%	19.3%

注：通信包括邮政、电报通信、收音机和电视广播以及数字通信服务；纽约市包括王后县、国王县、布朗克斯县、里士满县和纽约。
来源：沙森.全球城市：纽约、伦敦、东京.周振华，等，译.上海：上海社会科学院出版社，2005.

表4.9 纽约市、洛杉矶和芝加哥的金融、保险和房地产和其他特定服务业的区位商(1985年、1996年)

	1985年		1996年	
	金融、保险和房地产	其他服务业（通信、商务/法律服务）	金融、保险和房地产	其他服务业（通信、商务/法律/工程管理服务）
纽约市	2.334	1.783	2.055	1.146
洛杉矶	1.084	1.266	1.005	1.227
芝加哥	1.380	1.307	1.460	1.286

注：纽约市包括王后县、国王县、布朗克斯县、里士满县和纽约。
来源：沙森. 全球城市：纽约、伦敦、东京. 周振华，等，译. 上海：上海社会科学院出版社，2005.

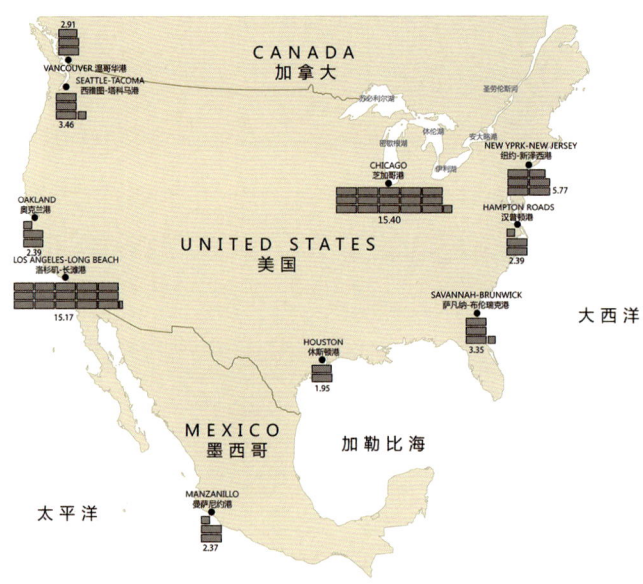

图4.2 2014年北美各大港口货运量示意图（单位：百万标箱）
来源：作者根据《芝加哥大都市区2050区域总体规划》绘制

1970年代，芝加哥商业交易所成为国际货币市场，芝加哥卡鲁米港口是美国出口货运量最大的港口之一，是唯一连接五大湖和密西西比河流域并通过圣劳伦斯河直达入海的港口，也是最繁忙的北美港口，奥黑尔国际机场是中西部对外进出口口岸机场，也是美国最大、增长最快的航空货运枢纽之一，有25%货运铁路和5%多式联运铁路穿过芝加哥大都市区（图4.2）。

芝加哥大都市区作为全美最大的工业地产市场之一，大约11亿平方英尺（约1亿平方米）[①]的工业地产支持着货运和制造业活动，制造业、建筑业和零售批发贸易等需要频繁转运的行业，贡献了芝加哥大都市区1/4的就业岗位、1150亿美元/年的收入。芝加哥参与全球贸易的产业以高附加值商品为主，如家具、皮制品、器具、电气机械、交通运输设

---

① 1平方英尺约为0.09平方米，以下均按此换算，不再给出公制单位换算。

备、工业设备、计算机与电子产品。区域内的产业则以中间产品为主，如食品、饮料、打印、化学品、金属构件、塑料和橡胶等较低附加值商品。

4.2 综合交通系统引导下的城市发展

芝加哥因水运转运中心而建立，以联系美国东部、西部及中西部周边地区的综合铁路枢纽而成为中西部大都市，以六大国际航空中心之一的奥黑尔国际机场成为全球城市。超前谋划的运河、铁路（包括高架铁路）、港口及机场，不仅引导市场力进行城市功能空间位移、转型，而且以货运网络的方式保证客货流通、财富增长，凝练成货运集群及货运—制造业枢纽模式，芝加哥交通与城市发展、与产业的相互支撑关系得到充分利用和展现。本节包括综合交通系统构成、交通系统演化、交通与城市三个方面。

4.2.1 综合交通系统构成

芝加哥大都市地区的交通方式包括铁路、公路、航空、水运等综合性交通方式。芝加哥是美洲大陆西部和东部铁路的主要交会点，该地区也是美国最大、发展最快的航空货运中心之一，是五大湖和密西西比河流域之间唯一的直接海上交通枢纽，承担着重要的货运流通功能。据统计，全美大约 25% 的货运列车和 50% 的多式联运列车都要经过芝加哥大都市区。在伊利诺伊州的州际公路上，每 7 辆车中就有 1 辆是卡车，而芝加哥市区每天要运送 3 万多辆卡车。

铁路。芝加哥大都市区内铁路总长 3900 英里，包括 10 条放射状线路、1 条环形铁路，其中有 12 条通勤客运线路、72 个铁路货运站场和 18 座多式联运货站。

公路。芝加哥地区公路系统包括国家公路系统（NHS），由州际公路和其他主要路线组成。芝加哥大都市地区的公路系统呈"环状""放射""网络"结合的形态。环形包括环湖和环中心区，环湖即环密歇根湖的公路，连通威斯康星州、伊利诺伊州和印第安纳州，如 94 号州际高速公路、41 号伊利诺伊州高速公路；放射，即从芝加哥向西辐射的公路干线，如 290 号、90 号、55 号、88 号高速公路；网络，即都市区内城市（镇）之间相互连通的公路网络，如伊利诺伊州 59 号、355 号、43 号、20 号、21 号等高速公路。

空运。包括奥黑尔国际机场、中途国际机场。根据联邦航空局 2015 年的数据，奥黑尔国际机场是全美第四繁忙的航空货运中心和国际空港，仅次于孟菲斯国际机场、安克雷奇国际机场和路易斯维尔国际机场。

水运。芝加哥地区水运系统是一个总长约 100 英里的战略性交通通道，连接密西西比河水系、墨西哥湾和五大湖区，由芝加哥河主河道和北支流、芝加哥河南支流及其分支泡沫河、芝加哥卫生和船运运河、卡鲁米河、卡鲁米湖、小卡鲁米河和卡鲁米—赛格运河等河道构成。芝加哥港口包括芝加哥港和卡鲁米港，卡鲁米港是美国中西部通向圣劳伦斯海道的唯一出口。据统计，2007 年在大芝加哥地区，水路系统只运载了总货运吨位的 5%。但芝加哥水运仍然发挥着重要作用，对长距离、大吨位、价值较低、时间敏感性低的货物运输具有吸引力。

芝加哥地区多式联运系统。包括铁路线路（不同承运人）之间的转换、铁路与公路的转换、航空与公路和铁路的转换、水路与铁路和公路的转换。芝加哥是全美最为重要的铁路、公路、港口和航空枢纽之一，伊利诺伊州东北部拥有广泛的多式联运货运设施网络，它们往往聚集在该地区的核心地带即芝加哥市、库克县以及威尔县，在库克县和威尔县的多式联运中心之间有许多连接，并支持主要的工业区，为货物运输提供多种选择途径。[①]

4.2.2 综合交通系统演化

1．交通系统整体发展

1）铁路

1848 年，芝加哥第一条铁路即格林纳至芝加哥的联合铁路（又名芝加哥西北铁路）建成，开启芝加哥铁路建设高潮。此后芝加哥铁路发展集中在三个时期即 1848—1860 年代、1880—1890 年代、1890—1950 年代。1950 年代，芝加哥成为美国重要的铁路枢纽城市，是美国铁路货运业最重要的中心城市之一，有 21 家铁路公司，市内有 37 条铁路接入（表 4.10、图 4.3）。

表 4.10　　　　　　　　　　　芝加哥自 1848 年铁路建设情况表

线路名称	线路缩写	线路英文名称	建设时间
加州圣塔菲铁路	AT&SF	Atchison, Topeka&Santa Fe Ry	1888 年
巴尔的摩—俄亥俄铁路	B&O	Baltimore&Ohio RR	1874 年
芝加哥—东伊利诺伊线	C&EI	Chicago & Eastern Illinois RR	1871 年
西北铁路	C&NW	Chicago & North Western Ry	1848—1854—1904 年
切萨皮克—俄亥俄铁路	C&O	Chesapeake & Ohio RR	1907 年
芝加哥—伯灵顿—昆西铁路	CB&Q	Chicago Burlington & Quincy RR	1850—1864 年
城际通勤铁路	CA&E	Chicago Aurora & Elgin RR	1895 年后
芝加哥大西部铁路	CGW	CHICAGO Great Western Ry	1887 年
密尔沃基铁路	CMStP&P	Chicago, Milwaukee, St.Paul & Pacific RR	1872—1873—1900—1905—1907 年
北向城际通勤铁路	CNS&M	Chicago, North Shore & Milwaukee RR	1895 年后
南向城际通勤铁路	CSS&SB	Chicago, South Shore & South Bend Ry	1895 年后

---

① CMAP. Regional Strategic Freight Direction[2021-11-21]. https://www.cmap.illinois.gov/documents/10180/826017/FINAL+Regional+Strategic+Freight+Direction+with+cover_2-6-18.pdf/88a957e1-249b-4b54-d093-f53b144ee102: 5-9.

续表

线路名称	线路缩写	线路英文名称	建设时间
环线铁路	EJ&E	Elgin, Joliet & Eastern Ry	1890 年
伊利线	Erie	Erie RR	1883 年
墨西哥湾—俄亥俄铁路	GM&O	Gulf, Mobile & Ohio RR	1857 年
格兰德铁路	GTW	Grand Trunk Western RR	1880 年
伊利诺伊中央铁路（西向城际通勤铁路）	IC	Illinois Central System	1852—1888 年
芝加哥—印第安纳—路易斯维尔线	Monon	Chicago, Indianapolis and Louisville Ry (Monon Line)	1882 年
镍板铁路	NKP	New York, Chicago & St. Louis RR (Nickel Plate ROAD)	1882 年
联合铁路	NYC	New York City, Cleveland/Detroit	1852—1906 年
宾夕法尼亚铁路	PRR	Pennsylvannia Rail Road	1858—1866 年
苏线铁路	Soo Line	Minneapolis, St. Paul & Sault Ste.Marie Ry	1886 年
瓦巴什铁路	Wabash	Wabash RR	1886 年

来源：作者根据图 4.3 整理

（1）1848—1860 年代

随着西北铁路的建成以及中心区联合车站（Union Station）的建设，中心区跨过芝加哥河向西部发展，包括制造业区、工人住宅区和高档住宅区。1848 年、1851 年开通 4 条电报线路，克拉克大街与湖街的十字路口成为电报中心。

1850 年代，芝加哥开始成为铁路交通中心，主要加强与东部纽约、匹兹堡、底特律、克利夫兰、巴尔的摩等城市的联系（PRR, NYC, GM&O, B&O），以及与南部新奥尔良、圣路易斯，与西部堪萨斯、丹佛（CB&Q），与北部密尔沃基、麦迪逊等（CMS, P&P）的铁路联系，联系芝加哥周边城镇的伊利诺伊中央铁路（IC）开始建设。

（2）1880—1890 年代

1880—1882 年有 7 条通向东部的铁路干线由芝加哥南部进入城内，中心商业区 4 条铁路为中转提供了便利，分别是格兰德铁路（GTW）、芝加哥—东伊利诺伊线（C&EI）、芝加哥—印第安纳—路易斯维尔线（Monon）、伊利线（Erie），这些新干线穿过南部卡鲁米地区，与其他三条主干线连接在一起，构成了 1880—1882 年的 7 条主干线，并在卢普南部地区建设大规模铁路站场，建起迪尔伯恩车站、大中央车站（Grand Central Station）、伊利诺伊中央站（Illinois Central Station）、拉舍尔街车站（Lasalle Street Station）4 个车站。铁路及站场建设引发卢普南部地区的开发热潮，卢普区内铁路站点的建设吸引芝加哥期货交

产业与城市：芝加哥的转型发展

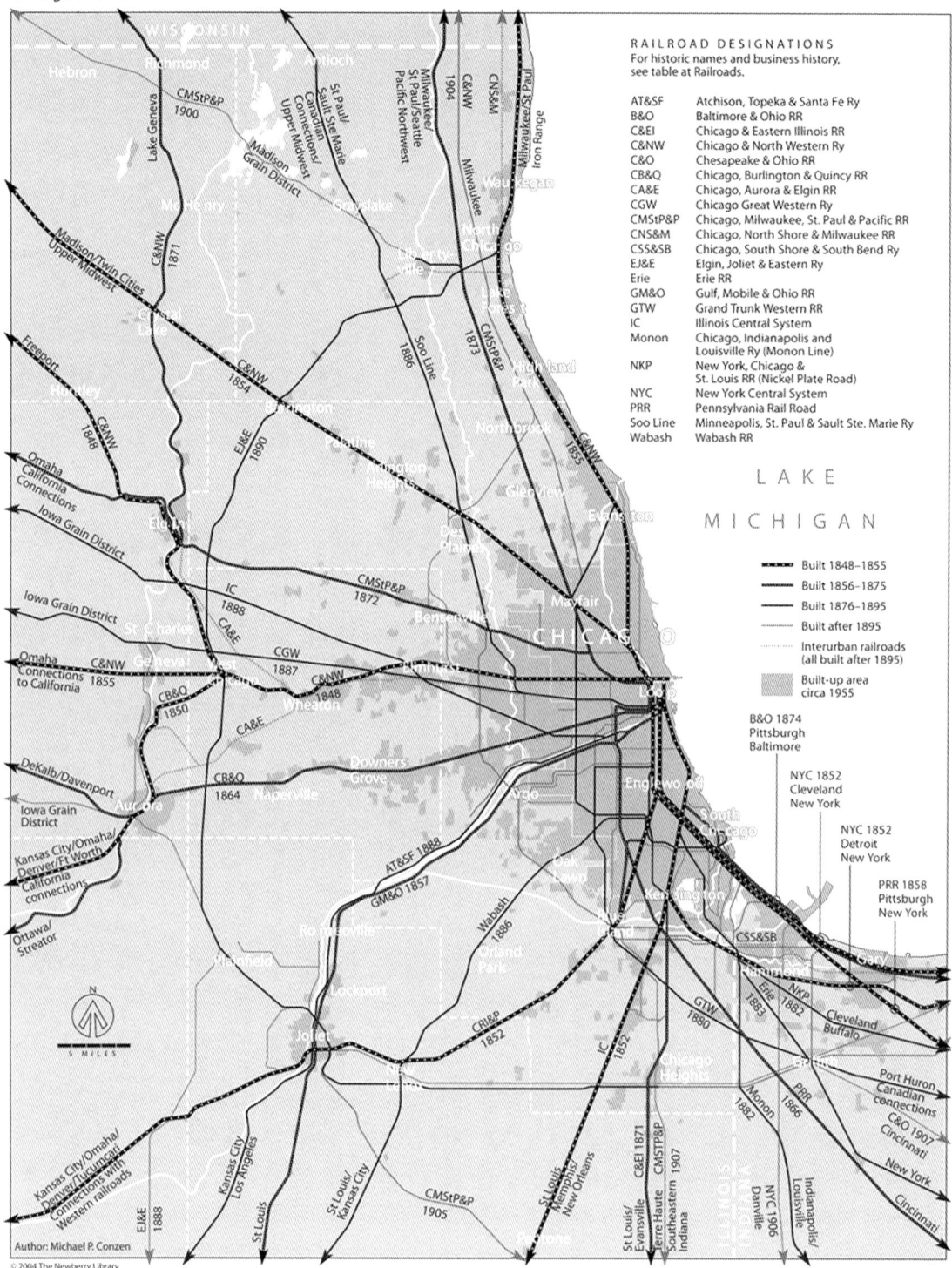

图 4.3　1950 年芝加哥铁路系统图
来源：芝加哥历史博物馆网站 https://idhh.dp.la/item/07c832f1f5f7d9677326dcde7955dbb5?type=%22image%22&subject=%22Railroads%22

易所以及其他公司南移,办公楼集聚,形成中央商务区,周边形成印刷工业区。铁路公司同时也是土地所有者,铁路带动沿线开发,推动钢铁产业发展。1870年代,南部港口开通,卢普南部面向东部的通勤铁路、郊区铁路开通,南部成为湖运铁矿和伊利诺伊煤铁路运输的集散中心,并吸引2座大型轧钢厂于1880年在芝加哥南部定址,形成以卡鲁米湖为中心的城镇、钢铁产业集群,同时在南部建起高档住宅区、工人住宅区。1880年,普尔曼镇在卡鲁米湖西侧落定,配备煤气厂、水厂、污水处理厂。1890年代,在芝加哥南部形成中国城。南部大工业也促成南部财富大集聚,在草原大道集聚博览会、博物馆群、系列优质医院、大学等。1888年,至加州圣塔菲铁路(AT&SF)建成,加强了中西部之间的交通联系。

(3)1890—1950年代

这一阶段的铁路建设,一方面加强与纽约等东部城市,以及与加州等西部地区的联系;另一方面重点加强大都市区城市之间的通勤和货运联系,如环线铁路、高架铁路建设等。

EL&E环线铁路(Elgin, Joliet and Eastern Railway Company)是1890年伊利诺伊州和印第安纳州一些小型铁路公司经过多次兼并与重组而组建的一家二级铁路公司,北起北部密歇根湖畔的沃齐甘,向西绕行至芒格(Munger),西南到乔利埃特,向南经盖里到密歇根湖南岸,是陆上包围芝加哥的低运量货运铁路,长317公里,为两州的钢铁、制造、煤炭、化工、物流配送和废物回收等企业提供货运服务,原属于美国钢铁公司,主要功能定位为为相关制造业提供货运服务的区域性铁路。与所有进入芝加哥都市区的铁路线都衔接,与其他铁路的转运十分方便。[1]

(4)1950年代后

铁路逐渐被公路和汽车取代,铁路站场开始闲置,1969—1970年,卢普中心区南端的车站关闭,导致围绕车站的商业受到打击,围绕迪尔伯恩车站的印刷业随着铁路产业的衰败以及新的印刷技术出现而搬迁。

由于芝加哥大都市区铁路网密集,铁路之间、铁路与公路之间平交道口多,由此带来交通效率低下、环境污染、经济效益受损等众多负面影响。2000年,美国联邦运输部成立一个特别工作组,组织美国6家一级铁路公司、国家铁路公司(Amtrak)、城市区域通勤铁路运营公司(Metra),以及伊利诺伊州与芝加哥市的代表共同研究相关对策,2003年6月16日制定并签署了《芝加哥地区环境与交通改善计划》(Chicago region environmental and transportation efficiency program,CREATE),包括以立体化方式减少铁路平面直接交叉以及对设施的现代化改造。该计划的效益表现在提高列车旅客服务质量、减少汽车延迟、增加公共交通安全、减少交通拥堵、缩短上下班通勤时间、改善空气质量、增加公共安全度等,最终带来更多的工作岗位和经济收入,减

---

[1] 详见:芝加哥历史博物馆网站 http://www.encyclopedia.chicagohistory.org/。

少铁路对环境和城市的负面影响。[①]

2）港口

作为转运点，芝加哥港直到1865年都是芝加哥地区最繁忙的港口之一。1889年在卡鲁米港口开始大量投入使用时，芝加哥河的货运量达到顶峰。1906年，卡鲁米港的交通量超过芝加哥地区其他河道的交通量，在1955年卡鲁米—赛格运河拓宽以及1959年圣劳伦斯海道开通后，卡鲁米港成为芝加哥地区的主要港口，并成为世界性内陆港口。[②]

芝加哥地区河道系统的基础设施状况对于芝加哥河道系统的利用及服务效率至关重要，包括闸口的延时、闸口大小、航道深度和宽度、净空高度等（图4.4）。相比公路和铁路运输，水道系统上的商业规模很小，并呈逐年衰落趋势，芝加哥河南北支流主要运输

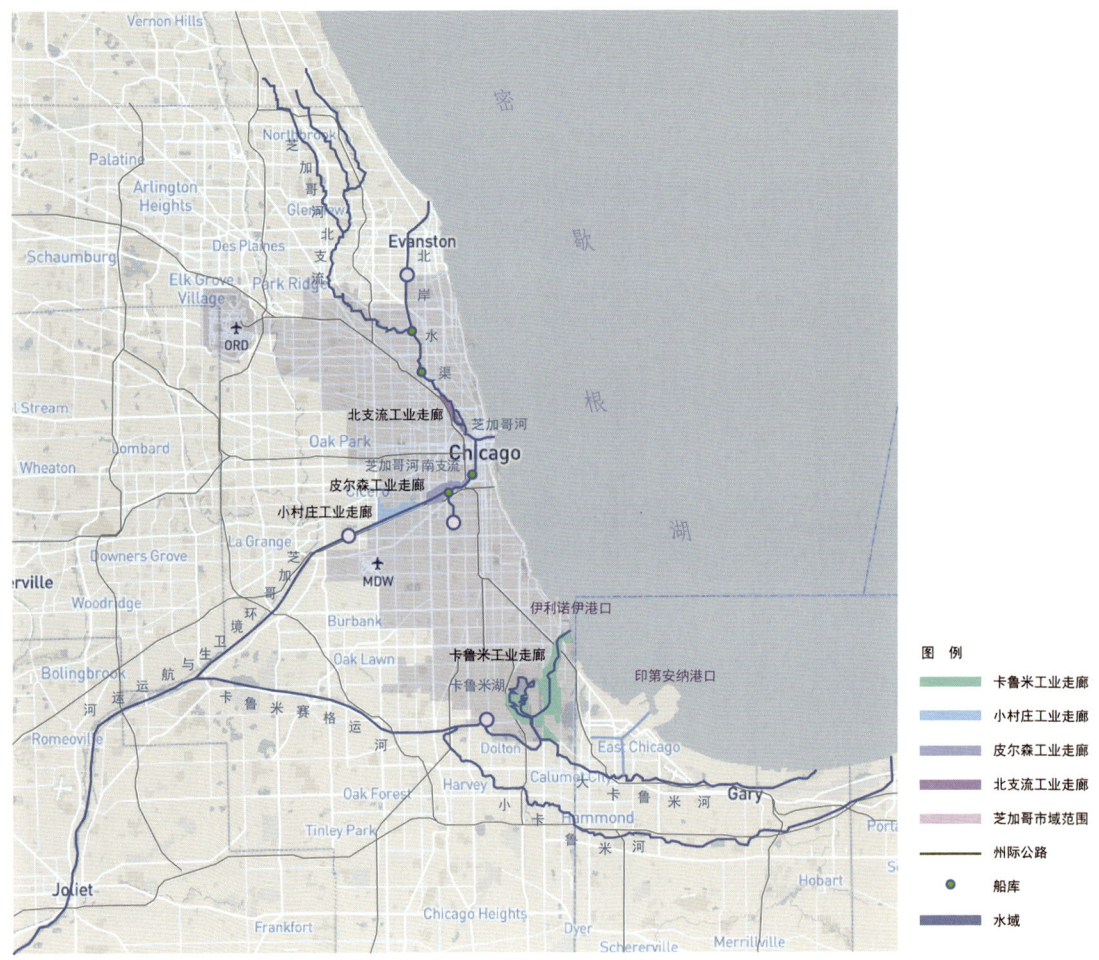

图 4.4　芝加哥地区水道系统图
来源：作者根据《芝加哥地区河道系统的工业用途研究》（Industrial Usage of Chicago Area Waterway System: Barge study）绘制

---

① 详见：芝加哥政府网站 https://www.chicago.gov/。
② 详见：芝加哥历史博物馆网站 http://www.encyclopedia.chicagohistory.org/。

建材、回收利用的金属材料等。主要利用了水运降低成本、减少公路交通量和卡车泄漏量的优势，1条驳船载重量相当于60—90辆卡车载重量。

1869年，由国会拨款在芝加哥南部建设港口，港口工程包括大卡鲁米河、小卡鲁米河等河道的取直与疏浚、河道与密歇根湖和伊利诺伊河的连通工程、位于连通大卡鲁米河与密歇根湖出口处的印第安纳港口运河等综合港口工程，是北美五大湖周边地区最重要的港口工程之一。

伊利诺伊国际港区是卡鲁米湖区域的土地所有者，土地原来是工业用途，拥有一些服务于货物运输的设施，如36孔的港口边高尔夫球场；直线长3000英尺的轮船驳船泊位；水深27英尺、面积11万平方英尺的中转棚，有卡车和铁轨直入。1890年代，该区域主要服务周边的钢铁和重型制造业，以及芝加哥期货交易所的实物贸易储存和运输。1970年代，钢铁工业和期货交易所发生改变，削弱了港区在货物运输和物流存储功能，卡鲁米湖区及周边地区的休闲、生态价值得到重视。[1]

3）公路

1943年，美国联邦政府敦促大城市制定第二次世界大战后现代公路系统的计划，1956年的州际公路法案催生了1950—1960年代期间芝加哥城际高速公路系统建设高潮，包括福特主教高速公路（Ford-Bishop Highway，1953—1956年）、埃登斯高速公路（Edens Highway，1951—1958年）、三州收费公路（Tri State Tollway，1953—1958年）、艾森豪威尔高速公路（Eisenhower Highway，1954—1960年）、东—西收费公路（East-West，1958—1972年）、肯尼迪高速公路（Kennedy Highway，1958—1960年）、丹瑞安高速公路（Dan Ryan Highway，1961—1962年）、史蒂文森高速公路（Stevenson Highway，1964—1966年）（图4.5—图4.7）。

4）航空

中途国际机场于1926年开始商业运营，1927年归入芝加哥市，1932—1961年是其最繁忙的时期，曾经设立芝加哥海关开通海外飞行业务。1961—1980年期间受到奥黑尔机场冲击，1980—1990年代恢复小飞机业务，是芝加哥交通枢纽的重要组成部分。

奥黑尔国际机场位于芝加哥卢普中心区西北23公里处，占地30.87平方公里，拥有217条全球直飞航线。最早是第二次世界大战期间道格拉斯公司飞机制造基地兼空军战时备用机场，选址考虑了利用丰富的铁路设施条件以及与中心区保持一定距离的防御要求。1945年，道格拉斯公司终止合约并迁回圣塔莫妮卡总部后，联邦空军继续在1950—1959年沿用奥黑尔机场作为战斗机基地。自1945年后，芝加哥市长紧邻空军基地购买土地用

---

[1] Chicago Department of Planning and Development. Industrial Usage of Chicago Area Waterway System.[2021-11-21]. https://www.chicago.gov/content/dam/city/depts/zlup/Planning_and_Policy/Publications/Chicago%20Industrial%20Corridors/Barge_Study_2015.pdf.

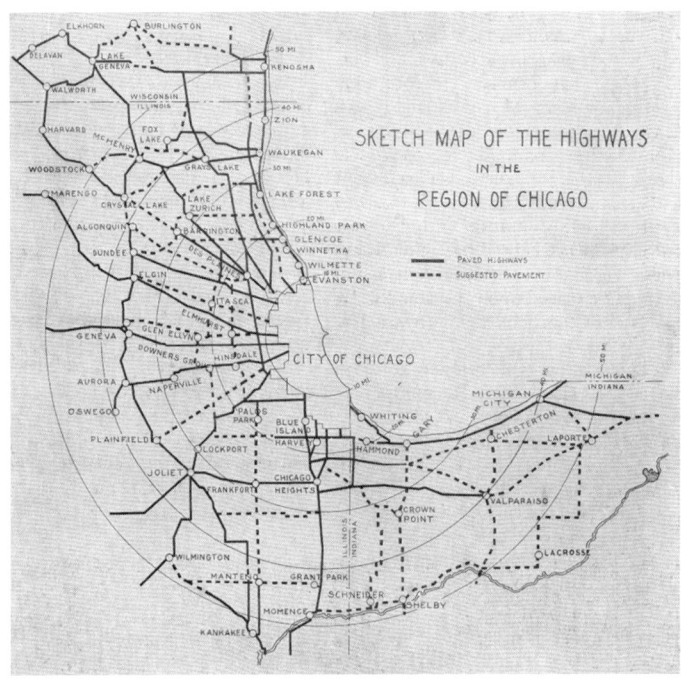

图 4.5　1926 年芝加哥地区公路草图
注：1926 年芝加哥区域规划协会发表的《芝加哥地区公路草图》建议高速公路的形态为轮辐模式，而不是格网模式。
来源：芝加哥历史博物馆网站 http://www.encyclopedia.chicagohistory.org

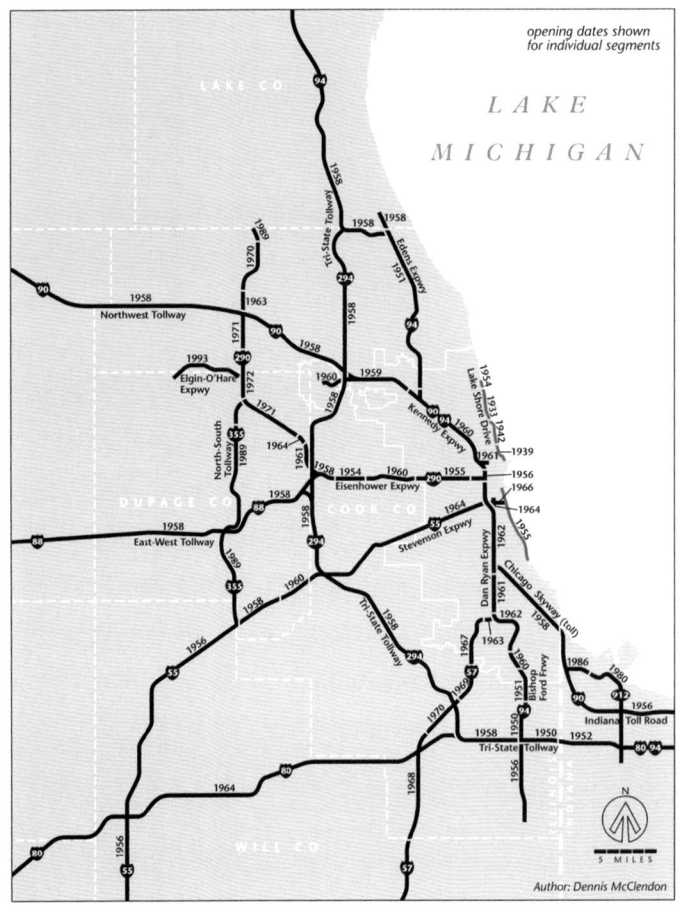

图 4.6　2003 年芝加哥地区高速公路图
来源：芝加哥历史博物馆网站 http://www.encyclopedia.chicagohistory.org

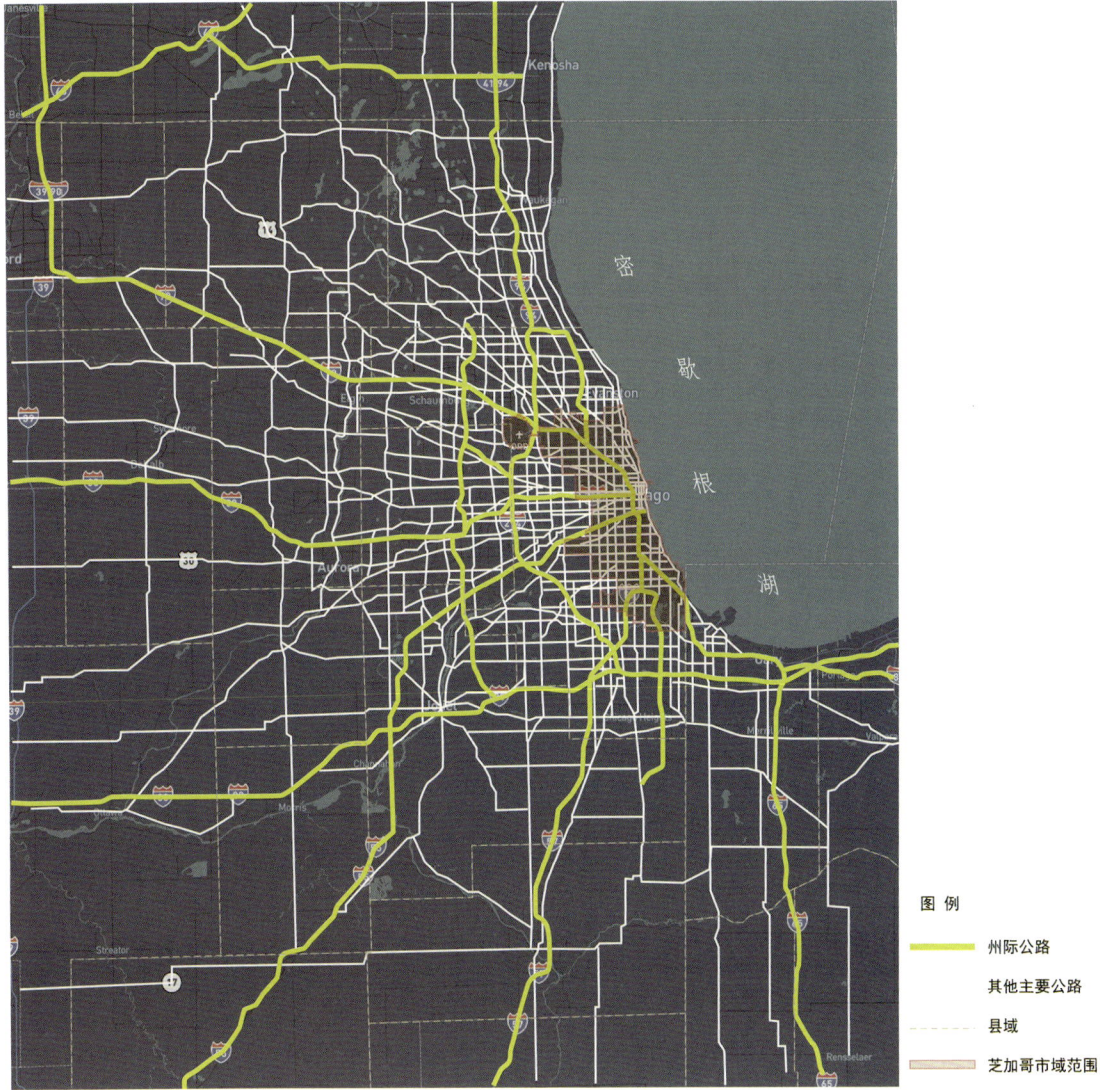

图 4.7　2018 年芝加哥地区高速公路网
来源：作者根据《芝加哥大都市区 2050 区域总体规划》绘制

于商用机场建设，机场设计将高速公路和轨道线接入航站楼，1955 年正式开始民用飞行，1958 年拥有世界第一架喷气式飞机，1960 年通向卢普区的肯尼迪高速公路建成。1962 年中途机场的大部分飞行量转移到奥黑尔机场。2017 年客运量达到 7980 万，货运量达到 190 万吨。

奥黑尔机场的开通民用航线，促进了环机场 15—20 分钟的公司镇的快速发展以及具有全球服务功能的生产者服务业的集聚。如 1970 年代，摩托罗拉、希尔斯、麦当劳、好事达、AC 尼尔森公司、美国无线服务运营商等公司搬到机场附近的香伯格镇。联系奥黑尔国际机场的肯尼迪高速公路两侧成为银行、保险公司、公司总部以及酒店等集聚的芝加哥西北黄金走廊。

芝加哥的国际大都市地位很大程度上是奥黑尔机场的功劳，过去20年在市中心工作的律师、顾问、商人、传媒工作者等供职于一些流动性很强的大公司，之所以选择芝加哥就是因为奥黑尔机场，如对于位于距奥黑尔国际机场20分钟车程的橡树溪美国汉堡大学的数千名麦当劳经理来说，奥黑尔机场的直航航班尤为重要。

2.《芝加哥规划》交通组织梳理

1909年，《芝加哥规划》编制之时芝加哥铁路几乎已经全部建成，汽车和航空等新的交通工具革命正蓄势待发，伯纳姆顺应潮流，一方面规划适于汽车交通的公路和城市路网系统，另一方面注意到1906—1907年汽车、飞机的出现对铁路造成一定冲击，呼吁发展汽车，也思考铁路系统如何快速反应。而经过铁路时代工业城市大发展后，人口、资金的大量涌入，城市处于混乱无序状态，是急需大变革的前夜。《芝加哥规划》中交通组织的主要方式包括：

1）梳理公路和城市路网系统

从区域层面，便捷周边地区对芝加哥中心城区的通达联系，以及城市（镇）之间点对点的直接联系，构成环形高速与辐射状高速共存的区域高速公路系统。在城市内部，疏通点对点联系，规划对角线道路。

2）构造货运系统

依托港口的大宗运输功能，构造芝加哥的货运系统，即"两个港口＋两条河流（芝加哥河、卡鲁米河）＋铁路隧道连接"的货运体系。

设立依托于铁路、运河的四个货运流通环路，围绕城市中心解决交通疏散问题，四个环相互迭生。区分为城市和为区域服务的货流，解决城市消费、销售和生产所需物资的进入以及产品和废物的运出。为城市服务的货流环路是内环，沿线设立货物分发站以及产品市场、主要邮局、邮政分局，含供水、下水、电力、电话、电报等公共设施；将为区域服务的货流拦截在城市中心以外。主要流通圈是密歇根大道、21街、埃希兰大道、芝加哥大道，以国会大道为中轴，国会大道与霍斯特德大道的交会处成为多个环线相切的交会点和疏散点，并规划设立市政中心（图4.8）。

同时，以货运转运点组织生产，形成货运经济空间模式，沿铁路、沿高速公路以及沿铁路、公路、河流或运河合一的交通廊道，并排布局制造业、仓库走廊，有利于货运快捷，降低商业成本。

3）组织客货枢纽规划

在运河街、克林顿街以及湖滨街和21街之间规划客运枢纽，即联合中心（Union Station），为了避免对地面街道的截断，联合中心设置于地下，并考虑在将来不再使用铁路后可以改作市场、商业店铺和仓库，以租金弥补道路营运的成本。在65街至73街、克莱斯勒村（Crysler Village）以南、现中途机场以南规划芝加哥货运中心。

市中心密歇根湖滨地带避开码头、港口，以休憩、娱乐为主，商业港口集中到卡鲁米港，为南部重工业提供运输，也减少芝加哥河船只通行引起的桥梁频繁开启次数。

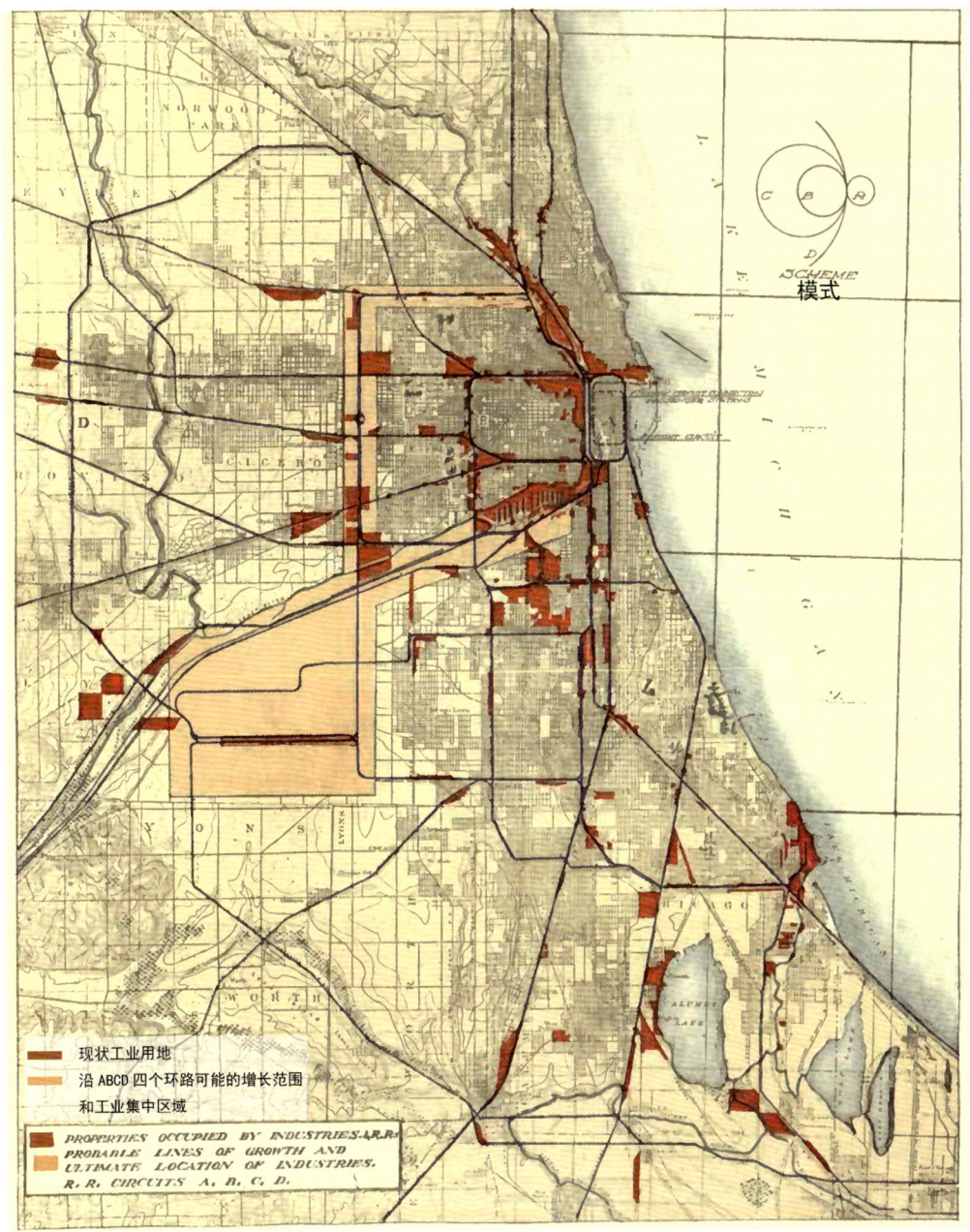

图 4.8 《芝加哥规划》货运环路图
来源：BURNHAM D H, BENNETT E H. Plan of Chicago. New York: Princeton Architectural Press, 1993.

《芝加哥规划》的实施对芝加哥城市形态格局产生了深远影响，以"环状+放射"的铁路和高速公路并行的交通走廊成为芝加哥大都市区城镇和经济发展走廊；道路格局成为城市格局基础延续至今，包括林荫道系统；以货运体系为基础的产业布局成为组织城市居住社区、形成城市社会结构的基础；公共设施、公园体系、广场系统以及与交通廊道并行的绿化、生态廊道构成芝加哥公共设施及休闲体系、景观体系的基础，逐步付诸实施（图 4.9）。

图 4.9 《芝加哥规划》环状-放射路网示意图
注：红色粗线为市区范围，蓝色为河流和其他水道，除虚线外的主干道为现状道路。
来源：BURNHAM D H, BENNETT E H. Plan of Chicago. New York: Princeton Architectural Press, 1993.

3．城市立体交通

芝加哥立体交通系统由地面、地下及架空交通系统构成，表现在立体铁路系统，即地下铁路隧道、地面铁路、高架铁路；立体步行系统，即地面步行、地下步行系统；客货立体分离系统，即地下货运、地面客运，如密歇根大道双层大桥中地面为商业步行、娱乐和零售交通，地下层为商业企业货运和穿过式货运。

在《芝加哥规划》中，为了有效组织客货交通，同时避免过大的交通噪声、粉尘污染以及燃料污染、货物运输等物质污染和不雅的景观造成的视觉和其他感官刺激，规划地面与地下铁路、公路以及客、货交通的一体化，尤其是地下铁路隧道系统与路面道路相配合，直达建筑底部，具有快捷、分流、隐蔽的作用。芝加哥的街道体系也是以铁路和轨道系统为依托，呈环状和辐射状。芝加哥城市核心以铁路环线围合，即密歇根大道、运河街、十六街、肯真街。沿着这一环线规划了一个地下铁路环线，分别解决客货交通，客运交通沿第12街即罗斯福路和华盛顿街。1903年修建中心区地下64英里隧道，解决货物进入和垃圾转运排放问题。

1）芝加哥的隧道系统[①]

芝加哥隧道系统具有多重用途，如供水隧道（Water Tunnel）、过河隧道（River Tunnel）、货运隧道（Freight Tunnel）、地铁隧道（Subway Tunnel）以及地下排水隧道（Deep Tunnel）。

供水隧道。最早的隧道系统是用于从密歇根湖取水至芝加哥大道的泵站和水塔，以及至瑟马克/阿什兰的泵站，现存有65英里的供水隧道，隧道直径约5英尺。

过河隧道。联系卢普区与北部和西部，避免桥梁频繁开启，位于河床下18英尺。如1844年开始讨论建设，1869年建成通向西部的华盛顿隧道，1954年关闭；1869—1871年开通通向北部的拉舍尔街隧道，供行人和私人交通工具使用，1939年关闭；1891—1892年在范布伦街以北街道开通的街道铁路隧道，1924年关闭；1911—1912年电气街车隧道在原隧道下更深处开挖。

货运隧道。中心区大多数街道下的货运隧道网连接火车站货场、百货大楼、办公楼等，1899年成为电话电缆隧道，1900年开通窄轨（2英尺）电气铁路，1906年开通货运服务，1909年完成60英里的网络。1930年代由于货运卡车的出现，加上1939年地铁建设截断部分货运隧道，办公楼采用卡车运煤和用天然气，货运隧道于1959年7月废弃，现在某些隧道用于市政设施和通信线路。

地铁隧道。在街面下43英尺，1938年开挖直到1951年完成。

地下排水隧道。包括隧道和地下水库。1975年开建，位于地下350英尺，主要为污水和暴雨排水系统，2015年建成。

2）芝加哥中心区步行系统

芝加哥中心区步行系统的建设始于1951年，当时是联系中心区位于华盛顿街和杰克逊大道的地铁站厅层的地下人行通道（图4.10中的红线和蓝线），现在是包括地下通道、地面步行道和高架步行桥的立体、连续的步行系统，联系中心区50多栋建筑、40多个街区，总长约5英里，将地铁站点、商业及办公设施、酒店、公园、文化设施用步行通道贯通，也连接了少量公寓楼（图4.10）。

[①] 根据芝加哥历史博物馆资料整理，详见：芝加哥历史博物馆网站 http://www.encyclopedia.chicagohistory.org/。

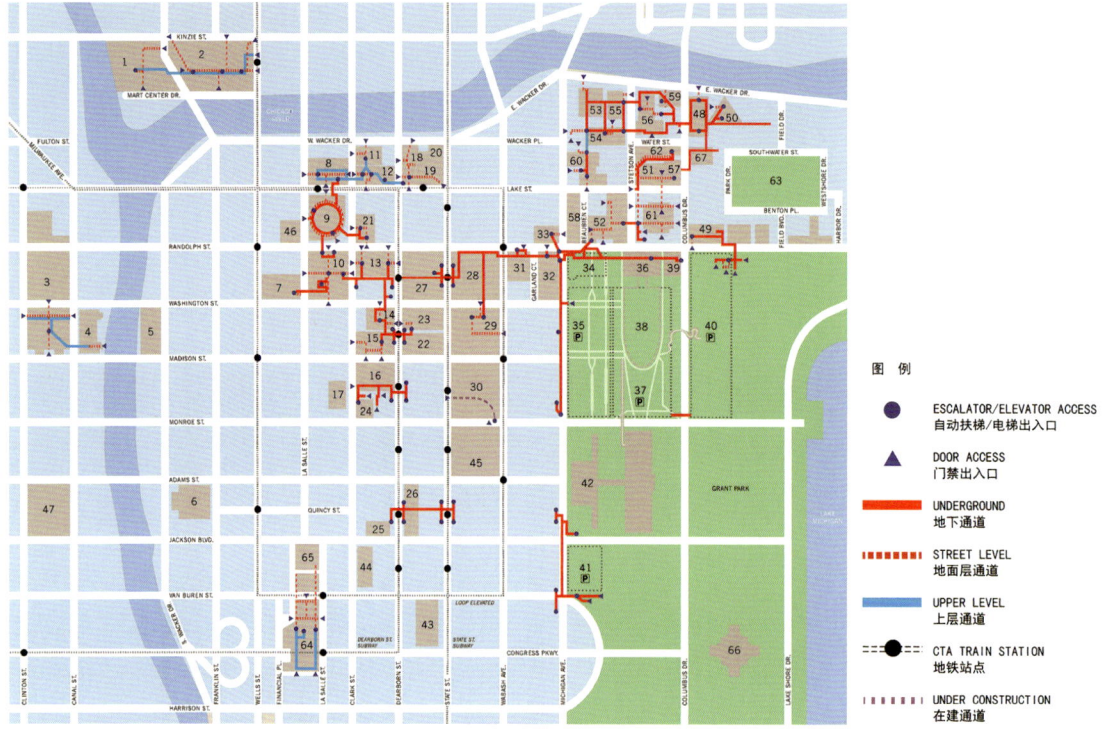

图 4.10　芝加哥中心区步行系统分布图
来源：芝加哥政府网站 https://www.chicago.gov/

4.2.3　交通引导下的城市发展

交通与城市的交互发展表现在交通与城市形态、土地利用及城市兴衰三个方面，交通是城市区域的血脉，交通设施的建设代表空间开发的方向，引导人、财、物、信息的流通和集聚。

1．交通引导城市形态

交通发展及交通方式变革带来郊区化、卫星城、花园城市、工业走廊、技术走廊、财富走廊、经济走廊、航空大都市、工商业大都市的出现以及方格网、放射、对称、对角、轴线廊道等交通形态和交通集聚形态的出现，是城市区域景观形态的根本因素。

芝加哥最早的居民点位于芝加哥河与密歇根湖入湖口附近，沿河两岸集聚店铺。1848年之前，芝加哥的交通方式主要是河流和湖泊的水上汽船交通和木板路的马车交通，将中西部的农产品如谷物、小麦、玉米以及伊利诺伊州的煤与东部的工业品、盐以及密歇根州的木材进行交换。为了增强与密西西比河的联系，开凿伊利诺伊—密歇根运河，建设第一条芝加哥至格利纳的铁路，并在 1850—1900 年代密集修建连通东、西部以及通向中西部圣路易斯、密尔沃基、密歇根州和芝加哥郊区的铁路，1866 年连通美国东西海岸的太平洋铁路贯通。同时，跨越芝加哥河修建北、西、南三条高架铁路，并在中心区汇成高架铁路，利用芝加哥中心区高程特点建设铁路隧道，构成立体交通形态。汽车时代的方格网式道路网填补了铁路跨越式郊区化扩张的间隙，也成为铁路衰退时代地区改造的典型特征，如卢普南部地区。1910年混凝土公路的建设和1929年后汽车占据主导，以及无线电收音机出现，共同推动了芝加哥1920年代郊区化。一方面，汽车和公路以其灵活性成为铁路、水运货物转运的衔接方式；另一方面，1950年代以后的高速公路主干线替代铁路联系中心区与大都市区，成为促进郊区城镇发展的推动力，形成沿高速公路的产业带、城镇带和财富带、科技走廊。同时，高速公路廊道在芝加哥市区成为空间景观结构轴线（图4.11）。

2．交通引导土地利用

交通引导沿线的土地利用开发，交通方式的变革代表流通速率的变化以及流通内容的质的变化，形成沿线土地利用的不同方式、不同空间形态以及不同的社会形态与经济形态。

自1871年芝加哥大火后，卢普区陆续重新建起一系列高层建筑，在铁路产业繁荣时期，围绕卢普南部地区的铁路公司纷纷聘请著名建筑师设计公司大楼，使这个区域成为芝加哥建筑展示区。在卢普中心区南端的一系列车站建了起来，车站的设立吸引大量人口的进入，尤其是芝加哥期货交易所附近的印刷厂，吸引了大量从纽约过来的德国、意大利、波兰裔的印刷熟练工人，同时也在火车站周边形成娱乐消费场所。1969—1970年，卢普中心区

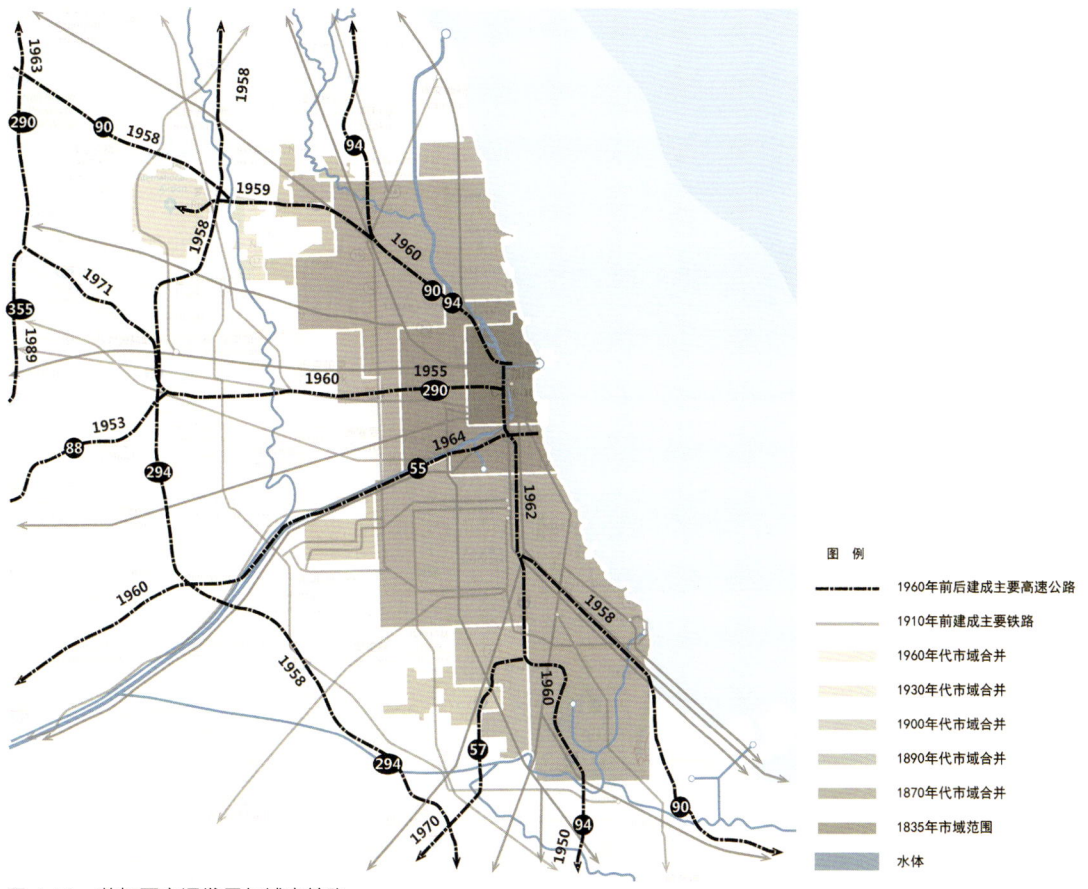

图4.11 芝加哥交通发展与城市扩张
来源：作者自绘

南端的车站关闭，导致围绕车站的商业受到打击，周边印刷业衰败。

1830—1840年代是芝加哥运河开挖的集中时段，芝加哥南部（South Side）成为德国、爱尔兰、意大利移民聚集区，西部（West Side）是墨西哥移民集聚区，1850年代成为棚户区。

1870年代，城市精英如马歇尔·菲尔德（Marshall Field）沿南部草原大道修建大厦。1900年代，2/3的商业俱乐部成员住在草原大道和卡鲁米大道。随着1916年卡鲁米河成为进入芝加哥的主要水上支流，南芝加哥地区工业发展继续，钢铁、化学品、水泥、瓷砖、铁路设备、乐器、玉米产品、酒精、油及食物产品都在此生产。[①] 1920年代，富裕的白人开始外迁，此处多房间的房屋经改造开始住进欧洲移民。1940年代，美国南方黑人大量涌入，在附近工厂、钢铁厂、屠宰场工作的黑人只允许在此地居住，第二次世界大战后期特别是铁路衰落后，大多数房屋成为废旧的出租屋，成为贫民窟、犯罪、毒品和团伙火并集中的区域。1950年代，高速公路取代铁路成为客货运输的主要方式，铁路站场开始闲置，放射状的高速公路穿过西部、南部的黑人社区，导致社区商业设施的破坏。1950—1970年代，随着芝加哥南部铁路站场的废弃改造，近南部（Near South Side）的区域经历了全美最剧烈的城市转型和房地产开发。[②]

3．交通主导城市兴衰

由于不同时代的经济社会形态不同，人流、资金、物质运输的时间成本要求不同，但交通的目的是流通、畅通，交通方式由船舶、铁路、公路到飞机的更迭带来城市的兴衰。芝加哥利用铁路大发展机会促成工商业大都市的快速集聚发展，1880年代卢普南部地区的快速兴起与1950年代后的急剧衰落是铁路时代兴起和没落的典型。1950年代奥黑尔机场的创新建设使芝加哥踏上了全球城市发展的跳板，公司、白领、资金在郊区的集聚也是中心区衰败的原因。水运业的衰落同样带来运河沿线码头以及设施的破败。

随着1940年代消除贫民窟运动的深入和1950年代高速公路的建设，高速公路通常沿着贫民窟建设，甚至穿过贫民窟，如290号国会大道、90/94高速、丹瑞安高速公路分别顺着哈里森大街、霍尔斯特德街、州街等高速公路穿过贫民窟，破坏了西部、南部黑人社区的社区商业设施。

芝加哥完整经历了运河、铁路、公路、航空交通方式的迭代过程和城市功能区的兴衰。现在，芝加哥多种交通方式并存，客货运输仍然是城市的重要经济部门。从这个过程也可见，城市经济与人的生活所需没有变化，不同种类、不同形式客货运输的不同需求同时存在，同样需要满足（图4.12）。

---

① 霍伊特．房地产周期百年史：1830—1933年芝加哥城市发展与土地价值．贾祖国，译．北京：经济科学出版社，2017:114, 191.
② WILLE L. At Home in the Loop. Carbondale:Southern Illinois University Press, 1997:2-11.

第 4 章 芝加哥的城市转型

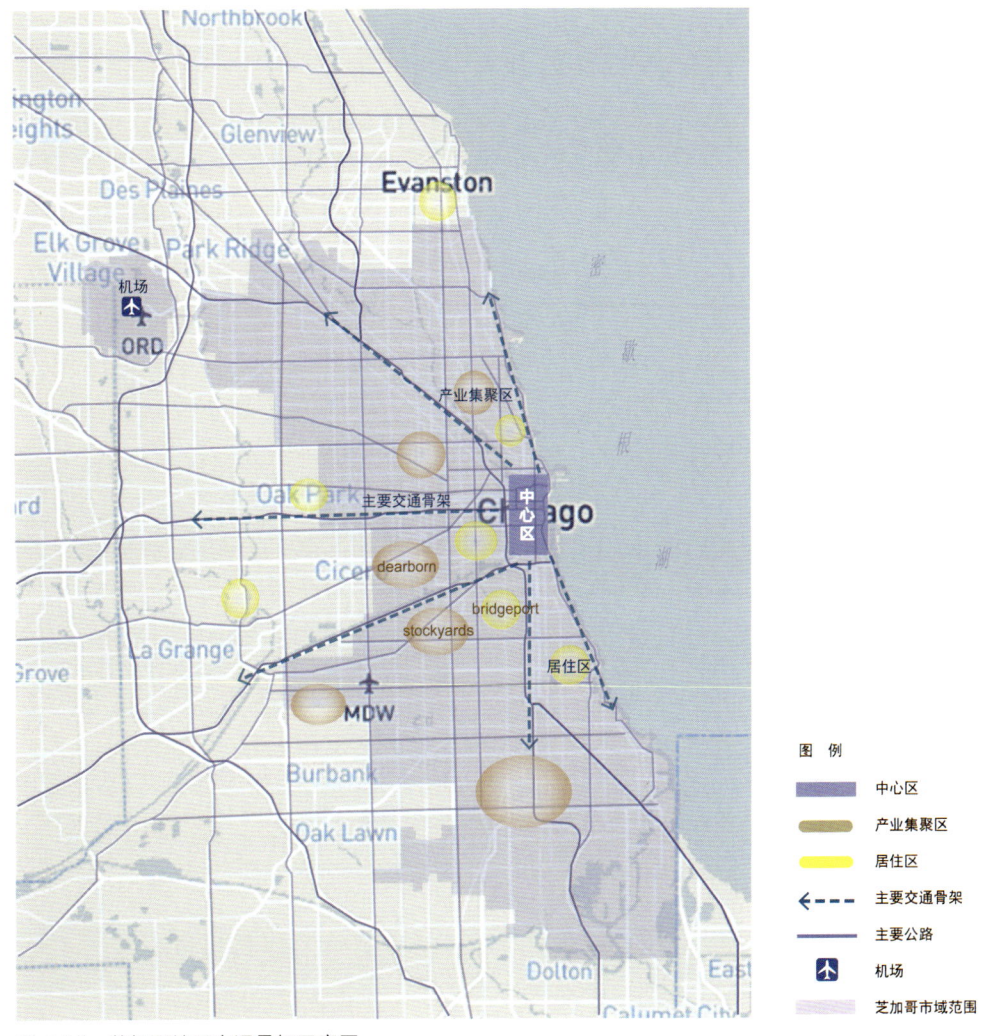

图 4.12 芝加哥地区交通骨架示意图
来源：作者自绘

4.3 空间扩展与大都市区化

芝加哥城市在逐步向外扩展的同时，随着交通体系及交通方式的发展，人口、资金和物资的流动，以及造梦、土地投机、规划管理干预等因素推动城市功能区的空间位移和功能的集中与分化。

4.3.1 芝加哥大都市区基本格局

芝加哥地区按交通方式经历了运河时代、马车时代、铁路时代、汽车时代、航空及网络时代，大都市区空间格局从区域的城镇群体发育和芝加哥的空间扩展与结构优化，形成"中心商业区/中央商务区/首脑区+公司镇/功能区/工业走廊"的区域空间形态结构。

131

芝加哥在建市前形成以芝加哥河与南北支流分割而成的北部（North Side）、南部（South Side）、西部（West Side）三大片的基本形态（图4.13）。

1）大都市区总体特征

芝加哥地区成为人口集聚、财富汇聚、文化繁荣、城市密集的洼地，有其地理地形基础，而其地形、地貌条件和格局、形态也成为形塑芝加哥大都市区城镇格局过程和形态的机制因素。密歇根湖西南湖滨岸线形态成为芝加哥大都市城镇密集地区"新月形"形态基础；湖沼地区的多河、多湖的格局成为芝加哥地区生态格局廊道和斑块基础，丰富了从宏观到微观的城镇空间形态特征；平坦宽广的平原地貌成为城镇密集和蔓延发展的有利条件；河流水道、公路、铁路等线型要素成为城镇重点集聚发展的骨架。

以水系为骨架的区域绿化和生态构架。芝加哥地区的主要水系包括：芝加哥河、北岸运河、思科奇河、思科奇湖、卡鲁米－赛格运河、卡鲁米湖、德斯普兰斯河（Des Plaines River）、盐溪、杜培琪河、福克斯河（Fox River）。以德斯普兰斯河、思科奇河、芝加哥

图4.13 芝加哥分区示意图
来源：作者自绘

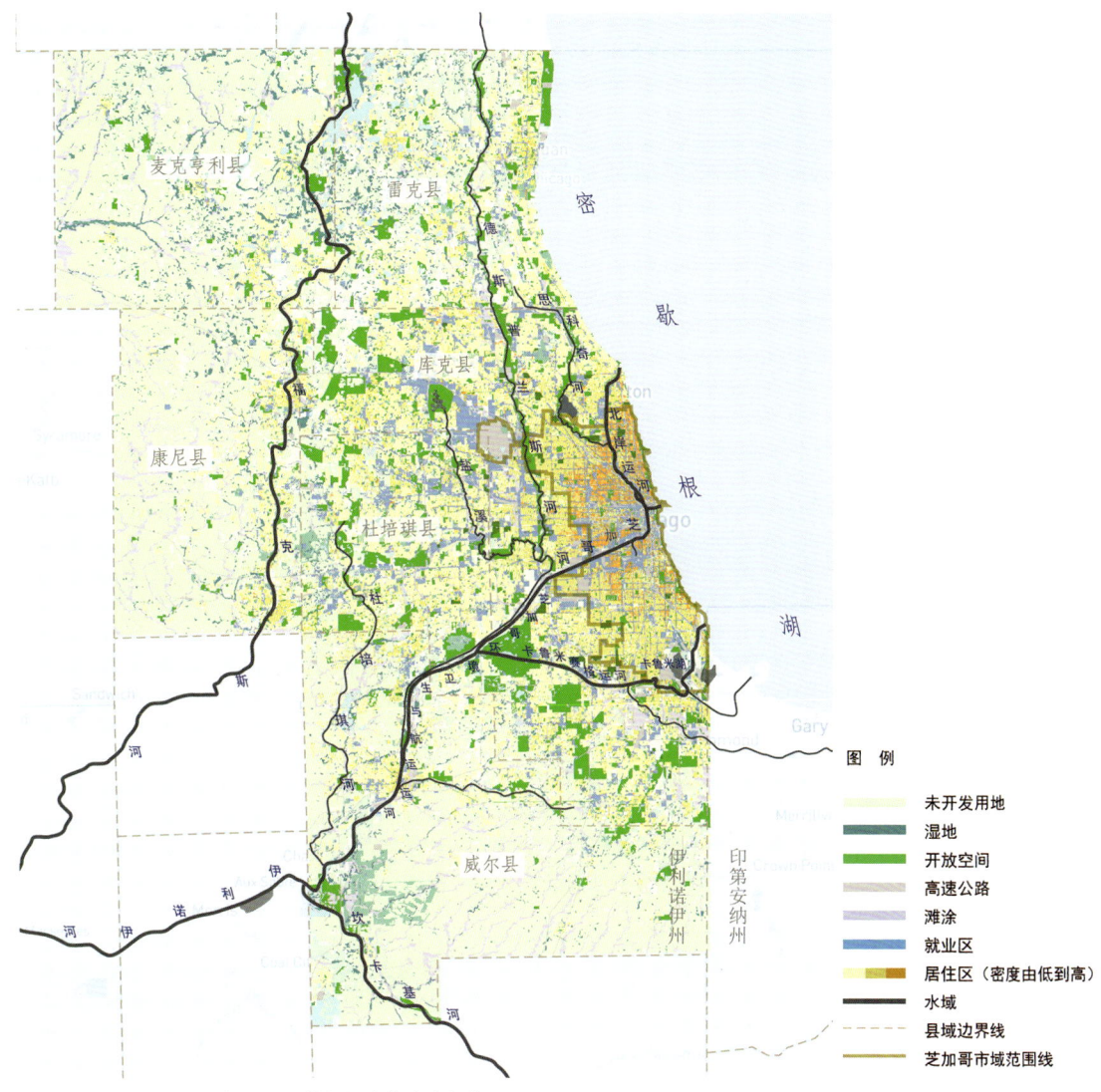

图 4.14 芝加哥大都市区以河道为基础的生态架构
来源：作者根据《2020 芝加哥大都市区规划》绘制

河廊道为主的生态骨架，以及由此串联的森林、湖泊等生态斑块构成芝加哥大都市区的生态架构，是分隔城市化空间的生态体系（图 4.14）。

沿河流、铁路、高速公路的城镇带。如沿福克斯河、杜培琪河、德斯普兰斯河的城镇带，埃尔金、欧罗拉、乔利埃特则分别位于福克斯河、德斯普兰斯河沿岸。1950 年代后，沿高速公路形成新兴城镇集中带，如沿罗纳德·里根高速公路（88 号公路）的内珀维尔、橡树溪，沿西北高速公路（90 号公路）及西北铁路的香伯格、霍夫曼、奥黑尔机场等城镇带。在产业经济以及运输经济的原则指导下，如《芝加哥规划》所展望的那样，芝加哥地区形成了以河流、铁路、公路三线一体的交通经济走廊，不仅是早期重化工业和原材料工业等传统产业集聚带，而且在 1950 年代后也成为电子、信息、生物、能源等新兴的高科技产业集聚带。

如沿 88 号公路的科技走廊、90 号公路的金色经济开发走廊、沿 94 号州际公路的石油化工以及新兴工业带。

蔓延式的城镇密集区。中小城市在区域内分散布局，形成高城镇密度、低建筑密度和低人口密度的城市化地区，每个城市都有一定数量的公司总部做支撑，而不是单一功能的居住社区，如湖滨森林、北芝加哥、香伯格、内珀维尔、橡树溪等。

4.3.2 城市空间扩展与大都市区化

芝加哥城市的建立和发展过程始终与周边区域相互依存，尤其是大都市区范围是密切分工合作的地区，同时芝加哥交通基础设施、绿色基础设施组织均以大都市区为范围展开。

在城市空间转型中，芝加哥实现郊区化拓展，形成郊区发展与中心城区复兴的互动，同时实现城市周边地区的均衡发展，是芝加哥城市转型和演化的重要特征。但中心城区工业外迁、人口向郊区集聚，以及市区本身人口的不断自然衰减导致芝加哥中心城区的衰退。为促进中心城区复兴，芝加哥市政府提出"发展和多元化、交通和可达性、滨水地区和开敞空间"的建设原则，希望通过多元化发展，不断改善交通条件、公共基础设施、商贸设施、住宅等振兴中心城区，实现郊区与中心城区的互动和均衡发展。

1）大都市区产业组织城镇发展[①]

芝加哥大都市区的发育、发展直接归因于工业的逐步外迁，如沿河两岸的城郊工业环带，1860 年代开始的成片工业化郊区（桥港、下西部、包装城—南支流、密尔沃基大道—北支流），1880 年代开始由铁路、港口带动的工业郊区化，1920 年代后福特式现代产业链驱动下的工业郊区化，1950 年代后高速公路及航空业驱动下的公司郊区化。在工业郊区化过程中，中心区完善了中心商业区、中央商务区职能，大都市区以生产职能为主，并保持了与中心区信息、资本、劳动力和仓储、零售的密切合作关系。

产业类型从木材加工、家具生产、纺织及食品加工发展为金属加工、金属冶炼、钢铁、机械、交通工具、化工以及汽车、电子工业等，居住类型从棚户区 / 工人村、独户住宅发展为具有综合功能的社区。随着工业距离中心区越来越远，工厂规模越来越大，大都市区内的工厂形成供应链和产业链相互连接，形成网络化的生产空间，在"铁路带 + 运河带 + 公路带 + 仓储 + 港口"交通走廊及市政基础设施网络基础上，同步住宅和工业地产的开发，以及金融、法律、管理、服务、学院、娱乐、俱乐部等生产、生活服务业在郊区集聚，形成以城镇为中心节点和场所空间的多中心、多节点、网络化大都市区（图 4.15）。

如芝加哥中央制造业区（CMD）是美国第一个规划的制造业区，位于牲畜院和桥港的铁路线之间，是铁路公司为充分利用铁路用地、提升货运量而开发的制造业区。再如 1920

---

① LEWIS R. Chicago Made: Factory Networks in the Industrial Metropolis. Chicago: the University of Chicago Press, 2008: 189−214.

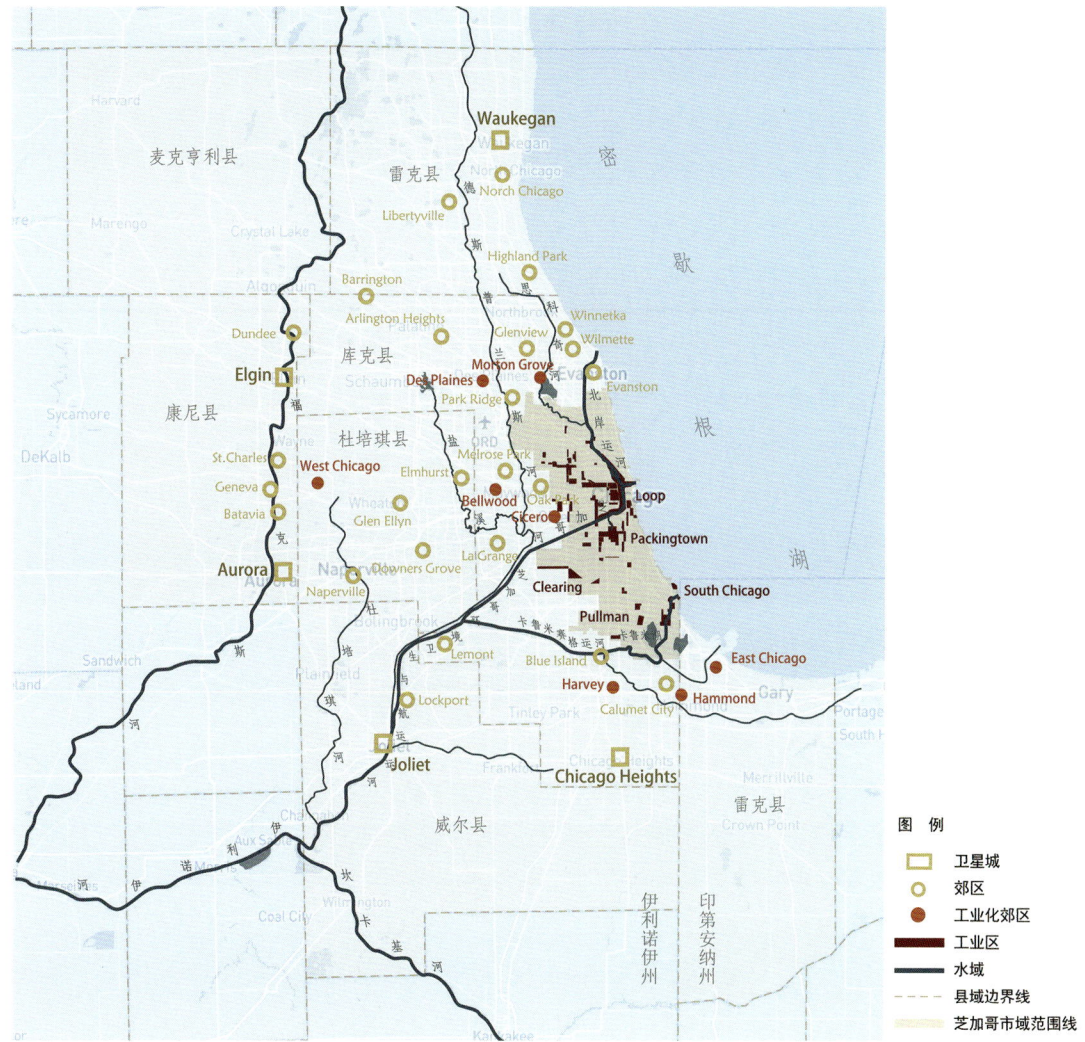

图 4.15　1925 年芝加哥都市区产业空间分布
来源：作者根据 LEWIS R. Chicago Made: Factory Networks in the Industrial Metropolis. Chicago: the University of Chicago Press, 2008. 绘制

年代，芝加哥南部的金宝汤公司（Compbell Soup）利用伊利诺伊州和印第安纳州出产的西红柿作为原料，在金属公司隔壁建厂，两厂之间建立包装罐的传送带，形成食品加工—金属材料包装—金属材料冶炼的产业联系。

2）住房郊区化与新城建设

芝加哥的郊区化过程，包括居住郊区化、工业郊区化、公司及人口零售郊区化（购物中心分店、大型购物中心），芝加哥郊区化的高潮分别出现在 19 世纪中后期、1920 年代及 1950—1970 年代，人口分别向芝加哥南部、西部和北部迁移，并形成若干新城，如北郊的湖岸森林城，西郊的湖滨新城、内珀维尔、橡树溪和西北郊的香伯格。湖岸森林城和湖滨新城都是在芝加哥建市后随着郊区铁路的修建按 TOD 模式建设的花园城市。

从芝加哥的工业集聚发展以及芝加哥周边总部城市（镇）、边缘城市的快速发展可见，不同发展阶段的城镇发展动力和模式有不同表现。工业化阶段，铁路和水运是城镇发展的基本动力，而到了全球化阶段（郊区化阶段、去工业化阶段以及新经济和服务化阶段），城镇发展的动力在于公路枢纽、与空港的便捷联系、特色活动以及大城市边缘（边缘城市）的区位，依托生产体系的垂直分异，使得研究、开发、经营、管理的集中和积聚形成总部城市（镇）。

（1）湖岸森林城

湖岸森林城是位于密歇根湖西岸芝加哥以北31英里的一个四季如画的社区，以自然的美、开敞空间以及历史性社区的结构和景观被认可。其商务区具有活力，有成片的历史保护社区，还拥有许多高质量的学校和文化活动，是商务和居住的理想去所，拥有多个公司总部。

湖岸森林城围绕大学建立起来，最初用来为与教堂相关的教育机构提供配套支持，1857年按城镇进行了规划布局，作为一个从北向进入芝加哥的停留站。1861年，湖岸森林城经伊利诺伊州批准成立市。在美国19世纪按照英国花园城市和美国乡村墓地及公园风景规则规划的郊区社区中，湖岸森林城是仅次于建于1852年的新泽西卢埃林（Llewellyn）花园的最早的类似城镇。

（2）湖滨新城

湖滨新城位于伊利诺伊州芝加哥市西南部，建成于1875年，是美国最早经过总体规划的社区，面积5.2平方公里（包括0.1平方公里的水面），是一个"标准的"美国中产阶级居住区。湖滨新城1869年由奥姆斯特德规划设计，1875年正式建立地方政府，由于其杰出的景观规划质量，1970年被美国内政部命名为"美国国家历史保护地标"及"美国国家景观保护区"。

湖滨新城的建设借助于芝加哥快速经济发展带来的房地产开发机遇，其距离芝加哥市中心只有17.6公里，本来是一片橡树林及农田，地势高爽，又有河流穿过，宜于建设。1860年代末，随着芝加哥周围通勤铁路的完成，在距离芝加哥市中心不远的近郊区建设一个为中产阶级服务的、高质量的花园城，成为十分合理的开发决策。当时，奥姆斯特德刚刚完成了纽约中央公园的设计，被开发商邀请来负责规划工作。

湖滨新城的主要规划特点是，以通向芝加哥市中心的通勤铁路车站为社区中心，在车站周围布置市政厅、图书馆、银行和商业设施，居住区则按照与车站的距离，密度渐渐减低，距车站较近的是多层公寓，较远的地带是独户住宅。这是一个完整的早期TOD模式，体现了TOD模式的全部基本原则——以公交车站为中心、开发密度由中心向周围减少。

3）总部城市（镇）[①]

总部城市（镇）通常是指公司总部较为集中的城市（镇）。随着经济的全球化，生产职能被剥离出去，实现了全球性转移，美国城市成为公司管理、研究开发和经营职能的集聚地，总部城市成为1970年代后美国城市的重要发展趋势。在经过1950年代的郊区化过程后，公司总部纷纷选择在大都市郊区城镇落户，并具有集聚效应，成为具有就业和居住双重职能的综合性总部城市。内珀维尔、香伯格和橡树溪均被认为是边缘城市（edge city）、急剧发展的郊区（boomburb）、技术型郊区（technoburb）、总体发展的郊区（totalized suburb）的典型。这些郊区社区位于中心区以外30—40英里，是工作、生活、休闲的场所。这三个城市分别位于芝加哥西郊（内珀维尔、橡树溪）和西北郊（香伯格），前两者位于由芝加哥向西的88号公路及其科技走廊，后者位于90号公路的金色经济开发走廊。内珀维尔历史上是以木材加工为主的城镇，通过55号奥格登高速公路与芝加哥中心区相连；橡树溪是以郊野马术等休闲运动活动为主的乡村，在1960年代以后随着机场建设和高速公路建设，接纳和集聚芝加哥公司外迁重新快速发展起来（表4.11）。

表4.11　　内珀维尔、橡树溪、香伯格三市基本情况一览

	内珀维尔	橡树溪	香伯格
主要依托的高速公路	88号公路	88号公路	90号公路
总部类型	信息产业、化工等高科技型	商业、电子等综合型	金融、电子
主要公司总部	阿尔卡特-朗讯公司、电讯实验室、BP石油公司、Nacal化工公司	麦当劳公司、Ace硬件公司、布利斯特克斯护唇公司	摩托罗拉公司、苏黎世美国保险公司
与芝加哥中心区的距离	48公里	24公里	48公里
快速发展年代	1980—1990年代	1960年代	1970—1990年代
人口规模（人）	147 779	8702	75 936
用地规模（平方公里）	92	21.4	49.5

来源：张庭伟，胡晓玲，丘永东，等.美国MPC社区：规划·设计·开发.北京：中国建筑工业出版社，2009.

内珀维尔市是一个在历史城镇基础上快速发展的城市，一方面老城和传统生活空间得到很好的保留，成为适宜生活的森林城市，传统的商业空间如中心区和沿奥格登大道、欧罗拉大道的商业走廊得到进一步强化；另一方面沿高速公路发展为产业发展服务的科技走廊，是让历史城镇焕发青春得到集聚发展的原动力。

沿88号公路与56号公路（巴特菲尔德高速公路）的科技走廊是一条综合性的科技产业走廊，包括研究创新、生活服务、环境与休闲、商务活动四部分功能，体现高科技产业

[①] 根据张庭伟、胡晓玲、丘永东等人著《美国MPC社区：规划·设计·开发》及胡晓玲著《企业、城市与区域的演化与机制》相关内容整理。

产业与城市：芝加哥的转型发展

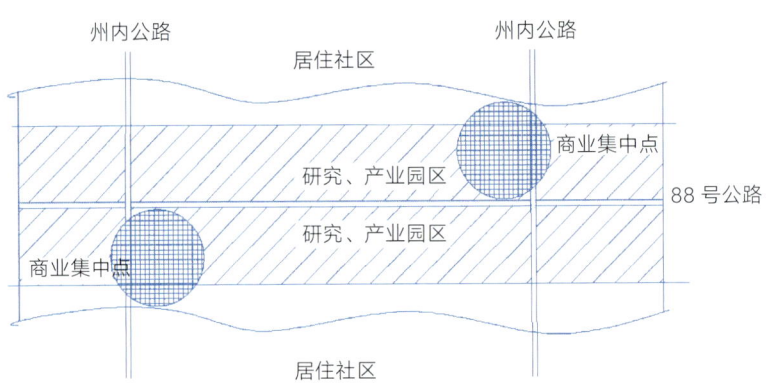

图 4.16　88 号公路科技走廊结构模式
来源：张庭伟，胡晓玲，丘永东，等.美国 MPC 社区：规划·设计·开发.北京：中国建筑工业出版社，2009.

的创新能力，以研究创新为主体，含研究机构、产业园、大学等（图 4.16）。88 号公路科技走廊同时设置为园区服务的商业设施、多层住宅等生活设施，并在城市入口处集中设置酒店、银行、管理等商务活动设施。走廊以自然保护区和公园为基底，为了控制和减少产业园区对邻近居住社区的影响，还在产业带一侧设置缓冲带。走廊内所含创新机构包括：研究机构有费米国家加速器实验室（Fermi National Accelerator Laboratory）、东西技术中心（East West Tech Center）、阿莫可研究中心（Amoco Research Center）、陶器田野研究区（Ware Field Research Area）、伊利诺伊医院联合会（Illinois Hospital Association）等；大学有德堡大学内珀维尔校区（DePaul University Naperville Campus）、诺斯伍德大学（Northwood University）、国家刘易斯大学（National Lewis University）、索姆希尔教育中心（Thomhill Education Center）等。走廊内的自然保护区及公园包括大树林（Big Woods）、巴特菲尔德公园（Butterfield Park）、麦克道威尔森林保护区（Mcdowell Grove Forest Preserve）、瓦伦维尔树林（Warrenville Grove）、伊利诺伊草原保护路径（Illinois Prairie Path）、赫里克湖泊森林保护区（Herrick Lake Forest Preserve）等 13 个森林保护区和公园。

4.4　城市功能布局演化与内部空间结构调整

芝加哥市以芝加哥河入密歇根湖的入湖口为发展的起点，密歇根湖、芝加哥河主干以及南北支流是芝加哥城市早期发展的限制性因素和形态框架，随后西北方向的铁路、西南方向的运河以及南部的湖泊、港口成为城市扩展和功能分化的拉动因素，铁路时代的车站以及来自不同方位的铁路线、郊区通勤线形成车站周边商贸、娱乐功能的集聚和居住功能的外移，汽车和公路时代的公路伴随着住宅科技的进步使高档住宅区集中到密歇根湖滨，以居住、公司外迁带动购物、商贸的大规模郊区化，形成航空都市和金色走廊、科技走廊等。中心区是芝加哥地区崛起的起点和策源地，中心区始终是芝加哥地区的核心，铁路、公路的汇聚点，经过 1871 年大火，中心区的商业、贸易、金融、文化、会展、旅游的职能逐渐明晰、聚焦，成为芝加哥地区的中心商业区、中央商务区和知识创新区。

4.4.1 中心服务功能的布局演化

从北美产业分类标准来看，美国的服务业是指除农业、采矿、公用事业、制造业、建筑业等第一、二产业以外的所有产业总称。芝加哥自建市以来，其服务区域的中心基本职能，如农业社会的商贸服务业、工业社会的生产性服务业、信息社会的创新服务业等，经历了不同社会形态，在区位更迭、布局演化、集聚程度和区位商发生变化。

1．商贸服务职能的演化

芝加哥的发展始于美国中西部的皮毛交易，最早的居民点位于芝加哥河南岸入湖口附近，具有瞭望、贸易据点功能。1837 年建市之初，在芝加哥河南北两岸聚集了大量商铺、货栈、谷物仓库、旅馆、杂货店、律师事务所等。

1848 年，芝加哥期货交易所的前身芝加哥商会诞生于芝加哥河南岸的南水街，克拉克大街和湖街交叉口成为金融、商业中心点。随着 1848—1857 年第一批铁路建设高潮的出现，铁路进入中心区几个火车站，如克拉克大街/湖街、密歇根大道以东/湖街火车站、范布伦大街、谢尔曼大街、威尔斯/肯植大街（北）。火车站的进入带动酒店、旅馆的发展，芝加哥成为商品贸易中心，有"西北交易市场"之称。铁路的高潮以及美国南北内战对芝加哥的运输业和各类制造业创造了空前的需求，芝加哥成为"工人和投机者的天堂"，银行系统被重新建立起来。1865—1873 年，美国铁路得到巨大发展，1869 年联合太平洋铁路贯通，铁路网的进一步发展扩大了芝加哥的腹地，除了商品贸易外，钢铁等资本生产品和服饰等生活性消费品也在芝加哥生产，促成芝加哥工商业大都市的发展。

受芝加哥河的限制，商业和金融向南集中发展，商业中心由克拉克大街/湖街向克拉克/麦迪逊街移动，期货交易所也由南水街向华盛顿/拉舍尔大街迁移，带动其他金融机构向其周围集聚成为金融区。

1871 年，芝加哥大火对中心区的中心商业区造成毁灭性破坏，一年后在原址重建零售和金融中心，并且采用钢筋高层建筑扩大了商业区和金融中心的容量，如州街/华盛顿街至门罗街段以及西麦迪逊大街成为重要的商业大街，期货交易所进行了第二次南迁，从华盛顿/拉舍尔大街向南搬迁至杰克逊街/拉舍尔大街，带动金融及商业、酒店等机构在周围集聚。

1890 年，几条缆车圈促进了中心商业区的繁荣，如南向的州街—沃巴什大道—湖街—麦迪逊大街；北向的克拉克大街—伊利诺伊街—拉舍尔街—门罗大街—迪尔伯恩大街—兰道夫街—拉舍尔街；西向的华盛顿隧道—兰道夫街—麦迪逊街—威尔斯街—拉舍尔街，中心区的人流集聚推动了商业价值的整体提升。卢普区内逐渐集聚商业、批发市场及银行、摩天大楼、公寓楼及百货商场，1900年前后北向、南向、西向高架铁路建成，形成高架铁路环，更是方便了人流的进出，促进了中心区中心商业区和中央商务区的形成。

2．首脑中心职能的演化

《芝加哥规划》提出全面的宜居城市规划的重要目标，指出要建成提升城市凝聚力和团结一体化的教育、知识中心和城市管理中心，即规划设计具有首脑功能的芝加哥中心（The Heart of Chicago），包括：管理和行政职能，客流快速终端职能，知识生产和智慧服务职能（即高校、培训机构、图书馆等知识储备机构），文化、休闲、交流交往职能，商务等生产服务职能（即商业、总部办公、银行、交易所等）。在中心区集中布局办公（总部）、商店、银行、旅馆、剧院、娱乐、铁路终点站、教堂及其他公共或半公共的设施，以及文化、艺术、知识集聚区。

从19世纪起，芝加哥就是美国民主党总部所在地，通过音乐、艺术、剧院、艺术学校以及会议中心等维持芝加哥在全美乃至世界应有的地位。1871年芝加哥大火后，芝加哥成立了许多关注城市知识和社会道德、改善美学环境条件的办事处，决定通过建立一些永久性的艺术、科学和文化设施使芝加哥这个工业城市变得人性化，如表演厅（芝加哥交响乐团），图书馆（纽贝里图书馆、芝加哥公共图书馆、克里勒图书馆），博物馆（菲尔德博物馆）等。利用位于杰克逊公园（Jackson Park）的1893年哥伦比亚世界博览会会址改造成博物馆，成为芝加哥绿化格局和公共设施、公共空间格局的重要部分，带动密歇根湖滨地带的改造，成为中心区湖滨公园带、公共设施带。

19世纪后期，随着芝加哥中心区西北大学商学院、伊利诺伊理工大学、芝加哥大学的建设，1950年代伊利诺伊大学芝加哥分校的入驻，及至1990年代卢普南部地区改造德堡大学（DePaul University）、哥伦比亚学院（Columbia College）以及罗斯福大学（Roosevelt University）的入驻，芝加哥加强了中心区的知识创新功能。伊利诺伊大学芝加哥分校是由1950年代芝加哥中心区下西部的工业用地成片改造而成，而德堡大学是利用历史建筑金叶大厦（Goldblatt）的再开发。到2000年，中心区有24所高等教育机构。

随着工业企业的一步步外迁，原有的用地也相应进行了调整，一方面为了恢复中心区人气，在原有工业用地基础上建设了众多高层住宅公寓；另一方面许多工业厂房和港口等运输设施改造为教育设施、娱乐设施、博览设施等，随着1990年以后的城市绅士化，大量的工业厂房和设施被改造成为培训机构、画廊、餐厅、酒吧、娱乐、健身等功能场所，如富勒顿街，为芝加哥中心区由老工业基地向综合性的文化、金融中心转型，形成多样化的经济结构做了铺垫。

1958年、1973年、1983年的芝加哥中心区规划都秉持持续塑造活力城市和魅力城市的目标，2002年编制的2020年中心区规划提出，要保存这座城市好的建筑和公共空间，展现芝加哥的建筑传奇，中心区将保持在大都市区的核心地位。要特别突出中心区的功能，即教育功能——为终身学习提供机会，包括义务教育（小学、初中、高中），高等教育，其他教育，培训和学习（博物馆、图书馆、其他专业机构）；旅游观光游览功能——拥有湖滨等绿化开敞空间、博物馆、建筑、旅馆、艺术馆、剧院以及会展设施、历史遗迹、特色街区等的中心区被认为是建立在世界级文化遗产之上的中心区，是独一无二的旅游观光游览区；零售及专业化服务功能——拥有老字号、大品牌和种类繁多的零售商业区，同时也是各类专业门店及相关服务集聚区，如号称美国中西部珠宝业中心的珠宝一条街，医疗、牙医及相关服务集聚区，建筑设计公司及图文打印、艺术装帧等服务集聚区。

4.4.2 居住与社会空间形态的演变

从建市起，芝加哥作为冒险家的乐园以及商贸中心城市和工业城市，随着工业城市的急剧发展，贫富差异和社会分层明显，居住空间呈现工人社区、低收入社区与高档社区的明显分异，分为工人村、贫民窟、公租房及高档住宅区等形态。随着工业区位的变迁、环境改善、交通方式发生变化、新技术特别是住宅建筑技术出现，以及社会阶层的跃升，居住形态和社会空间形态发生改变（图4.17）。

1．居住形态基本特点

伯吉斯的城市内城空间结构揭示了芝加哥1920年代的城市内部空间结构特征，由中心区向外依次是核心圈层——卢普商业商务区；第二圈层——工厂区（factory zone）、转换区（zone in transition），是沿河工厂集聚区、邻近的贫民窟；第三圈层——联排工人住宅区（zone of workmen's homes），是移民再迁徙区；第四圈层——郊区居住带（residential zone），是单一家庭住宅区、公寓住宅区、限制再开发地区；第五圈层——通勤区（commuters zone），是单层平房（bungalow）区域。楔形条带出现在从第二圈层到第三圈层的黑人带、沿湖酒店带（图4.18）。

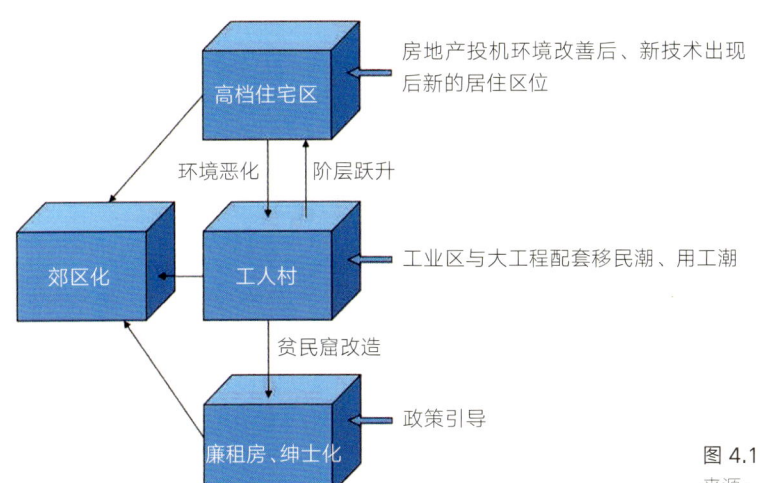

图 4.17 芝加哥居住空间演变示意
来源：作者自绘

产业与城市：芝加哥的转型发展

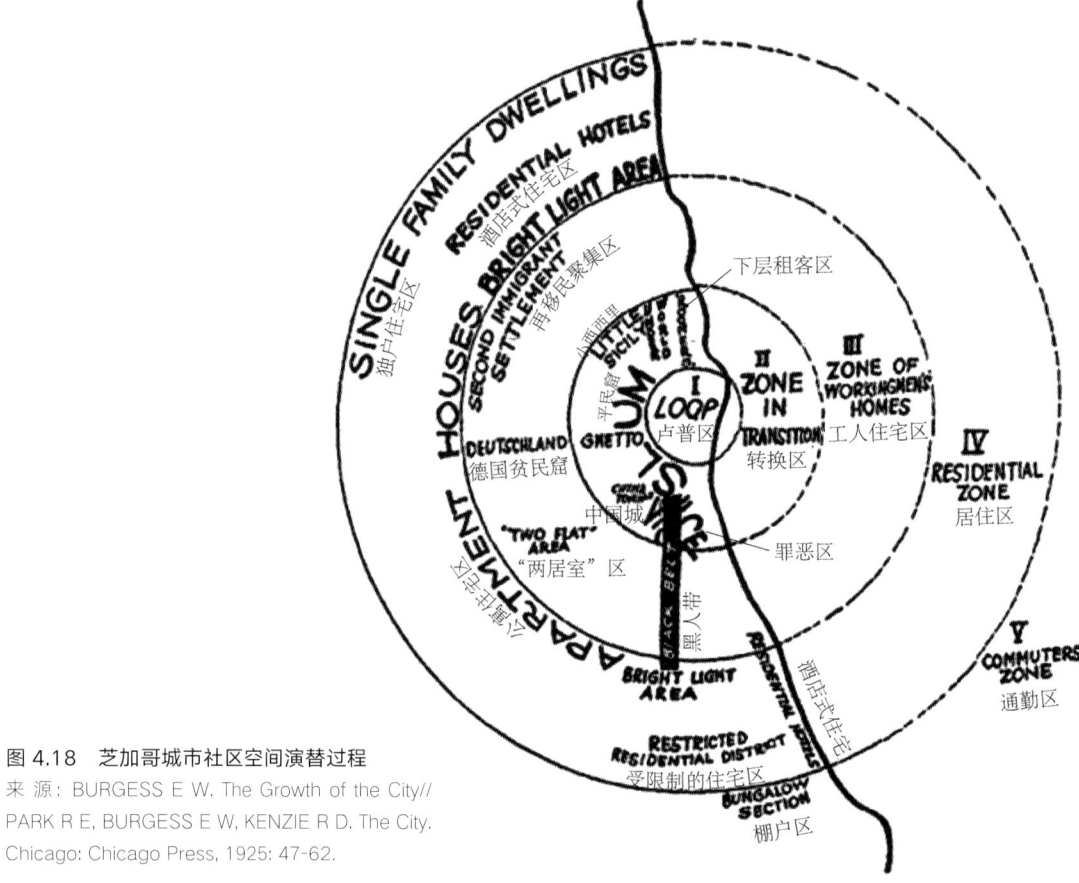

图 4.18　芝加哥城市社区空间演替过程
来源：BURGESS E W. The Growth of the City// PARK R E, BURGESS E W, KENZIE R D. The City. Chicago: Chicago Press, 1925: 47-62.

霍伊特以房地产投资的视角总结芝加哥居住选址具有交通导向性，呈现扇形模式特点，而不是单一同心圆模式。芝加哥自然地理条件和交通轴线引导下的空间扩展形态呈现出圈层式工业城市空间结构 + 楔形区块居住形态，如霍伊特城市内部结构形态。在核心商贸区、沿河工业环带、铁路站场工业片区、郊区工业镇的工业空间格局下，附属于工业和大型设施的工人社区以及房地产投资驱动郊区花园新城和花园社区、花园大道开发建设，在城市财富积累和城市扩展过程中，移民阶层跃迁，改善性居住由向城郊近郊区迁移逐渐变为向中郊区和远郊区迁移。

微观视角下，由于早期芝加哥中心区按照 50 英尺 ×100 英尺的街区区划进行房地产投资，一条街可以成为高档住宅和贫民窟的分界线，如北部的威尔斯街、南部的州街、西部的湖街和哈里森街[1]，城市社会空间、居住空间的分异、隔离和碎片化明显。

---

[1] 霍伊特. 房地产周期百年史:1830—1933 年芝加哥城市发展与土地价值. 贾祖国，译. 北京：经济科学出版社，2017.

2．居住空间变迁及演变机制

1）房地产投机条件下的高档社区

芝加哥一直是房地产投机的热点城市，并随着城市发展、环境改善和财富积累，房地产投资追逐住宅科技及居住新风尚、新理念，形成许多高档社区。

早期的高档社区包括北部的芝加哥大街以及林肯公园附近的住宅区，南部的迪尔伯恩大街、密歇根大街、华盛顿大街等。

铁路等交通条件改善后，与中心区交通便捷的马车线路沿线、铁路沿线地区出现经过精心规划设计，并配套有好的大学、图书馆、医院等设施的高档社区，如南部的草原大道、卡鲁米大道、印第安纳大道，西部的阿什兰大街，以及湖滨新城、湖滨森林镇花园新城。

随着汽车与公路运输的发展及住宅科技的发明，湖滨逐渐成为适宜居住的环境。1920年代后，密歇根湖水质好转以及沿湖高速公路贯通后，湖滨地带成为高档公寓开发地带，如南部51街至75街的海德公园和沿湖地区。

2）工业城市的配套住区

如邻近工厂、货场的工人村，下西部、西部、桥港社区、普尔曼及其他工业镇。随着产业结构转型和工业区位调整，这些工人社区成为贫困化和贫民窟化的社区。如桥港（Bridgeport），是随着1836年伊利诺伊—密歇根运河的兴建而出现的居民点，包括来自爱尔兰的运河工人，以及德国、挪威的移民。1848年运河开通后，桥港作为一个工业中心逐渐发展起来，沿芝加哥河和运河开办了众多木材场、制造工厂和食品加工厂。1865年后，很多食品加工厂搬迁到牲畜院，这里的工人大部分是桥港的居民。1905年，在桥港社区西部建起了中央制造业区，后来是波兰、立陶宛、捷克以及中国人的集聚地。值得一提的是，从桥港走出了五位芝加哥市长。

北部中心（North Center），位于芝加哥中心区以北5英里，拥有以制砖业以及轻工业为主的沿芝加哥河北部支流和莱芬森伍德大道的工业轴带，居民以中等收入的工人为主，主要是东欧、北欧的移民，后期有韩国人迁入。这里的居民在收入达到一定程度后，又进一步向更远的郊区迁移。

鹅岛，是1850年代由于从北大道到芝加哥大道运河的开挖而形成的芝加哥河北部支流上的小岛，临水一侧集中了一些如制革、酿酒、肥皂工厂等工业，早期有爱尔兰人居住的工人社区。

1920年代，美国南方黑人涌入芝加哥、底特律，芝加哥南部原高档住宅区的富裕的白人开始外迁，欧洲移民涌入，原有高档住宅多房间的房屋被改成小套间，供工人家庭和低收入家庭居住。1940年代，南方黑人大量涌入，被限定只能在芝加哥南部居住，原高档社区的房屋进一步被分割，人口密度提高、居住环境恶化。第二次世界大战后期，大多数房屋成为废旧的出租屋，曾经是高档社区的南部成为贫民窟、犯罪、毒品和团伙火并集中的区域。

芝加哥大都市区的北芝加哥市和福特高地市是典型工业镇和工业社区。北芝加哥市临密歇根湖，与芝加哥邻近，成为发展制造业的理想区位。其首个企业，即是总部位于马萨诸塞州的沃什伯恩&摩恩（Washburn & Moen）制造公司，企业的定点带来相关企业的集聚，成为人口聚集之地。1970年代，由于企业的不景气，大量人口外迁，使这个城市商业开发相应减少，城市景气程度降低。

福特高地（Ford Heights），前身是东芝加哥市（East Chicago），是19世纪快速崛起的郊区工业城镇，20世纪后由于重化工业企业的破败而快速衰败，成为芝加哥周边也是全美最贫穷的郊区之一，2000年非洲裔美国人占总人口的96%，失业率达到40%，单身母亲家庭占32%，居全美最高。

3）随阶层跃升的居住区位改变

随着阶层跃升，棚户区居民逐渐向北部、郊区迁移。芝加哥下西部社区是由芝加哥河南段和伯林顿北方铁路围合的社区，位于卢普区的西南，早期以木材、钢材、机械（麦克米克收割机厂）和食品加工等工业为主，集聚了工厂工人以及铁路筑路工人，这些工人通常是来自不同民族、不同国家的移民以及偷渡客，以缺少技能、受教育程度低和不懂英语的农民居多，曾经是波希米亚、德国、波兰以及墨西哥人的聚居地，是他们进入芝加哥的起点。随着这些移民生活条件的改善和社会地位的提高，原有的波希米亚、德国和波兰人逐渐迁出这个地区，而墨西哥人涌入，成为墨西哥人聚居地（图4.19）。

伯吉斯借鉴植物生态学的一些概念和理论来解释居住区位变化为典型的城市发展演变过程，如演进（succession）、新陈代谢（meltability）。

4）复兴中心区运动下的绅士化和公房运动

第二次世界大战后至1980年代，芝加哥由于复兴中心区的绅士化和公房建设出现居住分异情况，如绅士化住区林肯公园社区（Lincoln Park）、金色海岸（Gold Coast）、北岸（Northshore），以及大学城、印刷带（Printer's Row）、迪尔伯恩社区（Dearborn Park），同时公房建设出现新的贫民窟。

1950—1970年代，近南部（Near South Side）的区域经历了全美最剧烈的城市转型和房地产开发，即卢普南部地区改造。印刷带改造和迪尔伯恩社区建设是卢普南部地区改造的两大项目。印刷带位于芝加哥卢普区南侧，与迪尔伯恩车站和金融商务区相邻，当年以期货交易所为主的金融服务业发展造就了印刷带的繁荣。1975年，房地产开发商约翰·贝尔德（John W. Baird）购买印刷带低效利用和破败的建筑，并改造成工作和居住混合的公寓（Loft），吸引了一波城市先锋的入住，不仅保护了建筑基因，绅士化还促进了该区域的活化。1987年，有15栋大建筑被保留并更新，提供了1260套公寓。迪尔伯恩社区是卢普区南侧对铁路站场拆除后的地块进行的房地产开发。这两个项目的建设成为中心区活化的触媒，随之在卢普区四周都出现由仓储改造成Loft的案例。1996年，卢普南部地区几所大学的入驻增添了中心区的活力，如德堡大学、哥伦比亚学院以及罗斯福大学，相应地，

第 4 章 芝加哥的城市转型

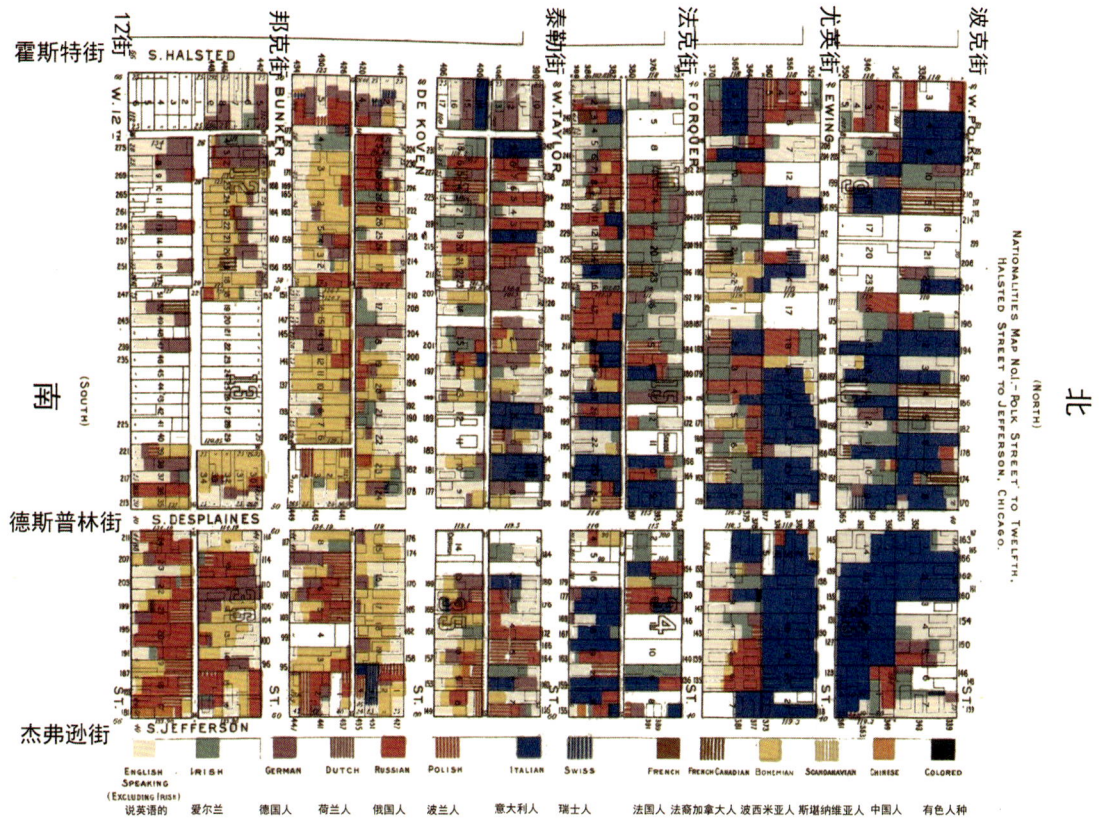

图 4.19 芝加哥下西部工人社区国籍情况
来源：西北大学官方网站 https://www.northwestern.edu/

2004 年建立起卢普南部地区的大学中心，提供 1700 套大学生公寓。据统计，2000 年在中心区有 24 所高等教育机构、5 万名学生、1.5 万名教职员工，2009 年，教职员工人数上升到 6.5 万人，对中心区提供了 24 小时的零售商业需求，促进了中心区的活化。[1]

在卢普南部地区改造中，由纽约人寿保险公司参与开发、勒·柯布西耶设计建造大量高层低密度公共住宅[2]，如罗伯特泰勒家园。1949—1973 年间，美国政府加大了对住房项目的管理，由政府引导建设了空前数量的公共住宅。1950 年代，在市长里查德·达利（Richard M. Daley）任期内，中心区周边大规模兴建公共住宅。1960 年代，大量高层低收入住宅在黑人社区或邻近的社区建设起来，1966 年，联邦政府制定第一次 Gautreaux 决议制止在黑人社区的类似建设，开始在白人社区新建公共住宅。罗伯特泰勒家园就是这个时期在沿丹瑞安高速公路一侧作为南部白人区和黑人社区的分隔带所建的公共住宅社区，后沦为新的"贫民窟"，是芝加哥为低收入家庭以及非洲裔美国人修建高层公共住宅失败

---

[1] HUNT D B, DEVRIES J B. Planning Chicago. Washington: Planners Press, 2013: 66.
[2] WILLE L. At Home in the Loop. Carbondale: Southern Illinois University Press, 1997:6.

的案例。罗伯特泰勒家园建成于1962年，2000年拆除，选址于芝加哥南部黑人社区，紧邻高速公路和货运铁路所在的交通走廊一侧，与白人社区相隔。社区采用了1949年倡导的高层住宅形式，缺少社区公共空间和公共设施，住宅以安置尽可能多的户数为准，设计简陋，成为种族隔离、犯罪频发的贫民窟。

4.4.3 人居环境改善与滨水空间改造利用

1．芝加哥人居环境改善

随着芝加哥河冲破沙洲注入密歇根湖，芝加哥利用水道优势发展贸易，集聚工业，伴随着工业化、城市化、逆工业化、郊区化、再工业化和新城市化过程，水道的功能从贸易运输、工业用水、原材料及产品运输、港口与铁路的多式联运，到成为游船航道、捕鱼钓鱼以及生物种群的繁衍生息之地，滨水空间也从工业时代的仓库、码头、铁路站场，到公园、游憩设施以及博物馆、剧院等文化设施集聚区。公园从建市后的零星广场、绿地，到规划预留大型公园用地，并通过公园带连成环带。利用河谷、低地和湿地规划大都市区公园系统，建设环城公园，规划林荫道、对角线道路及连通水系，构筑联网成片的公园系统。同时，与社区改良运动相匹配构建邻里公园与邻里中心模式，通过《芝加哥规划》理顺融合公共公园、公共设施和公共空间的密歇根湖滨公园带和博物馆带、创新型公共设施带。贯通的公园系统与水系结合不仅改善城市环境，而且完善和固化城市空间结构，成为城市防灾的绿色生态屏障。

芝加哥从一个密歇根湖边的边疆哨所快速发展成工业城市，成为全球城市规划的典范和绿色可持续发展示范城市。为弥补人口快速增长、城市快速发展和工业发展后的环境、设施的不足和城市文明的提升要求，芝加哥持续通过公园系统、公共设施系统、水系及市政设施的改善以及滨水空间的改造利用，来改善人居环境，同时调整和完善城市空间结构，水系及公园系统等自然空间从为工业、发展所用的人工化到回归自然、人与自然和谐共处的自然化，用自然来融解城市，用绿色来化解棕色、锈色，来美化城市、激活城市，将自然融汇到城市生活的方方面面，促进城市的文明发展。

2．绿色基础设施与城市空间架构

1999年8月，美国保护基金会（The Conservation Fund）和农业部林务局（USDA Forest Service）首次提出绿色基础设施的概念[①]，但是追溯历史，绿色基础设施的基础是曾经作为城市经济命脉的水系以及成片成网的公园系统、林荫道系统。为了航运的效率，芝加哥开凿运河、改造河道，为了减少对饮用水源——密歇根湖的污染，芝加哥实施了河流倒流的工程。在公路、汽车及航空运输发展冲击航运时，《芝加哥规划》确立了与河道、

---
① 宫聪．绿色基础设施导向的城市公共空间系统规划研究．南京：东南大学，2018:20.

湖岸平行的交通走廊，进一步固化了水系支撑的城市骨架。按片区均衡布局的公园系统（尤其是大公园）以及林荫道系统成为芝加哥片区、社区格局的基础。水系格局与公园格局的叠加构成芝加哥绿色基础设施框架。

1）水系

芝加哥的水系格局由其地质和地貌格局所决定。早期冰川冰碛形成平行于密歇根湖的分水岭，分水岭经过芝加哥郊区橡树溪，分水岭东侧注入密歇根湖，西侧注入伊利诺伊河、密西西比河，再注入墨西哥湾。东侧水系主要包括芝加哥河和卡鲁米河、卡鲁米湖，围绕芝加哥市，其主要功能包括贸易运输，工业用途（工业用水、工业码头驳岸等），生活用途（公园、游憩、雨污排放），以及生态用途。西侧水系主要包括由北而南的德斯普兰斯河与南部的堪卡奇河，汇入伊利诺伊河，沿线有大片森林、自然区域、具有地质和历史价值的区域、原始草原、湿地、密林、考古发掘基地及运河古迹，还有不少老工业城镇和历史城镇，如芝加哥大都市区的埃尔金、内珀维尔等[①]。

（1）以航运、贸易为目的

芝加哥河是一条Y形的河流，南、北支流与密歇根湖平行，主干河道垂直于密歇根湖，形成Y形。1833年，芝加哥河入口沙洲的开口和入口港口的建设完成。芝加哥河北部的三条支流（思科奇河、中福克河、西福克河）在北库克县相汇，南支流只有7英里。早期芝加哥河流向密歇根湖，以沿线土地抵押的方式筹资兴建伊利诺伊—密歇根运河，运河于1848年开通，将芝加哥河与伊利诺伊河连通，贯通了从墨西哥湾，通过密西西比河、伊利诺伊河经芝加哥与密歇根湖和圣劳伦斯海道注入大西洋的便捷通道。卡鲁米河早先由平行的大卡鲁米河、小卡鲁米河以及卡鲁米湖组成，流线蜿蜒曲折。由于芝加哥中心区的快速发展，芝加哥河的容量难以满足航运需要，随着芝加哥南部的工业集聚发展，1890年代开凿运河将卡鲁米湖与密歇根湖相连，在卡鲁米湖建起卡鲁米港，成为伊利诺伊州乃至美国中西部地区通向圣劳伦斯海道的主要港口。1922年修筑的16英里长的卡鲁米—赛格运河，与伊利诺伊河相连，逆转河流流向由密歇根湖流向伊利诺伊河。

（2）排污与污染治理

早期的芝加哥河是芝加哥的饮用水源。1840年代，芝加哥的自来水及输配水系统取自密歇根湖，排水则是通过直排进入沟渠、地表或化粪池；1840—1850年代，建设供排水系统；1851年，芝加哥城市水力公司成立，由政府取代私人供水。然而随着人口的急剧增加，芝加哥中心区日渐拥挤，芝加哥独特的浅层沙地＋不透水黏土层的地层结构导致的排水和排污问题日益突出，芝加哥河不堪重负，经由芝加哥河的污水向密歇根湖的排放也导致严重的饮用水污染问题。

---

① Chicago Park District. Forest Preserve District of Cook County. Cityspace: An open space plan for Chicago, 1996.

1849—1854 年芝加哥霍乱、痢疾肆虐，为解决污水收集、处理的问题，芝加哥市于 1856—1866 年在地面建立第一个综合性排水系统，为保证排水管正常铺设，将地坪抬高 10 英尺；1861 年，芝加哥商业区的下水道建设全部完成；1871 年，治理芝加哥河，改造、深挖伊利诺伊—密歇根运河；1863 年，对供水系统进行修缮；1864 年，在密歇根湖底修 2 英里湖底隧道取水，于 1865 年 11 月至 1866 年完成，同期修建水塔；1889 年 5 月 29 日，卫生管理授权法案的颁布促成芝加哥地区一系列污水回收、处理工程的实施，如芝加哥河倒灌工程（1900 年）、卫生和航运运河（1900 年）、北岸运河（用于芝加哥北郊密尔沃基、埃文斯顿等镇排水和排污所用）（1910 年）、卡鲁米—赛格运河（1922 年）的实施，以及芝加哥北部（1928 年）、西部（1931 年）、西南部（1939 年）几个污水处理工程的建设；1972 年，建设统一的"隧道 + 水库"的地下水网工程（Tunnel and Reservoir Plan），包括 4 条深层隧道和 3 座水库，2006 年完工[①]。

　　（3）芝加哥地区河道系统的转型与保护

　　芝加哥地区的河道系统是一个战略性交通通道，连接墨西哥湾、密西西比河系统和五大湖区以至大西洋。经历了蒸汽船、柴油驳船、集装箱运输的航运发展过程，是芝加哥兴起、工业发展和工业衰败，以及铁路、公路、航空等交通方式发展转换的见证，是芝加哥城市格局的骨架。随着运输量的减少、快捷运输的需要以及河道污染等环保要求的提高，芝加哥河道系统航运量呈下降态势，尤其是公路、铁路运输和集装箱运输发展后，芝加哥河及其他运河航运萎缩，航运集中到卡鲁米地区。由于运输公司、仓储公司、港口、码头资产的私有化，以及芝加哥水运的独特优势，加上《芝加哥规划》确定的工业走廊的发展模式，芝加哥水道系统仍然保持了一定量的航运，卡鲁米港口运量仍然位居全美前列。

　　不可避免地，历史性河道及设施的保护、芝加哥工业城市风貌的留存以及河道及沿线生态化、娱乐化、开放化的要求推动着芝加哥河道的转型，从单一的货运和排水、截污功能转向清淤、净化、美化、生态涵养以及货运功能的保留和适当恢复等综合功能。芝加哥制造业复兴计划中的《芝加哥水道系统工业用途研究之驳船研究》报告主要对 4 个工业走廊（北支流、皮尔森、小乡村、卡鲁米）的驳运设施和与水运相邻的地块做了研究。北支流工业走廊的大部分交通产生于来自伊利诺伊州南部和密西西比河的大量砂石原材料，卡鲁米湖、卡鲁米河的许多货物运输来自密歇根州和通过大湖的商品，再经芝加哥通过公路转运到其他地方。

　　河道系统整体驳运的衰退是整个区域工业转型的结果，也是驳岸的工业基础变化的表征。内陆水运在商业中仍然扮演着重要角色，尤其是处理大运量、低价值的商品以及没有严格传递窗限制的商品，如采矿、农业、建筑材料等，水运在降低成本，减少公路交通量、

---

① 董俊 .19 世纪中期芝加哥供排水系统的建设与城市发展 . 福州：福建师范大学，2014.

油气、扬尘污染和卡车泄漏量等方面具有优势,如芝加哥两家最大的混凝土供应商在芝加哥主要工业走廊(北支流、皮尔森、小乡村)都拥有驳岸,往来于密西西比河流域和芝加哥之间;金属回收利用也是驳船利用大户。南部的卡鲁米工业走廊区域集中了铁路、高速公路等不同运输设施,使这个地区成为重要的仓储、物流以及其他交通导向型工业活动集中地,有 58 个商用码头设施,占芝加哥市的 71%。美国商务部认为芝加哥河道现有设施由于投资不足,满足不了货物运输的需要,未来将增加投资,予以加强。

2)公园系统

(1)零散建设

1835 年在芝加哥土地开始投机之时,芝加哥人就意识到需要优先保留一些公共使用的永不建设的土地作为开敞空间。1839 年,划定两块公园地即迪尔伯恩公园和湖滨公园,后者成为以后格兰特公园(Grant Park)的一部分。1842 年,华盛顿广场、杰弗逊广场、联合广场、艾丽丝公园和弗农公园相继建成。

(2)分片建设

1849 年,开发商约翰·赖特(John S. Wright)预计芝加哥将会大发展,预测未来每个区都需要一个公园,公园之间由林荫道相连,湖滨地带南北贯通,在城市外围由公园链和公园道组成环带环绕城市。芝加哥集中开始的公园和林荫道建设始于 1860 年代。1860 年,考虑到北部临湖低滩沙地的墓地会对湖水造成污染,带来霍乱等疾病,决定将墓地改为公园。1864 年,公园用地被预留,为纪念林肯总统取名为林肯公园。受纽约中央公园建设的巨大效应影响,1869 年,伊利诺伊州立法确定按芝加哥河分割的北部、西部和南部三部分区域分别成立三个公园委员会,并开始南部华盛顿公园、杰克逊公园、中途街、德雷克塞尔街公园林荫道,西部洪保德公园、加菲尔德公园、道格拉斯公园,以及北部林肯公园等建设,规划由戴弗西公园道将林肯公园与西部公园系统和东部的密歇根湖滨相连。1869—1900 年,三个片区公园系统分别建成。

(3)连通成网

1869 年,奥姆斯特德主导将公园连接成网,用公园和林荫道形成花园城市。1871 年,奥姆斯特德提出南部公园设计方案,建设华盛顿公园和杰克逊公园,并用中途草原带(Midway Prairie)连接两个公园,于 1879 年建成。

1880 年,芝加哥公园面积在全美排 32 位,人均公园用地 6.87 平方米 / 人。1889 年芝加哥扩大市区范围后,此时也正值城市快速扩张威胁到周边自然资源,如德斯普兰斯河沿线草地、斯科奇沼泽、卡鲁米湖、卡鲁米河以及密歇根湖滨北岸的悬崖和沟壑。在周边地区另成立 19 个公园管理局(Park District),加强公园建设管理。

1899 年,成立库克县森林保护局,建议保护德斯普兰斯河河谷自然保护地、小卡鲁米河沿岸、密歇根湖西侧北岸斯科奇沼泽,形成围绕芝加哥城的新月形自然保护地。1903 年,成立外环公园委员会(Outer Belt Park Commission),成立森林保护基金。至 1915 年,库克县森林保护局划定了 24 000 英亩的自然保护地。

1909 年,《芝加哥规划》设计湖滨公园带和公共设施带,连接北部林肯公园和南部杰克逊公园,布置一系列博物馆、文化中心等,规划提出环城利用湿地、森林和农田建设外围大型公园系统。城内利用林荫大道、对角线道路形成节点公园。密歇根湖滨形成由"公园道 + 潟湖 + 沙滩 + 岛链"构成的多层次绿化(林带)、娱乐、生态、景观等多功能的公园带。[1][2]

1934 年,成立芝加哥政府公园局(Chicago Park District)。1934—1942 年是芝加哥公园大规模建设时期,政府着力修缮小公园,重建湖岸道(Lake Shore Drive),并扩建林肯公园和湖滨伯纳姆公园。

1950 年代,在湖滨建设麦克米克会展中心、海军码头,2004 年建成千禧公园(表 4.12)。

表 4.12　　　　　　　　芝加哥城市公园建设与城市用地功能的转变

公园名称	建成年份	面积(英亩)	曾经土地用途
伯纳姆公园	1856 年	598	垃圾填埋等
林肯公园	1864 年	121	公共墓地
道格公园	1879 年	173	沼泽
杰克逊公园	1893 年	494	博览会用地、军事用地
海军码头	1994 年	50	军事码头
千禧公园	2004 年	25	高架道路、废旧停车场

来源:张静雨,张景秋.从芝加哥城市公园体系透视国家中心城市人文创新环境建设.北京规划建设,2017(01):81.

(4)社区公园与社区公共设施

1890 年代,芝加哥开敞空间总体规划出台。此时以简·亚当斯为首的芝加哥社会改良人士倡议公园应发挥社会教育和社会改良作用,应有游戏场地和公共设施,教育委员会要求每个小学旁边要有游戏场地,南部公园委员会主管弗兰克·福斯特(Frank Foster)要求社区公园要有室内外体育场馆、跑道、戏水池、沙场、会堂、俱乐部以及风景优美的场地,形成社区小公园与邻里中心模式。1904 年,奥姆斯特德、伯纳姆与南部公园委员会一起设计了 14 个社区公园系统,1905 年建成 10 个。1893 年,哥伦比亚世界博览会选址杰克逊公园,开启湖滨地带的公共空间和公共设施建设,哥伦比亚世界博览会的举办促进了以杰克逊公园为起点的湖滨公园带的建设,湖滨压缩铁路站场用地、停车场用地,改为公园、博物馆带和公共设施带。

3)绿色城市与宜居城市建设

1990 年代以来,芝加哥发起了开敞空间创造、保护规划,2000 年后更加注重绿色芝

---

[1] BURNHAM D H, BENNETT E H. Plan of Chicago. New York: Princeton Architectural Press, 1993.
[2] 奥姆斯特德.美国城市的文明化.王思思,等,译.南京:译林出版社,2013:121-141.

加哥的规划建设，提出河道自然化、更多开敞空间、野生动物保护以及建构步行网络、迹地网络的目标（表 4.13—表 4.17）。

1990 年代后，芝加哥主要通过以下三种方式来增加公园用地：一是利用学校周边的硬地和空地改造成活动场地或公园；二是充分挖掘利用河道和湖泊周边的湿地、空地和没有利用起来的自然地；三是将城市广泛分布的零散的空地（比如拖欠税款的空地）通过一定方式征用为公园。

在河道（自然河道和运河）和湖泊周边开辟贯通的绿道，河道沿线新建建筑保留 30 英尺的退线，形成河滨开敞空间和绿道；沿废弃的铁路走廊开辟自行车道和自然迹地，贯通开敞空间。在湖滨改造停车场地、道路、铁路以及其他低效利用的硬质铺地为公园绿地。在中心区贯通沿河公园、步行道和娱乐休闲区域，建构连续的沿河步道系统；在低效利用的铁路站场发展文化娱乐空间，来扩大千禧公园；利用中心区空地建设开敞空间。对交通走廊、工业走廊和市政设施用地提高公共工程的景观美化要求，对工业区空地和公园道提高景观设计要求，开发工业区室外娱乐休闲空间；改善市政建筑周边的景观建设水平。

表 4.13　　　　　　　　　　库克县森林保护局在芝加哥的游乐设施

分区	地区 / 设施	面积（英亩）
北支流	埃奇布鲁克森林和野餐小树林、印第安路森林、考德维尔森林和野餐小树林、福雷斯特峡谷森林和野餐小树林、拉巴格森林和野餐小树林、比利·考德维尔高尔夫球场、埃奇·布鲁克高尔夫球场和社区俱乐部、詹森托·博根滑雪场和北支流自行车道（有铺设）	877
印第安纳边界	凯瑟琳·谢瓦利埃森林和野餐小树林、罗宾逊森林和野餐小树林、席勒森林和野餐小树林、切切平夸森林和野餐小树林、拉弗朗·布瓦斯自然保护区、印第安边界高尔夫球场、德斯普·雷斯多功能小径	1786
卡鲁米	帕德伯恩湖和野餐小树林、伯纳姆森林、茄子小树林、野狼湖瞭望塔和野餐小树林、博宾森林和野餐小树林、平足湖和野餐小树林、丹瑞安森林和野餐小树林、丹瑞安托·博根滑雪场	1020
位于芝加哥的库克县森林保护总面积		3683

来源：Chicago Park District. Forest Preserve District of Cook County. Cityspace: An open space plan for Chicago, 1996.

表 4.14　　　　　　　　　　芝加哥按权属划分的开敞空间

权属单位		面积（英亩）
芝加哥公园局		6697
库克县森林保护局		3683
伊利诺伊州自然资源部（沃尔夫莱克威廉·鲍尔斯保护区）		613
芝加哥市	公园、购物中心、广场	30
	北部花园村自然中心	46
	林荫道（估计）	405
其他地方面积		25
面积总计		11 499

来源：Chicago Park District. Forest Preserve District of Cook County. Cityspace: An open space plan for Chicago, 1996.

表 4.15　　　　　　　　　　　　　　芝加哥公园及开敞空间

类型	特色	案例	数量	占比
重点公园	50 英亩以上，对大都市区的大多数游客有吸引力	伯纳姆公园、格兰特公园、杰克逊公园、林肯公园	5	38%
市级公园	50 英亩以上，对市区范围的游客有吸引力	道格拉斯公园、加菲尔德公园、洪堡公园、马凯特公园、华盛顿公园	10	25%
区域性公园	15—50 英亩，有室内和室外游乐设施，服务于城市某个区域	霍纳公园、伯蒂奇公园、罗杰斯公园、威尔斯公园	46	16%
社区公园	3—15 英亩，有室内和室外游乐设施，服务于几个社区	阿蒙森公园、新月公园、富勒·锡瓦塔公园、杰弗森公园	130	14%
小区公园	0.5—5 英亩，有室外设施，有时有室内设施，服务于一个小区	柯尔公园、杜丽公园、格罗斯公园、琼基尔公园、皮克托罗夫斯克公园、塞内卡公园	159	4%
微型公园	小于 1 英亩，有活动场	巴拉加公园、沙棘公园、哈丁公园、尼尔森公园、柳树公园	145	0.5%
消极空间/自然地	没有室内或室外游乐设施的风景公园	奥本公园、塞尔公园、克拉克公园、滨海河、华盛顿广场	41	2%
未整理地	预留公园建设场地	中国城公园、杜萨布尔公园	15	0.5%
总计			551	100%

来源：Chicago Park District. Forest Preserve District of Cook County. Cityspace: An open space plan for Chicago, 1996.

表 4.16　　　　　　　　　　　　　芝加哥分区域公园用地情况

区域	面积（英亩）	在公园用地占比
湖滨	2520	38%
北部	830	12%
中心区	1078	16%
西南部	1186	18%
南部	1083	16%
合计	6697	100%

注：比例是按照芝加哥公园总面积 7341 英亩计算，表中英亩数是剔除了非公园设施面积的汇总数。
来源：Chicago Park District. Forest Preserve District of Cook County. Cityspace: An open space plan for Chicago, 1996.

表 4.17　　　　　　　　　　　　　芝加哥 1840—1990 年的公园面积

年份	人口数（人）	公园面积（英亩）	千人指标（英亩/千人）
1840 年	4470	2	0.4
1860 年	112 172	37	0.3

续表

年份	人口数（人）	公园面积（英亩）	千人指标（英亩/千人）
1890 年	1 099 850	2006	1.8
1910 年	2 185 283	3242	1.5
1930 年	3 376 438	5713	1.7
1950 年	3 620 962	7480	2.1
1970 年	3 366 957	6974	2.1
1990 年	2 783 726	7423	2.6

来源：Chicago Park District. Forest Preserve District of Cook County. Cityspace: An open space plan for Chicago, 1996.

3．滨水空间改造利用案例

1）密歇根湖滨地带的改造利用

密歇根湖滨地带，早期是芝加哥的城市后院，是饮用水源和排污场所，也是墓地以及铁路站场、港口和码头所在，1860 年代爆发由污染所致的霍乱等疾病之后，湖滨的地位被重新认识。随着南北公园的建设、南北公园的贯通以及道路的连通，湖滨地带成为芝加哥的前厅，在奥姆斯特德以及伯纳姆的规划设计中，湖滨地带成为芝加哥最为珍贵的资源和景观。从岸线的塑造到公共设施、公共场所和公共活动的场所设计，湖滨地带成为芝加哥最有活力的城市客厅。

芝加哥密歇根湖滨地带最早在芝加哥河入湖口附近建立城堡以及贸易货栈、码头，后沿滨湖地带布置来自南部和西南部的伊利诺伊—中央铁路站场。此时的密歇根湖既是芝加哥水源地，也是芝加哥污水排放收纳所，湖滨地带污染严重，臭气难闻，人迹罕至，也直接威胁到芝加哥的饮水安全。改造后的芝加哥地区拥有 26 英里风景如画的湖滨地带、15 英里的沙滩浴场、19 英里的湖滨自行车道。沿密歇根湖有著名的博物馆区，拥有三大世界著名的博物馆——阿达勒天文馆和天文博物馆、菲尔德博物馆、谢德水族馆，有世界上收藏印象派和后印象派画作最多、最丰富的博物馆之一——芝加哥艺术研究所、芝加哥艺术博物馆，还设置了芝加哥文化中心、千禧公园、芝加哥音乐舞蹈剧院、海军码头的莎士比亚剧院、儿童博物馆等公共设施。

芝加哥密歇根湖滨改造利用的设想最早出现在 1871 年奥姆斯特德《关于南部公园设计的附属规划报告》中，在设计南部华盛顿公园和杰克逊公园时，奥姆斯特德提出密歇根湖滨是芝加哥潜在的巨大的景观优势之一，要加以发掘和合理利用。在他的南部公园的设计中，他设想将湖滨公园带与南部公园贯通，进行整体规划设计，奥姆斯特德认为芝加哥平坦的、树木稀少的草原和无边无际的湖面是芝加哥景观的主要特征，他设想在密歇根湖岸边设置结实的沙洲，能经受密歇根湖的大风和巨浪的冲击，用高密度的悬垂植物和灌木使湖岸看起来丰富多样。顺应湖岸逐渐向湖淤积的特性，设计纵向的沙洲和长条形的潟湖，使平顺的湖岸线增添变化和乐趣。同时营造潟湖湿地，保护湖岸的生物多样性和景观多样性，将芝加哥水面、草原的景观特征放大。"外面的湖面形成简单、自然、波涛拍岸的前景，内部的潟湖错综复杂、隐蔽幽深，有丰富的植物，而且色彩丰富、光影变幻无穷。"[①] 奥姆斯特德对于美国现代景观建筑学具有开创性贡献，他的青年时代正处于美国工业化爆发式发展阶段，1850年代，他开始以景观建筑为业，并发展出景观设计的社会和政治价值观，坚信艺术是人类文明化改造的好方法[②]。为应对工业化时代诸如火灾、卫生、疾病等大城市病，他提出公园尤其是大公园和公园道系统对营造优美城市环境、防灾减灾、促进市民健康、陶冶城市文明具有重要作用，并基于美国本土的自然、地理条件和区别于欧洲封地、领地特征的花园景观（Garden Scape）而创造出的大地景观（Landscape），设计结合自然，设计顺应自然，将自然的景观特征予以完美组织。同时首次提出"公园道"（Parkway）概念，将城市公园联系起来形成连续的公园系统，在达到景观美的同时创造良好的景观生态效果，并服务更广泛的城市居民。

伯纳姆也看到滨水地带的巨大价值，认为滨水地带不仅为富人服务，也需要为底层民众服务。他设想在湖滨建设可支付房屋，最后确定开辟为广大民众共享的公园和公共设施带。伯纳姆的《芝加哥规划》主要侧重于湖滨地区的保护与开发，它所引发的系列规划法律也多与湖滨地区有关，如在区划制度开始实施时即对湖滨地段提出特别要求，1919年芝加哥规划委员会通过《湖滨地区保护大纲》（*The Lakefront Protection Ordinance*），1970年在芝加哥区划法（Zoning Ordiance）中增加新章节《密歇根湖以及芝加哥湖滨地区保护条例》（*Lake Michigan and Chicago Lakefront Protection Ordiance*）等。这些具有法规性质的连续性文件对于湖滨地区的保护与开发起到了主要指导性作用，有"整治芝加哥河及南北支流，加强芝加哥河与密歇根湖的联系"等条目，但这时的整治主要侧重在治理水体污染方面，而不是景观方面。其中强调建设连续的自然湖岸带，通过创建沙丘和湿地促进湖滨自然生境的恢复，将生物多样性显著的地段如湖滨沼泽地划定鸟类自然保护区（图4.20）。

湖滨海军码头的利用改造是典型的转型案例。芝加哥海军码头原名为市政码头，1913—1916年建成，1917年在第一次世界大战中改作海军设施，1920年改为海军码头，长3000英尺、宽300英尺，包括港口设施、仓储库房、铁轨线路、办公空间和保留至今的舞厅。1930年代，汽车的发展使码头功能逐渐衰退，第二次世界大战期间再次作为海军设施使用。围绕海军码头的功能和使用问题争执了多年，码头委员会（The Harbor Commission）曾希望将芝加哥建成像纽约、伦敦一样拥有海洋级货运码头的国际性贸易城市，他们倾向于将湖滨地带发展成为城市的商业运输中心，并于1950年

[①] 奥姆斯特德. 美国城市的文明化. 王思思, 等, 译. 南京：译林出版社, 2013: 130.
[②] 奥姆斯特德. 美国城市的文明化. 王思思, 等, 译. 南京：译林出版社, 2013: 序言.

图 4.20 《芝加哥规划》绿地系统总图
来源：作者根据 BURNHAM D H, BENNETT E H. Plan of Chicago. New York: Princeton Architectural Press, 1993. 绘制

将铁路延伸到海军码头的东端，与已建成的公共运输码头接轨。但随着水运交通量的日益减少，以及货物运输对湖水的污染，码头的货运功能停业。1950 年代，海军码头成为伊利诺伊大学一部分，1970 年关闭。码头舞厅于 1976 年重建，同时对码头的一部分进行了再开发，引入了贸易展示功能。1989 年，海军码头重新进行了设计，成为展示与娱乐功能兼备的综合设施。1995 年，对海军码头再次进行改建，改建后的海军码头全长 3150 英尺，占地 215 万平方英尺，设置莎士比亚剧场、芝加哥儿童博物馆、IMAX 剧院以及展览设施。

2）芝加哥河的改造利用 [1],[2]

芝加哥河是芝加哥的母亲河，伴随着芝加哥从边哨城堡发展成工业城市、全球城市，芝加哥河也从边缘河道成为在摩天大楼之间蜿蜒穿过的河巷，从一条驳船穿梭的贸易之河，到工业时代运输繁忙的有挡墙的河道、收集雨污的河道，现在成为在高楼之间穿过的人与

---

[1] The Chicago Mayor's Nature & Wildlife Advisory Committee. Chicago Nature & Wildlife Plan Update: A Strategy to Enhance Urban Ecosystems 2011-2016. Chicago: The Chicago Mayor's Nature & Wildlife Advisory Committee, 2011.
[2] 梁雪. 芝加哥的滨水区建设. 重庆建筑, 2003（02）: 50-52.

自然休养生息的生态河道,变的是沿岸的建筑、功能和水质以及在城市的位置,不变的是自然,是水体和日渐浓厚的历史感。芝加哥河是一条自然和历史的河道。沿岸由仓储、木材码头、港口转变为多功能开发,尤其是主河道和中心区段,两侧成为办公、金融、总部、剧院、酒店等城市服务功能的集聚地,由于水质改善、环境改善,沿岸出现居住及公园等新功能。

在芝加哥的城市发展过程中,随着城市的一次次外扩,芝加哥河成为穿越城市中心的河道,在《芝加哥规划》以及后续的中心区规划中,持续提出恢复芝加哥河的景观美学功能、休闲娱乐功能以及自然生境的生态功能,并在芝加哥河沿线增加公共节点,进行公众可达性改造,开辟沿岸步道。改造后的芝加哥河沿岸公园、广场、餐厅等各类娱乐休闲场所密集,建设了哥伦布斯公园、世纪喷泉、水门(water gate)等系列项目,丰富了芝加哥河沿岸和河上景观,同时改善了水质,河道由以货运为主改为多用途。为吸引旅游,主河道在不同季节开展各具特色的城市节日活动,如春天的圣帕特里克节,绿染芝加哥河迎接春天到来;秋天的芝加哥河历史建筑河道游;冬天来临前的桥梁开启日,湖滨帆船扬帆进入芝加哥河,芝加哥河被打造成旅游目的地。

芝加哥河在改造中注重保护沿河的自然生境,征用未经保护的自然区域,实施沿河生境区域全管控,加强沿河建筑的新建和维修管理,对占用 100 英尺河道长度的新开发采取有计划发展(Planned Development)模式严格审查。如加强维护鸟类安全的建筑设计、绿屋计划和绿色建筑(LEED)计划,如绿屋顶、人工烟囱,利于鸟类迁徙和筑巢;加强河滩清除垃圾计划,减缓海鸥繁殖,保护水质;科学设置灯光和照明,减少对动物和昆虫的光照,促进生物多样性的保护和营造。同时利用芝加哥河岸废弃的工业岸线改造而成的景观生态实验室——河滨点子实验室(The River Edge Ideas Lab),探讨河滨生态、游憩改善的有效办法。

芝加哥河北支流鹅岛湿地及河岸生态化和公众可达改造也是典型的转型案例。芝加哥河在北支流区域内全长 3.7 英里,为便捷北支流的航运,1850 年代芝加哥市实施了河道裁弯取直,开挖出 1 英里长的北支运河,形成鹅岛。芝加哥早期的肉类加工、木材加工等工业发展就是在芝加哥河南北支流交汇处北侧的北支流两侧,运河开通后鹅岛也成为芝加哥早期郊区钢铁、电力、饮食等工业集中区,同时也集中了人民煤气(People Gas)等公用市政设施,由于长期的工业用途,芝加哥河北支流河道及运河基本不对外开放。随着芝加哥产业转型,鹅岛的功能从工业向高科技创新中心、服务设施、旅游设施转换。北支流鹅岛段的改造主要目标是河道自然化、开放化、公共化,打破与周边的封闭隔离状态,相互联结成为一个整体。随着该地区逐步转型为功能更为复合的就业中心,该地段河道、湿地等自然资源日渐稀缺,用地功能的兼容、更为开放的滨水公共空间和工业建筑的转型利用,使得北支流鹅岛段需要增加开敞空间、公园、广场等来改善工业走廊地区的环境品质,以激活街区活力。鹅岛北侧河流三岔口的生态环境也需改善。

第 4 章 芝加哥的城市转型

图 4.21 芝加哥河北支流鹅岛区域鸟瞰
来源：《芝加哥河北支流工业走廊现代化框架规划》

北支流鹅岛段滨水空间改造主要包括：北端三岔口的整治和野外一英里[①]的河岸自然化改造；其他岸线公共区域的预控；区域交通的改善，使鹅岛地区从孤岛与城市路网贯通成为区域交通的一部分。其中，野外一英里项目设计了互动沉浸式的浮动生态公园，除了作为铺有木栈道的湿地公园之外，它也将作为一个在城市环境中进行研究、创新和保护工作的实验室，为市民提供户外教育场地。在提供教育、艺术和娱乐机会的基础上，项目将为周边地区培育浓厚的社区氛围，同时也为该地区的企业、业主和城市旅游业提供人气和吸引力（图 4.21）。见《芝加哥河北支流工业走廊现代化框架规划》目标 3。

- **目标 3：强化北支流工业走廊独特的自然和人工建设环境**

  芝加哥河和北支流运河是该走廊内最为突出的自然特征。应加强对它们的利用方式，以便在不损害继续作为原材料运输和其他相关用途需要的情况下，为公众提供更多的亲水机会。

  国家游憩和公园协会（National Recreation and Park Association）表示，对上述两条水道的投资和改善应列为优先事项，以促进人居健康、环境保护和社会公平，这也将对临近社区产生最广泛的有益影响。

---

① 详见：https://www.chicago.gov/city/en/depts/dcd/supp_info/wild-mile.html。

> 人居健康的改善应着力增加人们进行个人运动和团体体育活动中的机会;环境保护工作应基于良好的管理,包括改善对土地、水、植物和野生动物的影响;而对于社会公平的考虑应该努力确保所有的个人和群体都拥有同等的接触自然的机会。
>
> 北支流工业走廊的城市设计导则详细说明了如何基于现状的工业景观,将该地区转型成为混合用途的城市环境。
>
> ——《芝加哥河北支流工业走廊现代化框架规划》

参考文献:

[1] ABU-LUGHOD J L. New York, Chicago, Los Angeles: America's Global Cities. Minneapolis: University of Minnesota Press, 1999.

[2] BURGESS E W. The Growth of the City//PARK R E, BURGESS E W, KENZIE R D. The City. Chicago: Chicago Press, 1925: 47-62.

[3] BURNHAM D H, BENNETT E H. Plan of Chicago. New York: Princeton Architectural Press, 1993.

[4] Chicago Department of Housing and Economic Development. Chicago Sustainable Industries: A Business Plan for Manufacturing. [2021-10-08]. https://www.chicago.gov/city/en/depts/dcd/supp_info/chicago_sustainableindustries.html.

[5] Chicago Department of Planning and Development, Department of Transportation. Industrial Corridor Modernization: North Branch Framework. [2021-10-08]. https://www.cityofchicago.org/.

[6] Chicago Metropolitan Agency for Planning. On To 2050. [2021-10-08]. https://www.cmap.illinois.gov.

[7] Chicago Metropolitan Agency for Planning. Regional Strategic Freight Direction. [2021-10-08]. https://www.cmap.illinois.gov.

[8] Chicago Metropolitan Agency for Planning. The Freight Manufacturing Nexus: Metropolitan Chicago's Built-in Advantage. [2021-10-08]. https://www.cmap.illinois.gov.

[20] Chicago Metropolitan Agency for Planning. The Freight System Snapshot. [2021-10-08]. https://www.cmap.illinois.gov.

[21] Chicago Department of Housing and Economic Development. Planned Manufacturing District Modernization Report(Draft). [2021-10-08]. https://www.cityofchicago.org/.

[22] Chicago Department of Planning and Development. The Geography of Production: Chicago and its Industrial Corridor System. [2021-10-08]. https://www.cityofchicago.org/.

[23] Chicago Department of Planning and Development. Industrial Usage of Chicago Area Waterway System: Barge study. [2021-10-08]. https://www.cityofchicago.org/.

[24] HUNT D B, DEVRIES J B. Planning Chicago. Washington: Planners Press, 2013.

[25] LEWIS R. Chicago Made: Factory Networks in the Industrial Metropolis. Chicago: the University of Chicago Press, 2008.

[26] WILLE L. At Home in the Loop. Carbondale: Southern Illinois University Press, 1997.

[27] 奥姆斯特德. 美国城市的文明化. 王思思, 等, 译. 南京: 译林出版社, 2013.

[28] 董俊. 19 世纪中期芝加哥供排水系统的建设与城市发展. 福州：福建师范大学, 2014.
[29] 宫聪. 绿色基础设施导向的城市公共空间系统规划研究. 南京：东南大学, 2018.
[30] 胡晓玲. 企业、城市与区域的演化与机制. 南京：东南大学出版社, 2009.
[31] 霍伊特. 房地产周期百年史：1830—1933 年芝加哥城市发展与土地价值. 贾祖国, 译. 北京：经济科学出版社, 2017.
[32] 卡斯特. 网络社会的崛起. 夏铸九, 王志弘, 等, 译. 北京：社会科学文献出版社, 2003.
[33] 梁雪. 芝加哥的滨水区建设. 重庆建筑, 2003(02): 50-52.
[34] 沙森. 全球城市：纽约、伦敦、东京. 周振华, 等, 译. 上海：上海社会科学院出版社, 2005.
[35] 王旭. 美国城市发展模式：从城市化到大都市区化. 北京：清华大学出版社, 2007.
[36] 张静雨, 张景秋. 从芝加哥城市公园体系透视国家中心城市人文创新环境建设. 北京规划建设, 2017(01): 81.
[37] 张庭伟, 胡晓玲, 丘永东, 等. 美国 MPC 社区：规划·设计·开发. 北京：中国建筑工业出版社, 2009.
[38] 芝加哥政府网站 https://www.chicago.gov/.

第 5 章 芝加哥产业与城市发展互动规律

城市规模扩张和房地产周期性规律反映了城市发展及功能、结构转换过程，与产业阶段性转换特征及金融周期性波动的规律对比可见，芝加哥产业与城市发展具有同频共振特性。本章节在对城市与产业周期性演变研究的基础上，分析二者相互作用在金融、文化、智力等方面的具体体现，剖析产业与城市相互作用的因素，如城市管治的文化背景、创新力量与创新机制，重点梳理转型发展中的公共政策。

5.1 产业转型与城市转型的周期律

5.1.1 城市发展的周期性规律

1．工业发展阶段性

如前所述，芝加哥工业发展过程可归纳为以下四个阶段：农产品贸易加工阶段（1848年前）、工业化阶段（1848—1968年）、后工业化阶段（1968—2008年）、再工业化阶段（2008至今）。

2．城市人口及市区规模变化

图5.1—图5.3可见，在芝加哥的发展历史中，人口和用地快速增长的节点包括1850年、1890年、1921年、1960年，其中1851—1920年是芝加哥周边广泛融入合并时期，经历了1837年建市、1848年铁路与运河修筑、1871年大火、1893年哥伦比亚世界博览会、1929年大萧条及郊区化、规模化、福特化大生产以及1950年代奥黑尔机场开通商航等重要节点，同时也是芝加哥工业化时代重大基础设施建设、城市发展和人口快速涌入增长的重要时期，是芝加哥城市发展的黄金时代，是工业化时代重大基础设施建设、城市发展和人口快速涌入增长的节点。

3．房地产周期

房地产周期性上涨是在经济逐渐复苏、企业盈利能力提高、有利事件发生、对城市发展前景乐观、投资增长等综合因素导致资产价格上涨时发生的，反之亦然。芝加哥的房

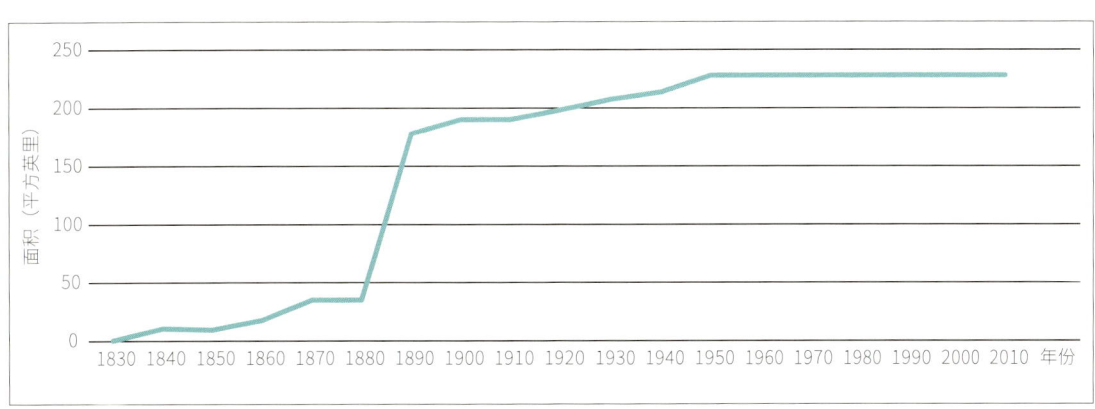

图5.1 芝加哥市 1830—2010 年每 10 年市区面积变化
来源：作者根据表 4.1 绘制

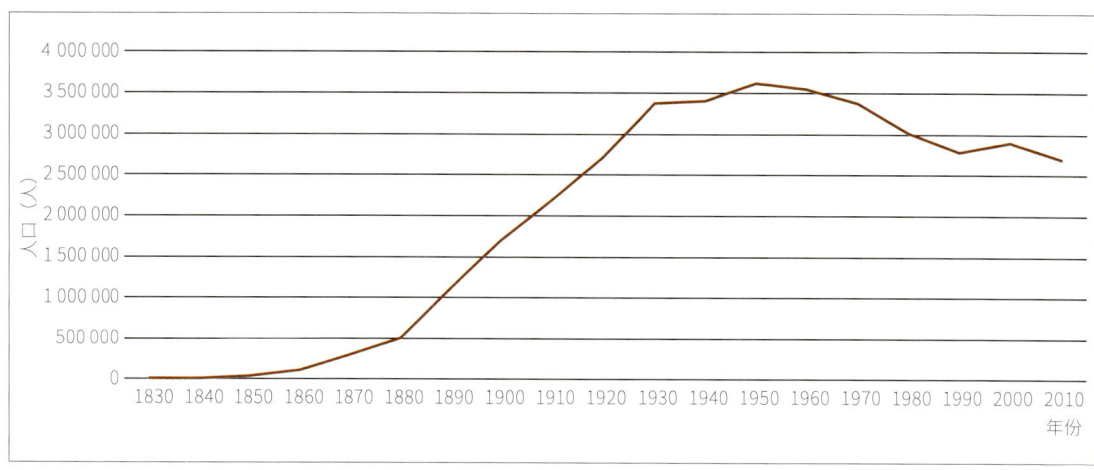

图 5.2 芝加哥市 1830—2010 年每 10 年市区人口变化
来源：作者根据表 4.1 绘制

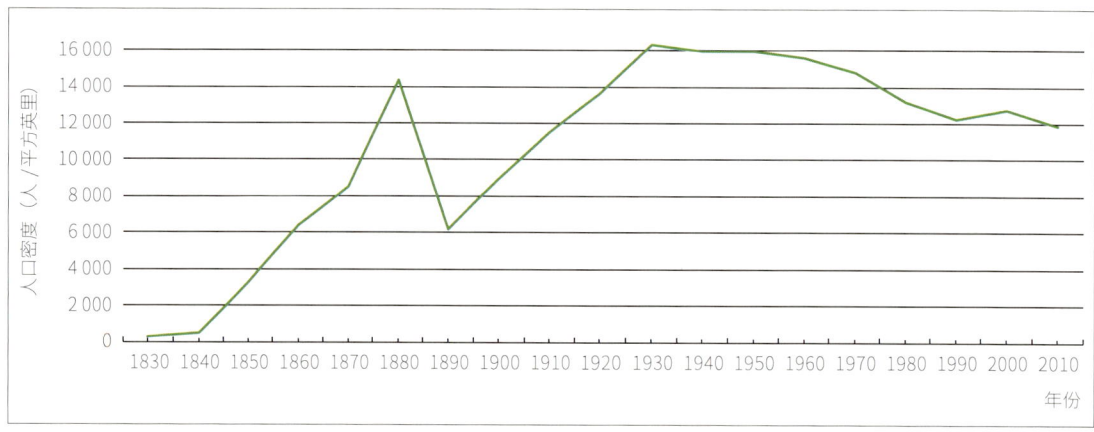

图 5.3 芝加哥市 1830—2010 年每 10 年市区人口密度变化
来源：作者根据表 4.1 绘制

地产开发包括住宅开发、工业地产开发，工业城镇、郊区镇、交通市政等基础设施建设，以及公园等景观建设、公共设施建设等开发建设活动。据《房地产周期百年史：1830—1933 年芝加哥城市发展与土地价值》总结，芝加哥 1830—1933 年百年房地产周期包括 1830—1842 年、1842—1861 年、1861—1879 年、1879—1899 年、1917—1933 年 5 个阶段，其中房地产萧条时期包括 1836—1841 年、1857—1861 年、1873—1878 年、1892—1898 年、1926—1932 年 5 个阶段。房地产周期的主要划分因素是人口增长、新建筑价值、土地细分、制造业产值、银行结算等。其中，交通设施是房地产周期的重要因素，铁路大规模建设时期是人口大规模流动的时期，推动房地产市场繁荣；汽车和公路带来郊区化，抑制了中心区房地产上涨。其中的几个房地产市场繁荣期主要因素是建市、运河和铁路修建带来商贸繁荣和人口增加、制造业和商贸的进一步繁荣、铁路建设高潮和南部发

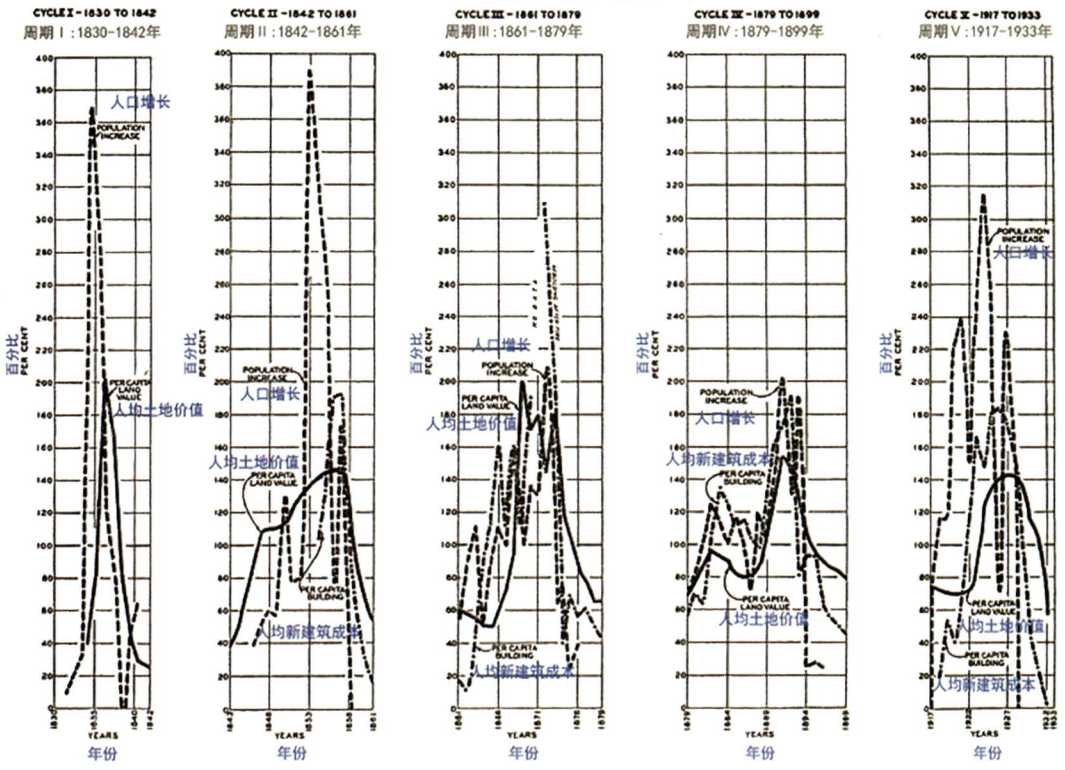

图 5.4 芝加哥历次房地产周期情况

来源：HOYT H. One Hundred Years of Land Values in Chicago: the Relationship of the Growth of Chicago to the Rise in Its Land Values, 1830-1933. Chicago: The University of Chicago Press, 1933: 370.

展高潮、新技术和汽车的出现（图5.4）。[①]

4．金融周期

芝加哥的金融周期以1837年、1857年、1873年、1893年、1929年、1973年、2008年为节点。

5．城市发展周期

如第4章所述，芝加哥城市发展阶段分为商贸中心城市阶段（1837年建市到1850年代）、工商业大都市阶段（1850—1970年代）、全球城市阶段（1970年代至今）。

---

① 霍伊特.房地产周期百年史：1830—1933年芝加哥城市发展与土地价值.贾祖国，译.北京：经济科学出版社，2017：308-353.

商贸中心城市阶段，芝加哥是以贸易流通为主的商业中心城市，以运河和汽船为主要交通方式，以农产品加工为主。1848 年，芝加哥第一条铁路建成通车，伊利诺伊—密歇根运河开通，奠定了芝加哥商业通衢的基础，同年，芝加哥商会（芝加哥期货交易所前身）成立，成为引领城市发展的商业组织，是芝加哥发展的起点。这一时期，芝加哥经历两次房地产周期，是人口快速增长时期。

工商业大都市阶段，芝加哥建立了完整的工业体系，形成水运与铁路的运输体系，构筑了完整的货运、贸易及交易管理的供应链。在期货交易所的基础上成立了商品交易所，发挥了中枢、控制中心的作用，将商品交易及批发和转运，向下延伸到商业零售，培育了中心商业区、专业零售区。随着铁路网络的建设，腹地逐渐扩大，从中西部地区到向东、西部进一步扩展，并具有全球指挥控制职能。为商品生产、转运、贸易服务的其他服务也越来越丰富完善，如金融创新、保险、法律、银行、会计、咨询、中介代理、广告以及旅馆、会展、文化艺术等，在财富和经济体量支持下，形成良性循环，助推大都市区功能的提升。在此期间，芝加哥经历了铁路的大发展、集装箱的发明、现代化港口的建设、汽车的发明及大规模生产与应用、飞机的发明和两个机场的建设，以及电力发明、通信技术的进步，开启全球化转移时代；经历了版图的一步步扩大，人口迅速增长，人口规模达到顶峰；经历了四次郊区化，房地产市场活跃，城市格局和空间结构逐步定型，城市服务业得到稳定的发展。以制造业占主导地位的综合性经济结构，伴随着制造业辉煌时期对科技的投入、机场的高标准建设以及全球化商业贸易的领导地位的提升，芝加哥顺利转换了发展的动力和空间，工业化时代的发展培育了金融贸易职能以及专业化服务职能，工业城市的物质基础如运输系统和工业地产成为芝加哥新时代的产业发展的基础、平台和物质空间。

全球城市阶段，公路和航空的发展把芝加哥与全球联系起来，传统制造业和福特式制造业受成本、工会管制的限制以及新产业的冲击，在1970 年代全球化浪潮中受联邦德国（西德）、日本第二次世界大战后的复兴以及中国改革开放、亚洲四小龙的崛起的影响，而快速大规模衰败，"芝加哥南部巨型工厂成了巨型坟墓"，总部、高科技企业以及部分制造业成为产业重构的主角，芝加哥商品交易所成为国际货币市场，其影响力超过芝加哥期货交易所，1991 年的交易额是纽约证券交易所的 4 倍，承担了全球经济最高层级的管理职能。

5.1.2　产业与城市发展周期性规律

芝加哥随产业转型的城市发展路径和影响因素可总结为：

（1）东部经验、人才、资金输入，芝加哥商会集聚各行业的实业家、投资家、投机客以及律师、建筑师等专业人士；

（2）以商会为平台、纽带，广泛开展实业（制造业）、商业贸易、房地产投资和社会事业活动，经营城市、建设城市、发展城市；

（3）在商贸中心城市—工业城市—全球城市的发展过程中，培育积累了一系列专业知识体系和流派，形成不同专业的芝加哥学派和专业服务业；

（4）房地产投资及房地产市场周期历史反映了芝加哥城市建设、城市发展的历史，表达了芝加哥市政建设、公园及生态环境、立体城市及交通建设、城市规划、城市经营的城市理想和社会情怀。

总之，芝加哥的崛起是东部的人才、资金、经验向内转移并经历大工业时代形成的独特发展路径，其中与芝加哥地理区位优势相关的商品贸易自始至终都是它的重要经济部门，不管是运河时代、铁路时代、汽车时代还是航空时代、互联网时代，从建市之初的期货交易所以及1871年成立的商品交易所、国际货币市场，开辟了芝加哥的期货交易所功能，金融职能一直是芝加哥的中枢和控制、管理中心，影响着产业的更迭和城市的建设发展。

5.2 城市转型与产业转型的相互促进

芝加哥产业的转型随着科技、贸易的发展，与交通方式、产业组织方式的改变相辅相成，一方面，对生产性服务业如金融、会展、创新的需求发生改变，交流方式也发生改变；另一方面，财富的积累相应改变消费模式、社会形态、社会结构、社会分工、社会需求，带来城市功能、城市空间结构、形态的变化，如城市核心区，在农产品贸易加工阶段是中央商业区，在工业化时阶段是中央商务区，在后工业化阶段是中央智力区，在再工业化阶段是中央智造区。在芝加哥工业城市的发展史和制造业复兴史中可见明晰的逻辑和因果关系。

5.2.1 金融中心：产业发展的金融支持

作为经济活动过程的媒介，商业和金融服务缩短了交易过程，提供的是流通服务，这些服务主要与商品、货币或货币资本的流通速度有关，服务的产生过程既存在于生产领域，也存在于流通领域。[1] 金融业是城市经济最基本的部门之一，也可以说是生产性服务业之首，带动贸易、保险、会计、法律、信息、统计等相关服务业。

以芝加哥期货交易所在产业和城市发展过程中的作用加以说明。[2] 芝加哥建市之初，金融行业的带头人同时也是城市的领导人，城市的兴衰是金融业领导者需要积极应对的问题。

（1）期货交易所的商业贸易职能主导芝加哥的城市发展和建设。期货交易所的设立是基于芝加哥商业贸易尤其是农产品贸易的交通和集散功能，这一职能贯穿芝加哥城市发

---

[1] 迪肯.全球性转变：重塑21世纪的全球经济地图.刘卫东，等，译.北京：商务印书馆，2009：367.
[2] 法龙.市场缔造者：芝加哥期货交易所150年.王学勤，译.北京：中国财政经济出版社，2011.

展的始终。围绕商品贸易的银行业务、交易产品创新而衍生的股票交易所、商品交易所等构成影响全美乃至全球的金融街区，期货交易所在的拉舍尔街也成为银行集聚的金融一条街。随着期货交易所的不断发展，芝加哥金融中心在全美、全球的地位长盛不衰，由此也带动芝加哥的印刷、广告传媒、会展等行业发展，距离期货交易所三条街的就是老的印刷街区。以商品贸易为核心，芝加哥城市建设和规划统筹考虑芝加哥与周边地区的关系，合理组织对货物快速集疏运的高速公路系统、铁路系统、河道系统，是中心区货物快速集疏运与客流、步行系统、城市生活相安无事的典范。

（2）期货交易所能够敏锐地反映市场需求，快速掌握和应用技术进步，包括不同金融品种的创新、场所条件的更新、数据信息的汇聚等，对信息通讯方式和设施的要求使芝加哥成为全美数据中心和通信枢纽。期货交易所在历次经济危机，特别是1970年代工业大规模衰败后，通过金融产品创新如货币市场、碳汇市场以及贸易产品创新发挥了城市发展稳定器作用，一方面坚持传统商品贸易优势，另一方面开拓新的市场和交易。

（3）自由市场精神和商会的契约和社会情怀是产业和城市持续繁荣的共同特质。商业贸易和市场精神是芝加哥城市发展的主旋律，城市发展及城市领导者充分发挥自由市场调节的作用和精神，面对产业结构调整以及城市功能区的衰败与复兴，对城市资源的充分利用源自对城市的信心和决心。同样地，商会联盟精神则反映了《芝加哥规划》的社会情怀，即共同的城市、共享的城市、人民的城市的理念，1970年代的金融危机期间，期货交易所不受其影响，发挥了平抑市场波动的作用。

（4）金融贸易职能的存在使芝加哥的城市和建筑自始就讲究其品质和装饰艺术性，是芝加哥城市规划与建筑设计成为全球经典的基础，也是芝加哥博物馆之城、艺术之城、音乐之城、体育之城、大学之城的财富基础。

（5）以解决问题为出发点的信念和标准。坚持自己的信念和标准是芝加哥期货交易所的一条重要的传承，如1875年关于国家粮食标准检验标准的质疑，1876年对对赌公司的封锁，1877年允许投机者进场，1859年被委托制定谷物的质量标准、产品标准和检查规则。

5.2.2 文化中心：工业造富的结果和需求

芝加哥以贸易起家，随着工业化、后工业化和全球化的推进以及城市规模的扩大，会展业的规模越来越大。芝加哥城市中心的集会功能和设施经历以下演变过程。[①]

在芝加哥商贸中心城市阶段，城市中心以酒店、饭店、教堂以及办公、市场为主，在1830—1850年代，城市中心多作为城市集会和聚集场所或者芝加哥周边县的农业地

---

① LUPKIN P R. Places of Assembly.[2021-10-08]. http://www.encyclopedia.chicagohistory.org/pages/333.html.

区农产品展示贸易场地。芝加哥建市以后,城市中心的政治功能加强,设置了市政厅、法院等,如1830年代,在沙龙大楼(The Saloon Building)举行芝加哥市城市宪章(city charter)公布及城市成立大会,该建筑到1842年都是芝加哥市市政厅,同时还是音乐会、辩论会、戏剧的表演场所,直到1871年在芝加哥大火中被烧毁。同时期的集会场所还有克罗斯比歌剧院(Crosby's Opera House)以及基督教青年会告别厅(YMCA' Farewell Hall),也在1871年大火中被烧毁。

在芝加哥工商业大都市阶段,工业发展的成就展示成为重要需求,如1890年代规划建设的哥伦比亚世界博览会场馆。同时,在芝加哥开始出现一些公园、运动场地,并且场地功能逐渐复合化、多样化,包括运动、教育、社会设施、娱乐设施(park houses)等,成为公共社会活动中心,设置会议室、俱乐部、公共学校、体育馆、礼堂、运动场、电影厅以及室内的剧院等,如1920年代的军人运动场(Soldier Field)。

1872年,芝加哥第一座会议中心——州际工业博览会议中心建成,这座玻璃金属结构建筑用于每年的工业产品展览会,同时也用作伊利诺伊国家军械库,还是芝加哥歌剧院的主场,1880年和1884年作为美国政治会议场地,1892年被拆除改做芝加哥艺术博物馆(Art Institute)。1950年代末,为促进会展业发展,芝加哥大都市局和展览局在芝加哥湖滨建起麦克米克会展中心。1960年代,芝加哥市长非常重视市政中心和会议中心的建设,1963—1965年在市中心建戴利市民中心(Daley Civic Center)。同时期美国其他城市也纷纷投入巨资建设会议娱乐中心。1980年代,美国城市政策导致在市中心建造了大量闲置的办公建筑和会议中心,此时芝加哥会展业是生产性服务业转型的重点。1994年建设联合中心(United Center),1995年海军码头被重新改造成会议中心和音乐会、莎士比亚剧院及娱乐活动场所。在芝加哥全球城市阶段,芝加哥因拥有众多会展场所,成为全美第三大会展城市(表5.1、表5.2)。

表5.1　　　　　　　　　　　　　　美国室内展览设施比较

展览设施名	所在城市	展览面积(万平方英尺)
麦克米克会展中心	芝加哥	220
金沙会展中心	拉斯维加斯	112
奥兰多国家会展中心	奥兰多	111
新奥尔良国家会展中心	新奥尔良	110
肯塔基会展中心	卢斯维尔	110

来源:张庭伟.为多元化的城市经济创建高质量的城市空间:芝加哥城市发展的一些做法.城市规划汇刊,2002(06):11.

表 5.2　　　　　　　　芝加哥城市中心集会功能和设施的演变过程

发展阶段	集会功能和设施演变
商贸中心城市阶段	以酒店、饭店、教堂以及办公、市场为主，农产品展示贸易场地
工商业大都市阶段	增加行政功能如市政厅，以及法院等仲裁功能
	增加市民集会、选举等城市、区域、国家不同层级及党派的政治功能
	增加音乐会、辩论会、戏剧表演场所以及艺术博物馆等文化功能
	增加工业产品博览会功能
	公园成为社会公共活动中心，有会议室、俱乐部、公共学校、体育馆、游戏场、运动场、礼堂、电影厅、剧院等设施和场所
全球城市阶段	增加大型会议及展示展览功能

来源：作者整理

5.2.3　智力中心：产业转型的创新支持

美国在城市化较早时期，政府就投入教育，帮助城镇居民提高文化水平，进而提升就业能力。早在1850年，美国北部诸州就已实行了初等教育和中等教育的免费教育制度，19世纪晚期，美国开始建立全民免费教育。1860年代中期，美国出台了《中小学教育法》《高等教育法》等，向低收入人群和落后地区提供大量政府援助。与此同时，政府还用税收优惠等政策支持民间办学。[①]

1870—1880年代在工业化的高潮期，美国兴起社会改良运动，兴办教育以及在社区设立图书馆，芝加哥大学、西北大学以及伊利诺伊理工就是这个时期在资本和企业家的资助下建立起来。1871年芝加哥大火以后，市图书馆、音乐厅等逐渐建立起来，以建设具有人文关怀的人文城市。如企业家阿穆尔捐赠成立了很多教育培训机构以培训年轻人，1886年设立阿穆尔计划（Armour Mission），1893年成立阿穆尔研究院（Armour Institute），后来改为伊利诺伊理工学院，主要教授工程、建筑、图书馆等科学知识。

19世纪后期，美国社区改良运动的主要倡导人简·亚当斯于1889年在芝加哥贫民窟集中区创办赫尔馆（Hull House），帮助新移民提高工作、生活技能和文化素养，以融入当地社会，如开设日托，辅导妇女家务，举办成人文化补习班，建立社区图书馆，开展音乐、美术教育等。1896年，芝加哥成立市民联盟等社会改良组织。

芝加哥的社区改良运动也成为1920—1930年代芝加哥社会学派形成的基础，1925年，芝加哥大学社会学家帕克、伯吉斯、麦肯锡（McKenzie）对芝加哥社会生态和城市内部空间结构展开研究，提出工业城市的内部空间结构的"同心圆模式"。芝加哥建筑、经济、社会、媒体学派也是基于芝加哥工业发展和都市发展基础而形成的独特的专业技术力量，并构成独特的服务业经济，成为引领芝加哥城市发展以及世界发展方向的重要力量。

---

① 马晓河. 透视美国城市化. [2021-11-23]. https://mp.weixin.qq.com/s/i15xQuFNZv7qHv79qC1o4g.

《芝加哥规划》提出规划目的之一，就是创建芝加哥大都市区的"教育（知识）中心"（centers of intellectual life）和"市政管理中心"（civic administration），从而增强城市的凝聚力和相互团结（coherence and unity to the city）。规划以密歇根大道为大都市的基础（基准），以系列博物馆、图书馆和艺术研究所构成沿临密歇根湖格兰特公园（Grant Park）的文化、艺术、知识集聚区。2011版和2018版美国制造业复兴计划也一致强调要加强对人力资源的培训。

正如萨斯奇亚·萨森指出的，芝加哥相比全球城市纽约对大型公司总部的吸引力在于芝加哥的重型制造业和全球物流的历史，能够转变为知识经济、提供专业化服务，有助于大型公司进入以知识为导向的全球知识经济市场。[①]

5.2.4 贸易与流通：城市的基本职能

城市的政治性、文化性、经济性是城市自建立始就所具有的功能、价值和特性。亚当·斯密指出，美国的国家财富来源于贸易，工业革命之后美国城市的快速发展得益于城市提供工业产品和工业产品的对外贸易，城市提供的对外服务和产品产出的增加带来人口的集聚、消费增加、服务增加、产业门类的丰富，由此促进城市基础设施的建设和完善、空间的扩张和城市功能的逐渐丰富。

芝加哥城市的建立、工业化过程以及转型发展过程完整呈现了经济与贸易作用于城市的方式，经济类型、规模和竞争力奠定了城市首位度、富裕程度、文明程度、幸福指数、城市抗危机和风险能力的稳定性，是城市生命力的来源，也是城市形态、结构、城市运转效率、宜人性、繁荣度的体现。

1. 商业/资本的城市

哈维提出的资本的三个循环解析了城市化过程中的资本循环的作用。[②] 他指出，城市是一个经济体，是区域国民经济组成部分，城市的地位取决于城市所提供的产品/资源、服务，即城市的基础经济部类。城市为其他区域提供服务，同时又是一个集中消费者。城市运转自身产生价值，城市的集聚功能、城市购买力、城市运转与城市服务的提供都产生价值，"到城市做生意"，意味着提供服务、提供产品的任何人都是做生意（do business），不管他提供的是什么服务、提供的是什么产品[③][④]。城市把经济增长（高质量

---

① 萨森.城市专业化差异比我们认为的更重要.黄玮,译.国际城市规划,2014,29(02): 3.
② 哈维.世界的逻辑.周大昕,译.北京:中信出版社,2017: 72.
③ NSTC. Strategy for American Leadership in Advanced Manufacturing: A Report by the Submittee on Advanced Manufacturing Committee on Technology of the National Science & Technology Council. [2021-10-08].https://trumpwhitehouse.archives.gov/wp-content/uploads/2018/10/Advanced-Manufacturing-Strategic-Plan-2018.pdf.
④ PCAST. Report to the President on Ensuring American Leadership in Advanced Manufacturing.[2021-10-08].https://files.eric.ed.gov/fulltext/ED529992.pdf.

增长/发展）作为重要目标之一，将城市GDP作为衡量城市发展水平的重要指标，城市追求城市发展，从外部经济部类来看，包括城市影响力、城市竞争力。而城市规模是人口、用地、经济规模的增长以及三者的相互作用，城市发展的目的就是城市自身的良性运转和作为住区的可持续发展，城市良性发展吸引新的投资，促进经济增长，就业增加，带动人气集聚、消费增加，财富积累促进经济更高增长，城市竞争力提升，吸引更多资源，促成城市能级提升，进入更高层次循环。

增长是有极限的，全球逐渐将精明增长、理性增长和高质量增长甚至精明紧缩作为城市发展策略和模式，但城市仍然把经济增长（高质量增长/发展）作为重要目标之一，相比新兴市场国家，美国1970—1980年代的产业转型以及低增长带来的是就业的不充分、基础设施的老化、国民福利的降低等问题，城市GDP仍然是重要考量指标，芝加哥规划、中心区规划以及大都市区规划都把城市经济繁荣和方便做生意（do business）始终作为重要规划目标之一。

2．如何衡量城市的可持续发展

城市是人类文明进步的集中体现。城市的可持续发展是由经济、社会、生态的可持续发展构成的，城市的可持续发展和城市的弹性在于城市经济、社会以及生态的多样性和三者各自的稳定的生态系统。而经济的可持续发展在某种程度上是社会和生态的基础，经济发展促进城市化，城市是文明的集中体现，可持续发展的文明也是人和自然和谐相处的文明，经济发展带来生活方式的变革、社会组织形式的变化，影响社会和生态环境的可持续发展，联合国人居署《新城市议程》一直强调经济发展和经济繁荣度是人类住区永远追求的目标也意在于此[①]。经济发展的结构、规模和质量是影响经济稳定可持续发展的重要因素，同时也是社会可持续发展的基础，如经济不平衡发展会导致贫富差距和经济的脆弱性，经济危机、唯高新科技论及产业结构空心化会带来的低收入、低技能阶层的就业不充足，生活水平低下的困境会导致社会冲突、社会隔离以及城市衰败，正如芝加哥1960年代的社会状况。

5.3　转型发展中的独特因素

芝加哥产业转型的背景因素，包括世界与美国经济发展的大趋势以及芝加哥自身的独特性。经济发展的大趋势如康德拉吉耶夫长周期以及约瑟夫·熊彼特创新周期所表现的，是由科技及交通运输设备进步、经济结构调整、区域开发和全球经济转移所驱动。芝加哥自身的独特性则表现在独特的地理位置以及在东部向中西部拓展过程中独特的发展机遇，包括完善的工业体系、多轮驱动的制造业复兴，以金融中心、文化中心、智力中心、商业

---

① 石楠.人居三、《新城市议程》及其对我国的启示.城市规划,2017,41(01):9-21.

中心所驱动的转型动力，大都市区区域联动，以及中心区繁荣的独特管治措施等。

全球的康德拉吉耶夫长周期大致出现 1800 年、1850 年、1900 年、1950 年、2000 年、2050 年等几个繁荣顶点，城市繁荣顶点由固定资产投资、人口增加和空间扩展来推动和展现。约瑟夫·熊彼特则认为是技术革新带来的创新带来经济的周期性波动，推动城市周期性波动。[①]

本节将芝加哥自身的独特因素聚焦在城市管治方式、适应性调整、城市政策与规划三个核心要素上。

5.3.1 城市管治的文化背景

芝加哥城市管治的文化背景包括契约治市、契约营商；企业化和公司制政府，政府的公众基础，政府的托底、协调的守夜人角色；以及城市的资本主义精神等。

1．契约与政府

人类在自身自然状态下的生存受到威胁时，让渡自己的一部分自由给集体，从而获得更大自由，这样的社会关系和状态就形成了社会契约。[②] 美国各级政府的管治机制也是基于这样的社会契约，具有警察、征地、税收三项基本权利，并通过能够代表每个人利益又具有协调和监督等机制的政府构成来表达大众意愿、维护大众利益。

1）社会契约

熊彼得提出关于资本主义与社会主义的三种转换模式，即成熟状态下的社会主义化、不成熟状态下的社会主义化、变法前的社会主义政策[③]，第一种即是《芝加哥规划》所体现的社会主义化，是在财富积累到一定程度，或者资本家为了达成更大的目标而采取的联合、契约和共同赢利模式。

芝加哥商人在东部财富积累到一定程度后向中西部转移，在《芝加哥规划》及芝加哥社会改良运动，以及产业转型、城市转型中都体现了资本家为了达成更大的目标而采取的联合共赢的方式，芝加哥商会即现在的芝加哥期货交易所、商业俱乐部、商人俱乐部都是具体的平台和组织形式之一。由商业俱乐部委托伯纳姆和本内特编制的《芝加哥规划》，首先是商业俱乐部成员为共同的城市、面临共同的机遇、面对共同的问题，让渡部分自由，通过规划协商过程达成共同遵守的规则、规定，以创造有序发展的环境，抓住共同的发展机遇。而规划具体操刀者伯纳姆本身就是商业俱乐部成员，拥有与城市发展息息相关的建筑设计公司，伯纳姆受新耶路撒冷教会的教育，认为人具有无须强迫就能行善的能力，"当人努力去求索上帝所创造的那些统治着整个物质宇宙的美妙而实用的规律时，一切陷阱都

[①] 徐巨洲. 探索城市发展与经济长波的关系. 城市规划, 1997(05):4-9.
[②] 卢梭. 社会契约论. 李平沤, 译. 北京: 商务印书馆, 2011.
[③] 熊彼特. 资本主义、社会主义与民主. 吴良健, 译. 北京: 商务印书馆, 1999: 序言.

不是问题"。① 谢弗（Schaffer K）认为《芝加哥规划》倾注了伯纳姆受莱克尔加斯（Lycurgus）影响而具有的社会情怀，以及对20世纪城市需求的超然预知能力，通过城市布局、设计的美化和秩序化，促进市民的忠诚和对城市的认同感、归属感、凝聚力②，进一步唤起市民的共识，达成促进城市健康发展的共同遵守的社会契约。

城市的成立也是基于这样的原则，在一定范围内的居民、企业，以及居民点、机构等因为共同的利益以制定城市宪章的形式达成一致契约，城市和城市政府是一个平台。以尊重私有财产为前提，政府扮演着私有财产维护者的角色，政府的形式及其在城市运行中的作用，采用"政府公司"或"市政公司"（municipal corporation）的形式，城市宪章规定了城市居民及政府各自享有的权利、义务，规定城市运行的法则等。③

2）政府的管制与作用

美国宪法规定"州当局把制定普通法当作常规——联邦当局则将制定普通法视为例外"，联邦当局具有媾和、宣战、征收一般赋税的权力，以及一些与全国利益相关问题的权力，如货币、邮政、交通、贸易及为促进科学技术进步的专利保障等，同时也可以协调各州之间的商业关系。联邦政府对美国产业转型的影响包括政府对国防和军工产品的购买、贸易政策、金融监管、航空管制等专项管制，以及出台重要法案，如一系列改善住区环境、消除贫民窟的住房与社区法案，公路法案，棕地改善和利用法案，环保与可持续发展法案等。联邦行政人即总统的政策也是发展转型的关键推动力，如罗斯福新政、里根新自由主义、克林顿时期可持续发展政策等。在制造业复兴过程中，从联邦、州到地方各级政府出台系列区划、税收、复兴资助计划，创立制造业共同体等政策措施，促进制造业转型升级，发展先进制造业，鼓励创新。

3）芝加哥市政府的构成及决策机制

芝加哥市政府由立法（legislation）机构和行政（executive）机构两部分构成。城市议会是立法机构，由50名市议员（Alderman）组成，议员从全市各行政单元（ward）以及各行各业选出，代表每个行政单元和各阶层、各行业的利益。议会执行地方规定，审查城市预算，议会通过条例和决议的程序采取正式的行动。

行政机构的首脑包括市长和经选举产生并由市长聘任的书记官（City Clerk）和财长（City Treasurer）。政府行政机构包括部（Department）、局（Authority）、办事处（Agency）。政府涉及工业及相关城市更新发展的部门包括规划发展部、住房和经济发展部、交通部以及规划委员会等部门。

而市长是城市经理，负责对全市各阶层、各领域的利益与发展事务进行决策，包括公

---

① 史密斯.《芝加哥规划》与美国城市的再造. 王红扬,译. 南京：译林出版社, 2017: 89.
② BURNHAM D H, BENNETT E H. Plan of Chicago. New York: Princeton Architectural Press, 1993.
③ 张庭伟,胡晓玲,丘永东,等. 美国MPC社区：规划·设计·开发. 北京：中国建筑工业出版社, 2009.

第 5 章　芝加哥产业与城市发展互动规律

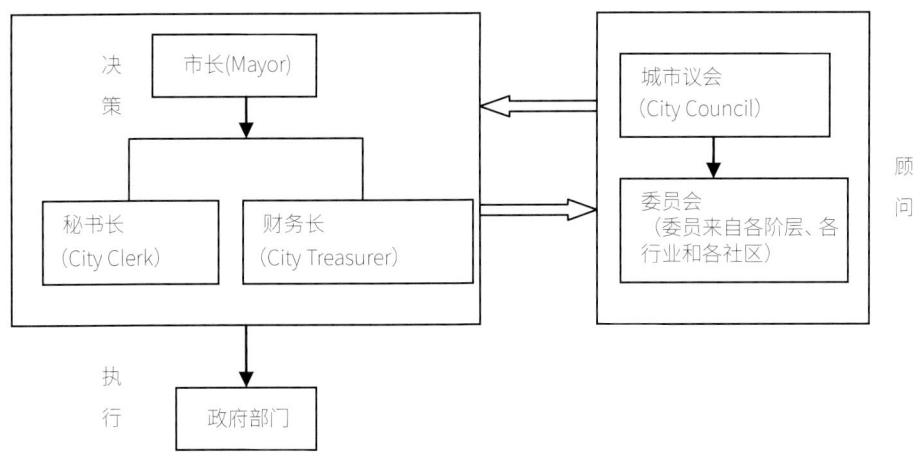

图 5.5　芝加哥市政府构成及作用机制
来源：胡晓玲.企业、城市与区域的演化与机制.南京：东南大学出版社，2009.

共投资的使用。芝加哥的城市运行以"机器政治"（Machine Politics）为规则，即城市政府形成以市长、市议员组成的核心组织和领导集团，议会负责建议、咨询和审议，制定相关条例，市长负责具体事务的决策，而政府各部门负责条例和决议的具体执行。其中政府的优先权和活动由每年 11 月被采用的预算条例确定（图 5.5）。

2．芝加哥的城市精神

马克斯·韦伯的资本主义精神是来自新教伦理的"对这种非理性欲望的一种抑制或至少是一种理性的缓解"，"靠持续的、理性的、资本主义方式的企业活动来追求利润并且是不断再生的利润"形成资本积累，因此基于新教伦理的资本主义精神乃是一种理性的、企业化的精神，是美国快速发展的精神内核，相应地由此产生理性的自然科学、法律制度、行政机关和自由的劳动，是资本主义和大工业产生的基础，推动芝加哥发展并引领芝加哥进一步走向辉煌的芝加哥精神也是如此。芝加哥精神是芝加哥政府、企业、组织引以为豪的城市文化，在《芝加哥规划》中特别强调，体现在以下两点。

1）芝加哥城市文化与城市精神

芝加哥城市文化表现为以企业家精神为核心的城市文化，企业家精神包括创新、求异、改进、效率、务实，表现在城市个性和城市文化上，就是探险精神、冒险精神与创新精神。芝加哥是一个多种族移民城市，移民的拓荒精神具有探险、冒险和求新求异的内在要素。在平民意识与清教徒精神的引领下，任何人都能够成为企业家，任何行业都可以产生企业家，奠定了芝加哥人务实、踏实的个性，从解决生活中任何不便来产生创新点，并不计较眼前利益和一时利益，立足企业的长远发展做大做强。表现在城市建设和管理上，就是朴实、不铺张、讲求效率，以市场需求为导向，以企业家的眼光捕捉商机，及时创新。如芝加哥阿莫（Armour）肉类加工企业，以传统的牲畜屠宰、加工为起步，随着芝加哥铁路的兴起，他们及时发明肉类冷冻、冷藏技术、机械以及冷冻车，使得其业务范围不断扩大，目前仍是世界肉类加工的佼佼者。表现在城市管理中，就是针对问题快速反应，及时提出解决办法。

2）芝加哥精神是产业转型与城市转型相适应的基石

芝加哥产业转型发展来源于包括芝加哥期货交易所等商业机构、组织及无数企业所承载的芝加哥精神，辅之以各级政府支持等多重因素共同作用的结果。

芝加哥期货交易所的83位创始人中有6位成为芝加哥市长，将企业家精神及社会情怀融贯到城市经营和城市治理之中成为芝加哥精神，就如由芝加哥商业俱乐部支持的《芝加哥规划》所体现的，城市规划应为城市表明一种持续和稳定的决心，即为商业发展创造便利，为居民创造健康且有品位的生活，为年轻人及机构和组织创造机会并帮助他们达到他们无法想象的高度，让所有创业者和机构出彩[1]。其中对《芝加哥规划》有重大贡献的32名芝加哥商业俱乐部成员都是新教徒，大多是重工业、大型批发业或银行业、金融业巨头，这是《芝加哥规划》理性的基础，一方面，在芝加哥的人口、用地规模以及工业发展、财富积累已经达到全美第二大都市时，需要一个达成共识、延续辉煌的共同纲领；另一方面，随着芝加哥城市规模的急剧扩大，城市面临着无序带来的交通拥堵、环境污染、公共设施及公共空间不足的问题，需要规划统筹塑造有序的城市有机体。

期货交易所在成长发展历程中吸引无数的仁人志士加入其中，一批精明、敢冒险的商人创造了它，并制定共同遵守的规则；遵循不断做大市场、不断发现机会和降低成本的原则，能者为王，持续创新、发明，富于胆识和智慧，独领风骚，创造无数个第一；不断自我超前革新、超前谋划、超前研究；保持严格的监管、自律和迅速的反应。这也成为芝加哥城市的风格特性，是芝加哥城市发展、壮大及持续繁荣，引领美国规划、建筑、经济、科技发展的秘诀。而处理危机的能力和经营城市的理念是芝加哥成功实现城市转型发展的关键。

期货交易所展现的芝加哥精神一方面使芝加哥的贸易、工业、金融、文化领域快速发展，另一方面企业家精神的坚毅和持续创新的特质让芝加哥在发展过程中不断修正路线，利用危机或者机会调整城市发展战略，始终将企业发展和制造业发展作为城市发展的主要路线。推崇经济自由主义的芝加哥经济学派，尤其是弗里德曼的货币理论、施蒂格勒的信息理论、科斯的产权理论、卢卡斯的理性预期理论、舒尔茨和贝克尔的人力资本理论，注重人力资源培育，是芝加哥产业转型、持续发展的航标灯。

5.3.2 适应性调整的创新力量与创新机制

与其说美国在科学方面偏重应用而忽视理论，不如说是美国科学研究更注重对产业、商业的创新支持以及对政府和社会的政策创新支持，巴斯德象限研究逐渐成为基础研究的

---

[1] BURNHAM D H, BENNETT E H. Plan of Chicago. New York: Princeton Architectural Press, 1993: 119-124.

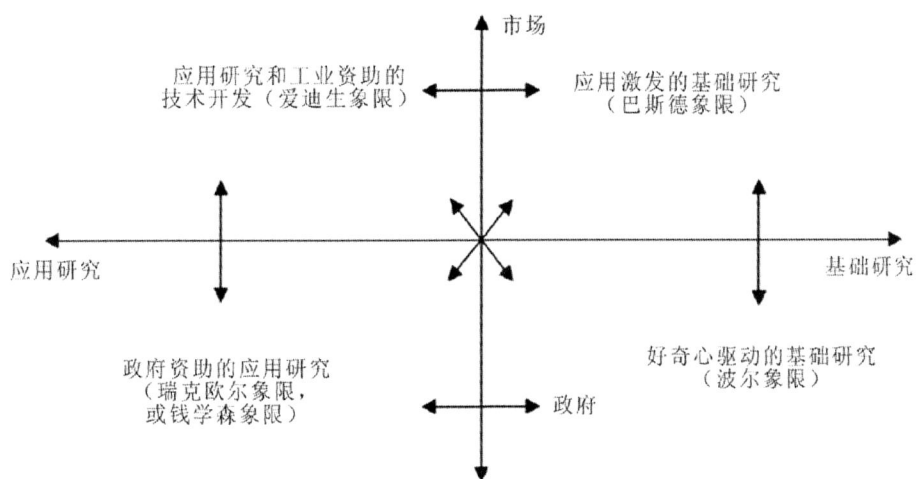

图 5.6 科学研究的象限模型
来源：谈力，李栋亮，尚学峰.关于推进基础研究与产业技术创新融通发展的思考：以广东为样本.科技创业月刊，2018，31（08）：1-5.

主流方向[①]。从芝加哥工业化阶段工业繁荣与城市发展的关系可见，芝加哥在推进工业化过程中通过对问题的解决、新理念的落实和新发明的应用而产生创新，《芝加哥规划》是解决冲突问题的综合平台和措施，芝加哥期货交易所的持续发展和领先是它持续改革创新适应社会、科技发展的结果（图5.6）。

伴随着技术革新的经济周期性发展和社会进步，适应性调整成为城市转型发展的动力和主旋律。从广义来看，包括城市主体的持续教育和培训、城市产业结构调整和新兴产业的培育、城市物质空间的转型发展以及城市制度和政策的创新，四者互为因果，相互影响，相互促进。

从芝加哥的城市发展历程可见，《芝加哥规划》将中心区定位为包括博物馆、文化中心、图书馆，以及各类高校、歌剧院、剧场等聚集的智力知识型城区，芝加哥大都市区规划把拥有世界级高等教育机构当作芝加哥大都市区引以为豪的资源，其中教育的易得性（easy access to education）是规划重要目标之一[②]。

芝加哥以一个充满活力的具有自组织调节功能的城市、社会、经济系统为基础，城市为学术研究提供试验场，学术研究为城市发展和产业发展提供解决问题和革新的办法，形成学术繁荣的良性机制。在芝加哥地区形成了众多在学术界影响深远的芝加哥学派，其中最具影响的是芝加哥经济学派、芝加哥社会学派、芝加哥建筑学派、芝加哥媒体学派，重点体现在芝加哥经济学派的新自由主义；城市社会生态学派对城市的关注；规划建筑学派

---

① 谈力，李栋亮，尚学峰.关于推进基础研究与产业技术创新融通发展的思考：以广东为样本.科技创业月刊，2018，31(08)：1-5.
② CMAP.ON TO 2050.[2021-10-30]. https://www.cmap.illinois.gov/2050/.

的城市研究、建筑咨询行业等。芝加哥高校的 STEM 专业的科技创新直接引领产业创新和转型发展,对城市经济、社会发展发挥着即时的顾问支撑和引导作用。

1. 芝加哥知识创新资源

芝加哥拥有世界顶尖的高等学校,如芝加哥大学、西北大学、伊利诺理工大学、伊利诺伊大学芝加哥分校等,在芝加哥大都市区 88 号公路科技走廊分布着阿贡、费米等国家实验室。

1)高校成为城市启蒙教育的基地

亚里士多德说"思维是从惊奇和疑问开始的",创新有赖于人口素质变量。相比欧洲固化的等级制度,在美国,通过商业和资本的积累更容易获取成功,由此社会认识到知识是事业发展的必备要素,早期,进步慈善人士通过兴办教育来回馈社会,推动了民智开化和社会进步[1]。

1862 年,林肯总统发布《莫里斯法案》(Morrill Land-Grant Act),由此建立美国一批文理学院和高校[2]。美国社区改良运动的主要倡导人简·亚当斯在芝加哥贫民集中区创建赫尔馆,是美国社区中心、社区大学的雏形,在社会转折期缓解人才、知识、技能的短缺,为芝加哥的迅速崛起储备人才。芝加哥建市后建立的芝加哥大学、西北大学、伊利诺伊理工大学对城市和社会发挥了巨大的回馈作用。

2)芝加哥 STEM 教育资源与科技创新

芝加哥由于铁路中心城市和工业城市的基础而拥有丰富的 STEM 教育与科技创新资源和设施,如芝加哥大学的数学、物理、化学、生物等自然科学专业,伊利诺伊大学和西北大学、德堡大学、伊利诺伊理工大学强大的工程专业,科技创新能力强大。1942 年,原子能之父、芝加哥大学教授、高能物理学家恩里克·费米在芝加哥大学成功建立第一台可控核反应堆(芝加哥一号堆),为了纪念他,位于芝加哥西郊内珀维尔市由美国能源部、芝加哥大学、大学高校研究协会共同创办的费米国家加速器实验室,以及芝加哥大学高能实验室、第 100 号元素镄均以费米命名。

芝加哥大学,自 1857 年成立起就受斯蒂芬·道格拉斯、洛克菲勒等企业家的经济资助。很多芝加哥的企业家作为芝加哥大学董事会的成员,能够参与大学的决策。在第一任校长哈伯的领导下,芝加哥大学以教学、科研、社会服务为三大职能,在发展过程中,逐步将城市和区域的需求作为大学科研的方向,并通过合作项目、专项计划和工程等多种途径和方式,充分发挥大学在专业教育、应用型人才培养上的社会价值。这些合作以芝加哥大学所在的南芝加哥地区以及芝加哥市为基础,辐射到全美国。城市教育计划是芝加哥大学与芝加哥市合作的主要形式,该计划的目的是将高质量的教育研究和对公共学校的实际参与

---

[1] 托克维尔. 论美国的民主(全集). 江菲菲,译. 北京:北京时代华文书局,2016.
[2] 俾耳德,巴格力. 美国的历史:从蛮荒时期到帝国时代. 魏野畴,译. 北京:新世界出版社,2017: 319.

集中起来，改进芝加哥城市和农村的公共教育[1],[2]。

西北大学，1850年在芝加哥北郊埃文斯顿（Evanston）创建，由9位商人、慈善家、律师商议建立，1855年以免费学费的承诺向地产开发商募集资金完成建设。在1920年代和第二次世界大战期间成为美国海军培训基地，是注重实用和职业培训的研究型高校。

伊利诺伊理工大学，始建于1890年，由芝加哥肉类加工企业创始人阿穆尔家族投资创办，后合并了设计学院、芝加哥-肯特法学院、中西部工程学院等学院，是私立研究型、独立的科技大学，2006年利用学校建筑创办大学科技园，孵化不少初创科技公司。

伊利诺伊大学系统，包括香槟分校、芝加哥分校和春田分校三所公立高校，香槟分校始建于1867年，当时是伊利诺伊工业大学，是在莫丽尔法案后全美创办的37所高校之一，拥有16个学院以及超级计算机应用国家中心（NCSA）等研究机构。芝加哥分校于1958年始建于海军码头，用于对退伍军人的再培训，也是芝加哥市长为活化中心区引进的公立高校，1965年与伊利诺伊医学中心合并而成。

德堡大学，位于芝加哥中心区杰克逊大道上，与芝加哥金融区和艺术博物馆相邻。德堡大学作为卢普区的高校，在学院和课程设置上直接与中心区的功能相关，如历史悠久的商学院、法学院、音乐学院，以及为创新成人教育模式的"新学习"学院，音乐学院的表演艺术经营课程以及商学院的行为金融学课程也非常有特色。德堡剧场学院（theatre college）是美国中西部最老的戏剧学院之一，不仅有开放的剧场，而且学生直接参与戏曲制作的全过程。德堡大学拥有基础教育系（Department of Elementary Education），第二次世界大战期间提供军人和个人的技能培训。在第二次世界大战以后，作为位于中心区的高校，德堡大学不断收购中心区利用效率不高的百货大楼、公司办公楼等，办成高科技服务中心、商科图书馆、现代化教室、商学院、计算机与数字媒体学院、通信学院等，并与芝加哥罗斯福大学、芝加哥哥伦比亚学院以及罗伯特·莫里斯大学共同开发建设大学生社区芝加哥大学中心（University Center of Chicago）。

3）芝加哥经济学派与经济自由主义

芝加哥经济学派是指由与芝加哥大学联系密切并推崇经济自由主义的经济学家所组成的经济学派，其中弗里德曼的货币理论、施蒂格勒的信息理论、科斯的产权理论、卢卡斯的理性预期理论、舒尔茨和贝克尔的人力资本理论都被视为西方经济学的重大学术成果，都主张经济自由主义，反对国家干预主义，认为自由市场在配置资源方面是有效的。芝加哥学派拥有一批诺贝尔奖获得者和一代代精神领袖，如弗兰克·奈特（Frank Knight）、雅各布·瓦伊纳（Jacob Viner）、亨利·西蒙斯（Henry Simons）、弗里德里希·哈耶克（Fredrich Hayek）、乔治·施蒂格勒（George Stigler）、詹姆斯·布坎南（James Buchann）、

---

[1] 郄海霞. 美国大学与城市互动的案例分析：以芝加哥大学与芝加哥市的互动为例. 清华大学教育研究, 2006(05):69-75.
[2] 刘星. 芝加哥大学与区域良性互动关系的研究. 北京：首都师范大学, 2013.

西奥多·舒尔茨（Theodore Schultz）、米尔顿·弗里德曼（Milton Friedman）、罗纳德·科斯（Ronald Coase）、加里·贝克尔（Gary Stanley Becker）等，拥有权威的《政治经济学杂志》，有遍及各地的芝加哥传统的传播者，对政府政策和整个社会产生影响。芝加哥大学商学院研究生院（Chicago GBS），是世界排名前十的商学院之一，是美国第二个最早创建的商学院，其中，70%的教授被认为是芝加哥经济学派成员。芝加哥作为美国第二大金融中心，芝加哥贸易委员会、芝加哥期货交易所、芝加哥股票交易所具有世界影响力，芝加哥商学院的强大与芝加哥在全美的经济金融地位相得益彰。[1]

芝加哥以期货交易所为代表的商业传统、工业城市以及集聚的企业家资本、资本主义运作机制是城市及产业持续创新的基础，如在产业空心化时期芝加哥仍能保持经济结构的四轮驱动（金融、制造、文化、会展），多样化的产业基础是城市创新的沃土，具有避免危机的缓冲机制，如1950年代抓住了奥黑尔机场和集装箱港口的建设加强了国际口岸建设，实现了全球转移的市场创新，才有百年产业的经营创新和传统产业的持续创新。

4）芝加哥城市转型创新力量：社会学派与建筑学派

芝加哥社会学派是基于芝加哥独特的城市社会结构产生的。芝加哥是个多种族移民聚集的多样化社会的典型，加上是老工业城市，产业更替以及城市的快速转型和快速发展产生的贫富分化和社会贫困现象，使得芝加哥成为社会问题复杂、社会危机四伏的城市，帮会、种族纷争不断，种族隔离现象较严重。芝加哥社会学派的代表人物包括欧内斯特·伯吉斯（Ernest Burgess）、爱德华·富兰克林·弗兰兹亚（Edward Franklin Frazier）、埃弗雷特·哈格斯（Everett Hughes）、乔治·赫伯特·米德（George Herbert Mead）、罗伯特·E.帕克（Robert E. Park）、W.I.托马斯（W. I. Thomas）、刘易斯·沃斯（Louis Wirth）等，开创性地以生态学方法研究城市社会学、犯罪心理学。

1920年代，芝加哥社会生态学派的伯吉斯基于芝加哥城市空间结构迭变特点归纳提出的城市土地利用同心圆模式，成为城市地理学中城市土地利用形态和空间结构的经典模式。其中，首次提出中央商务区（Central Business District, CBD）概念，即在城市中心商业区基础上随着城市经济核心枢纽功能的集聚而扩展的金融、贸易、信息、展览、会议、经营管理、旅游设施、公寓及配套的商业、文化、市政、交通服务设施等商务功能，是当时芝加哥城市快速发展的写照。

芝加哥建筑学派，是指19世纪末、20世纪初期及1960—1970年代活跃在芝加哥的建筑流派。与经济的繁荣、兴衰相关，房地产、建筑业一直是芝加哥的重要产业类别，房地产的周期性波动也是芝加哥经济周期的表征之一。芝加哥建筑学派即是基于城市的快速发展，基于工业、民用建筑以及铁路运输、桥梁等基础设施建设市场的繁荣，以及宏大的

---

[1] 车卉淳,周学勤.芝加哥学派与新自由主义.北京：经济日报出版社,2007:2.

经济发展背景，将芝加哥作为建筑创新的思想市场、社会氛围与试验场，典型案例如芝加哥郊区湖滨新城、湖岸森林城、伊利诺伊理工大学以及芝加哥市的规划。其代表人物包括亨利·赫布森·理查德森（Henry Hobson Richardson）、伯纳姆、马丁·罗克（Martin Roche）、约翰·鲁特（John Root）、梭伦·贝曼（Solon S. Beman）、刘易斯·沙利文（Louis Sullivan）、赖特（Frank Lloyd Wright）、密斯·凡·德罗（Ludwig Mies van der Rohe）。不仅诞生了诸如赖特这样的本土建筑大师，而且吸引了其他建筑大师云集芝加哥，如奥姆斯特德、鲁特、伯纳姆，以改善工业城市面貌的一系列城市规划与建筑设计、公园系统规划以及滨水地区改造开创了美国城市美化运动，而以城市经济繁荣和社会和谐宜居为目的的《芝加哥规划》又是实用性规划与城市美化的完美结合，得到了普遍认可并逐步实施，影响深远，成为现代城市规划的典范。1940年代，密斯·凡·德罗和格罗皮乌斯将现代包豪斯建筑风格带到芝加哥，密斯·凡·德罗不仅设计了具有现代风格的伊利诺伊理工大学校园，而且规划设计了芝加哥南部的改造。

芝加哥建筑学派是一个集聚和培养美国优秀建筑师和团队的阵地，影响了建筑行业和全球建筑风向，持续坚持自己的立场、理念，为城市服务，如沙利文、伯纳姆和赖特。强调集中运用和展现新理念，在解决抗风、防火等问题的基础上，在土地权属限制、地价上涨的背景约束下创造美国城市独特的高层建筑文化、折衷主义建筑风格，开创了区划、有规划的开发（Planned Development）[1]、容积率和容积率转移[2]等中心区规划及开发改造的一系列方法和手段。同时，建筑师参与各类建筑、园区以及城市规划，形成受业主、企业家和政府影响的建筑师文化。

芝加哥建筑学派适时适地地创造了以抗横向荷载的钢结构、筒形结构（tube structure）高层建筑模式。芝加哥桥梁建筑的创新也是芝加哥建筑学派成就的体现之一，1832年创造固定跨度的桥梁，为了不影响港口和航运逐步革新，建造了可开闭的吊桥（drawbridge）、平旋桥（swing bridge）、浮桥（pontoon bridge）以及利用秋千原理改建而成的芝加哥最著名的耳轴开合桥（trunnion bascule bridge）。

在芝加哥建筑学派的影响下，建筑师、规划师注重城市公共设施的配置，特别是知识创新设施和文化设施的建立、公共空间的规划设计和公共艺术倡导城市环境的美化、艺术化，促进了芝加哥由工业城市向人文城市的转型。如伯纳姆由于在芝加哥哥伦比亚世界博览会和《芝加哥规划》中展现出的艺术才能和品位，在1900年前后曾被委任为芝加哥艺术博

---

[1] 有规划的开发是芝加哥区划条例中指定的用于增加区域或项目弹性的控制方法，是在已有区划控制要求的基础上根据自然资源的保护、与当地风貌相适应而划定的统一规划开发区域、地块、项目，以鼓励创造性的优秀建筑设计和城市设计，在基础区划条件审查基础上需要在规划建设施工之前进行二次审查，如铁路、快速路、水道上方空域建设的弹性控制、水边100英尺内的开发、某机构或校园内项目建设等，详见《芝加哥区划条例》。
[2] 芝加哥1957年区划调整与增长联盟合作采取了一些孕育新的开发的办法，容积率奖励就是其一，如建公共小广场、退台设计、对行人友好的地面走廊等开发给予容积率奖励。

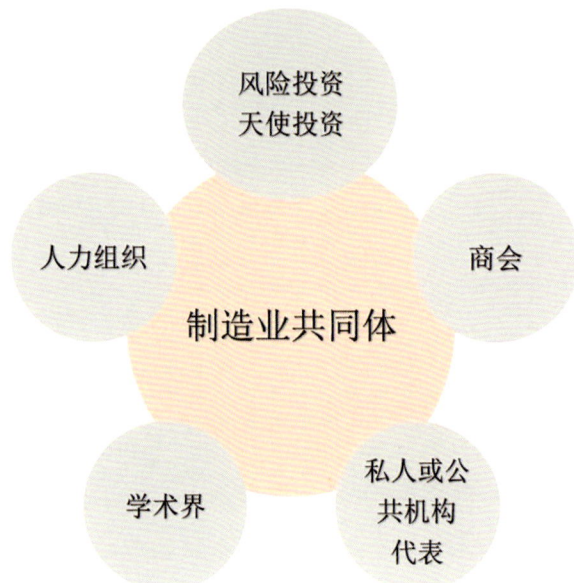

图 5.7　芝加哥制造业共同体构成
来源：作者自绘

物馆馆长和芝加哥艺术委员会主席，后担任美国国家艺术委员会主席，提出了公共建筑艺术百分比法案，在全美推行。[①]

2．芝加哥产业的协同创新机制

制造业生态系统，是围绕关键核心制造业，在学术界、人力组织（劳动者组织）、风险投资和天使投资人、商会、其他私人或公共机构代表之间构建密切的伙伴合作关系，即制造业共同体，构成相互支持、密切联系的生态系统。作为老工业城市、商业城市和全球城市的芝加哥，其企业家资源和创业资源规模庞大，专业多样化，实力强大，拥有世界一流的资产可用于协助或支持芝加哥地区的初创企业和制造商（图 5.7）。

芝加哥制造业生态系统资源构成包括：

（1）学术界，包括顶级研究型大学和技术学院以及世界知名的研发设施和实验室，培养科学家、工程师、生产工人，开展基础和应用研究，对技术进行商业化应用开发。如阿贡国家实验室引导前沿领先的应用科学研究和应用先进技术；数字制造与设计研究院（The Digital Manufacturing and Design Institute）着力发展为具有能够改变游戏方式的资产潜力以促进芝加哥制造业转型、培育创新的研究院。

（2）产业界与学术界联合创办的孵化器，如伊利诺伊理工大学的孵化器、催化芝加哥（Catalyze Chicago）、富尔顿—卡罗尔中心、伊利诺伊制造业实验室（The Illinois Manufacturing Lab）、伊利诺伊大学实验室（UI LABS）等。

[①] HINES T S. Burnham of Chicago: Architect and Planner. Chicago: the University of Chicago Press, 2009.

（3）对本地制造业的支持系统，包括伊利诺伊制造业优化中心、地方工业保留计划组织、小商业发展中心、国际贸易中心等助力制造过程优化、人力开发、商业计划研制、融资策划、借贷支持、进出口支持以及其他商业服务的机构。如芝加哥大都市区金属行业制造团体（Chicago Metro Metal Consortium Manufacturing Community）是2014年芝加哥地区入选第一批全美12个制造业团体联盟的组织之一，通过联邦政府的计划支持帮助社区和城市吸引扩展制造业领域的私人投资，促进贸易和出口增长。

（4）金融资源，如风险投资和天使投资，曾在芝加哥信息技术领域投重资。

（5）网络/协会，如芝加哥大都市区金属财团、制造业团体、芝加哥制造、伊利诺伊风险投资协会、伊利诺伊制造协会等。还有一些咨询服务机构，如伊利诺伊制造优化中心、芝加哥世界商业咨询中心、地方工业保留推进集团、芝加哥地区商会、芝加哥地区创业中心、伊利诺伊小企业发展中心等。其中，芝加哥世界商业咨询中心为使芝加哥成为全美先进制造业枢纽，致力于在商业和大学之间建立联合，为数字制造与设计研究院赢得联邦支持，努力将制造商和其他产权人聚到一起，以智囊团的形式为影响制造业的政策决策做支撑。

（6）工业地产，利用芝加哥工业走廊内老厂房等工业地产创办研发设施、加速器、孵化器、共享工位，解决制造业发展中独立机构难以独立完成的创新难题，同时开展技术培训和传播。

（7）人力组织，为制造业发展搭建长期的劳动力技能培训渠道和平台，如《芝加哥工业可持续发展计划》提出，芝加哥在城市学院中开展了"学院对接就业"的制造业技工培训计划，是一种订单式培训计划，学院课程与雇主需求一致。芝加哥城市学院之一的理查德·戴利学院，是美国制造商协会"M-list"名单上的一员，根据行业标准和认证来教授制造业学生[①]。

以芝加哥数字制造与设计研究院为例，数字制造与设计研究院是制造业共同体和制造业生态系统的代表，是一个产业创新机构和平台，是国家制造业创新学院网络的一员，集聚了学术界、产业界和政府三方力量，学术界包括大学、联邦实验室、社区大学，企业界包括大型制造公司、中小型企业、初创企业家，政府力量包括联邦政府、州和地方政府、经济开发组织等。其核心资源包括工业专家、蓝水超级计算机、数字制造基础、出模实验室/车间。其核心功能包括应用型研发、技术测试和试验、技术培训和劳动力开发、会议及合作交流。

> 制造业同样也是芝加哥-库克劳动力联盟（简称"伙伴关系"）关注的一个焦点，"伙伴关系"负责监督联邦、公共和私营部门资金用于全面劳动力发展计划，并实施政策改革，使职业培训服务与当前和预计的业务需求相一致。"伙伴关系"与企业、求职者、社区学院、

---

① 详见《芝加哥工业可持续发展计划》。

劳动力中心和委托机构合作,为七个高增长/高需求的产业部门提供最大限度的人力资本。

"伙伴关系"还负责监督一项计算机主控机器的培训项目,同时促进卡鲁米绿色制造伙伴关系(CGMP)的合作和服务协调。卡鲁米绿色制造伙伴关系获得了为期3年的85万美元的美国劳动部绿色就业创新基金奖,以实施芝加哥绿色制造业就业培训计划。此外,"伙伴关系"还通过补贴合格学生的培训费来支持制造业的增长。如《芝加哥工业可持续发展计划》通过让教育工作者和劳动力组织与制造商、制造业援助组织和政府经济发展工作人员进行对话,促进劳动力发展与经济发展之间强有力的交叉,以满足制造业劳动力需求。

行动24:建立一个由地方政府、制造业援助组织、劳动力组织和教育工作者组成的工作组,以协调增加制造业劳动力所做的努力。

联盟成员包括:芝加哥社区信托基金、乔伊斯基金会、劳埃德·弗莱基金会、罗伯特·麦克米克基金会、波克兄弟基金会、波音公司、芝加哥大都市区联合之路、摩根大通、普利茨克·特劳伯特家族基金会、芝加哥森林基金和迈克尔·里斯健康信托基金。

——《芝加哥工业可持续发展计划》

哈维认为资本主义的危机在于资本家的贪婪、食租阶级的不劳而获,通过对利润、复利的无止境的追求,把生活及环境中的一切都商品化、私有化,进行资本运作,从而导致金融危机、环境破坏、贫富悬殊。如马尔萨斯的人口论所说,由于资源的约束,人口的膨胀必定会通过道德约束以及战争、疾病、瘟疫等危机约束或拓展空间,通过科技进步来化解矛盾,资本主义社会就是通过这样的循环往复螺旋式推进。哈维借鉴马克思资本论的思维和逻辑,洞悉资本主义社会的17个矛盾,最终将通过零增长来恢复经济社会和自然、人类的基本规律和本性,走向可持续发展。而著名经济学家保罗·克鲁格曼认为,把新自由主义和保守主义视为美国的传统,是对美国及美国文化的误解甚至污蔑[1]。亚当·斯密则把经济社会的发展归结为经济人的利己动机驱动,同时以人基于个人利益的利己主义即"自爱"和同情心来实现对经济社会的控制[2]。也许芝加哥发展过程中的芝加哥精神即是资本主义精神和社会契约约束相互作用的典型代表。

5.3.3 转型发展中的公共政策

1. 影响城市转型发展的美国公共政策

美国宪法规定私有产权不容侵犯,哈维等新马克思主义学者认为美国的新自由主义的

---

[1] 哈维.资本社会的17个矛盾.许瑞宋,译.北京:中信出版集团,2016:Ⅷ.
[2] 斯密.道德情操论.益群,宏峰,等,译.北京:中国致公出版社,2009.

印象是被误解的[①]，住房、环境保护、交通促进以及城市规划等公共政策得到重视，恰恰反映了美国对放任市场的自由主义和资本主义危机的补救。下文主要总结分析影响美国城市转型的政策如住房、交通、城市规划、棕地改造、环境保护与可持续发展等相关政策。

1）住房政策

在以 19 世纪下半叶德国工业革命后的工人住宅状况为对象的《论住宅问题》中，恩格斯解释了住房短缺、住房环境恶劣是以机器化大工厂为主的资本主义工业化的必然产物，同样的情景也出现在美国，1840 年代开始的工业革命后，移民的快速涌入和人口的快速增长引发并加剧了城市贫困、卫生、食品安全、犯罪等各种社会问题，一方面住房政策是针对人口的快速增长，解决居者有其屋以及种族融合的问题；另一方面住房政策也反映了科技发展与产业转型下的社会经济发展趋势，住房、社区以及住房的选址、布局、社区组织是城市转型、发展的重要部分。

1879 年，《纽约住房法》（New York Housing Act of 1879）颁布，1901 年、1902 年，纽约、芝加哥两市的《廉租住房法》（Tenement House Law）得以通过，开创了政府干预住房市场、解决低收入阶层住房问题的先河。1908 年，西奥多·罗斯福总统首次提出联邦干预住房问题的想法。纽约《廉租住房法》削减了 70% 的出租公寓面积，并提出了配置独立卫生间、注重日照采光与自然通风和提高消防安全标准的要求。1914 年，美国劳工联合会向联邦政府请求提供贷款以修建公共住房。1915 年，马萨诸塞州通过了一项宪法修正案，允许州政府建立公共住房。到 1920 年，美国至少有 40 个城市颁布了类似的法规。

1933 年，富兰克林·罗斯福总统签署《美国工业复兴法》（National Industrial Recovery Act），创立了公共工程局（Public Works Administration），又称联邦公共工程应急管理局（Federal Emergency Administration of Public Works），管理公共住房。针对低收入住户的租房问题，1934 年大萧条后，美国制订了最早的住房法案《临时住房法案》，1937 年罗斯福总统签署《美国住房法》（United States Housing Act），又称《瓦格纳住房法》（Wagner Housing Act），是首部公共住房法案，由联邦政府出资、地方政府建造公共住宅供低收入住户租用。随后创立美国公共住房署（The United States Public Housing Authority）取代公共工程局，专门负责低收入住户的住房问题。

1945—1970 年是美国城市中心区更新改造的重要时期。1949 年，联邦国会通过了参议员塔夫脱提议的住房法案，成立了城市更新署（Urban Renewal Administration），开始了中心城再开发运动，授予地方政府征用土地的权力，"定点清除"萧条的住宅区和衰败的工厂区，并决定在 1950—1954 年提供 5 亿美元联邦资金用于这类开发，每个城市成立独立的地方开发机构并负责实施。

---

① 哈维. 资本社会的 17 个矛盾. 许瑞宋, 译. 北京：中信出版集团, 2016: 序.

1949年《1949年住房法案》（Housing Act of 1949）颁布，又称《瓦格纳—埃琳德—塔夫脱住房法》（Wagner-Ellender-Taft Bill），高层住宅受到青睐。同年，《退伍军人法案》以及住房贷款补贴政策颁布，促进了郊区独立家庭住宅的普遍发展。

1954—1965年，联邦国会接连通过住房法修正案，如艾森豪威尔总统签署的《1954年住房法案》（Housing Act of 1954），是关于城市重建的住房法，涉及公共住房、公共设备以及城市重建、项目资助等内容；1955年的《住房法修正案》（Housing Amendments of 1955）涉及公共住房、社区设备、城市更新、学院住房、农场住房等内容，把清理贫民窟和中心城的全面再开发结合起来，市中心改造速度明显加快，大规模住房建设及贫民窟的清理成为解决社会问题的主要手段而得以推广。为了鼓励中低收入家庭买房，美国政府还通过美国房屋贷款联盟（Federal National Mortgage Association）和美国住房贷款协会（Federal Home Loan Mortgage Corporation）两大机构为中低收入家庭向各类银行和信贷机构提供贷款和贷款担保，以建立稳定的社区，拉动经济发展。

1968年《民权法》（Civil Rights Act of 1968）颁布，又称《公平住房法》（Fair Housing Act of 1968），除一些非商业性的组织机构和不对外开放的私人俱乐部外，该法禁止一切在房屋租、售、筹资及其他住房供给相关过程中以种族、肤色、宗教信仰、性别和国籍为基础的歧视。

1974年《住房与社区发展法》（Housing and Community Development Act of 1974）颁布，叫停高层公共住房建设。该法案主要包括两项计划：一是用于社区发展的一揽子拨款基金计划；二是著名的"第8条款存量住房计划"（The Section 8 Existing Housing Program），又称租金证明计划（Rental Certificate Program），为低收入家庭提供房租补贴。政府把分散低收入住房、改善社区质量纳入住房政策，并向合格的低收入家庭发放房租补助券。同时为了修正1950—1960年代偏重城市物质环境改善的城市更新，加强改善现有社区经济、社会结构，联邦政府通过"社区发展基金"（Community Development Block Grant）政策支持社区发展，用于社区房屋维修、提供可负担的房屋、失业培训、建造社区设施等社区相关项目。

此外，还出台了鼓励不同收入家庭以税收优惠的方式购买住房以及保证有色人种、穷人购房贷款的公平性等政策措施。1992年起，联邦政府又以"低息贷款、减免税赋"等优惠政策鼓励私人开发商在建造一般居住区时，留出部分房屋供给低收入户，促进社会融合。1992年，在参议员巴巴拉·米库尔斯基（Barbara Mikulski）和克里斯托弗·邦德（Christopher Bond）的推动下，"第六希望"计划（HOPE VI）在国会通过，该计划一方面对公共住房社区进行翻新和维修；另一方面加强社区服务以提高居民素质和收入水平，同时拆除高层公共住宅，重建低层、混合收入的联排、公寓社区。1995年，美国住房与城市发展部（HUD）在提交克林顿总统的《美国城市政策报告》（National Urban Policy Report）中建议"联邦政府有责任帮助恢复中心城，并将其作为就业与机会的扩展者的角色"。

在这些住房政策引导下,1920年代和1950—1970年代分别出现郊区化热潮,1930年代在城市中心出现成片的公共住宅,1950—1960年代城市中心出现大规模的城市更新。郊区的低密度、同质蔓延,给美国城市带来了许多新的城市问题,如中心城人口、就业的分散,引发了中心城的经济和财政危机,使得中心城逐渐衰落。郊区严格的功能分区以及人口、建筑的低密度分布,不仅造成人们对汽车的过度依赖,由此带来了严重的交通拥堵和汽车尾气造成的空气污染问题,而且郊区蔓延扩展侵占了大量珍贵的农田、林地以及湿地等土地资源,破坏了原有的生态平衡。

2)交通法规

1869年,第一条贯通美国大陆的铁路建成,加速了东西向生产要素的流动。1920年代,福特装配式汽车生产线的建立开启了一轮郊区化高潮。

1933—1941年,罗斯福新政提出复兴(revival)、救济(relieve)、改革(reform)的凯恩斯主义经济刺激和福利救助政策,除了向低收入阶层提供公共住房外,还包括为安置失业者、刺激经济、扩大内需而进行的大规模的城市基础设施建设。

1938年制定《航空管制法》,将航空运输业定位于严格管制的行业。1944年芝加哥航空会议上提出主张航空自由化。1978年制定《航空放松管制法》,对美国航空公司实行扶持和管制并行的管理办法,保障国内航空公司以相对低廉的费用使用土地、机场和空中交通管理设施等硬件设施,促进航空运输业的发展。之后相继发布了《国际航空运输竞争法》《航空竞争促进法案》和《航空运输竞争恢复法案》等相关法律规范航空公司的市场行为,引导了美国航空运输业的繁荣发展。[1]

1944—1956年发布三次联邦高速公路法,在1944年《联邦资助道路法案》、1956年《联邦州际高速公路法》影响下,美国高速公路加速发展,郊区化加速。

1956年,集装箱开始应用于港口货物运输,不同种类、规格的货物均可以通过集装箱运输做到无缝对接,直接促进了"即时供货"[2]以及以此为基础的生产垂直分工分化和全球化生产网络组织的诞生。

3)城市规划体系及政策

美国城市规划体系的演变过程表明城市转型发展过程中的城市问题及其应对措施,城市规划的行政体系和实施运作体系揭示了面对经济社会环境问题城市转型发展的内在动力和解决过程。如同弗里德曼所提出的那样,城市规划理论通过三个功能来影响城市的转型发展:一是将人文主义的哲学理念引入规划来指导规划师的工作;二是规划理论能帮助规

---

[1] 聂晶晶,王勇. 美国对本国航空公司的扶持与管制政策及其启示. 改革与战略,2012,28(09):120-124.
[2] 即时供货系统来源于美国工程师威廉姆·德明(William Deming),于1950—1960年代被引入日本,并被日本企业广泛应用的生产组织创新模式,与全面质量管理(TQM)一同被应用到生产过程,密切消费者与供应商关系,从而将库存减到最小,而不是福特式的"充分备料"(JIC)方式,是日本式灵活生产的基础,对日本1970—1980年代的经济繁荣贡献很大。引自:迪肯. 全球性转变:重塑21世纪的全球经济地图. 刘卫东,等,译. 北京:商务印书馆,2009:367.

划实践适应客观世界在尺度复杂性、时间性方面的制约；三是以规划理论作为媒介，将其他学科的知识及理念引进规划学科[1]。美国的城市规划以州和市等地方政府负责，各州及各市规划行政体系和运作体系均有所不同[2]。美国城市规划发展历程可总结如下。

（1）古典规划

17世纪为便于土地分割的区划法开启了美国初期的土地利用规划，如美国独立前后殖民地时期新英格兰地区的城市总体规划，包括费城规划、萨瓦纳规划、郎方的华盛顿特区规划等，模仿欧洲城镇规划建设模式，讲究对称、轴线、主次干道之分和公共空间的设置，注重街道模式、公共空间和形态结构。

（2）城市美化及理想主义

19世纪中叶，受环境卫生改革以及英国公园建设的影响，奥姆斯特德尝试推广城市生活田园化，开启城市美化运动。1862年，联邦政府发布《莫里尔法案》（Morrill Law），鼓励设立各类教育机构，尤其注重实用职业教育，重视教育的普及和知识的传播，在城市建立社区中心（Community Center），即把学校所在地作为城市公共活动中心。1898年，埃比尼泽·霍华德的《明日的田园城市》出版，提出田园城市的理想模型，以乌托邦的理想主义解决工业化过程中城市有序发展和人与自然和谐相处的问题。

（3）现代城市规划

1909年《芝加哥规划》发布，第一届关于城市规划和城市拥挤问题的美国国家城市规划会议召开。同年英国第一个市镇规划法出台，1913年国际田园城市联合会成立，1914年英国市镇规划协会成立。1917年美国城市规划学会（American City Planning Institute）成立，后发展为美国规划协会（American Planning Association）。同年美国大学开设第一个针对规划师、公众和城市管理者的培训计划。

（4）工业时代城市规划

1916年，纽约第一个引入了综合分区决议（Comprehensive Zoning Resolution），第一个真正结合土地利用、高度控制、开放空间控制的区划政策——纽约市建筑区划条例开始使用，至1920年代共有750个社区实行了区划。1920年代，随着对人口、工业、经济发展、地价、政府行政、公共服务与设施，以及大都市区结构与成长等问题的关注，总体规划及区域规划逐渐得到重视，1922年的《州分区规划授权法案标准》、1928年的《城市规划授权法案标准》为各地土地利用用途管制和规划管理提供了法律依据。1923年，受英国近代人本主义规划大师格迪斯的区域论影响，由芒福德等创建了美国区域规划联合会（RPAA）。1929年，纽约区域规划协会（RPA）编制了第一轮纽约大都市区区域规划，同时期相继编制田纳西州区域规划等规划。1930—1940年代，戈涅的工业城市模型以及

---

[1] 张庭伟. 全球转型时期的城市对策. 城市规划, 2009, 33（05）: 9-21.
[2] 孙施文. 美国的城市规划体系. 城市规划, 1999, 23（07）: 53.

勒·柯布西耶的《光辉城市》影响了 1940 年代美国的住房建设、高层住宅建设，如芝加哥南部罗伯特家园高层住区建设。1944 年，以勒·柯布西耶为主要倡导者的《雅典宪章》成为工业时代城市规划的经典准则。

（5）后工业时代城市规划

第二次世界大战以后兴起社会经济发展规划，城市整体改建、规划系统分析、交通与土地利用综合规划成为城市规划热点。1961 年雅各布斯的《美国大城市的死与生》引起城市规划关注重点由物质空间规划转向社会规划与社区规划，以社会（社会正义与和谐）、经济（就业与经济成长）、环境（人类对环境的影响）以及文化的可持续发展规划得到关注。[1]1975—1989 年，城市规划研究领域包括贫困地区和城市社区的经济发展规划研究、计算机使用及地区性的信息系统等。1980 年代末期兴起新城市主义，1990 年代出现城市绅士化趋势。1990 年代中期，联合国人居署的《21 世纪议程》主张可持续发展，克林顿政府制定社区授权议程，把可持续发展立为国策，美国开始精明增长运动。

美国各个城市的规划体系并不一致，但对于研究城市、区域面临的形势、挑战和应对策略，以及协调公众、企业、团体、种族利益，城市规划作为一种有效工具得到不同程度的重视和广泛利用。基本规划体系包括区域规划、流域规划、大都市区规划；总体规划、城市发展战略框架规划；专项规划及研究（工业、交通、绿色基础设施等）；分区规划；区划；城市设计及地段详细规划设计等。但总体规划并不是每个地方政府的法定职能，总体规划发挥着前瞻指导综合协调作用，整体规划社区（master-planned community）越来越受到重视，联邦政府对地方发展的资助计划都要求有总体规划作为依据，地方政府的建设计划和开发控制也都以总体规划为依据。绝大部分城市都有区划法规作为开发控制的依据，区划法作为开发控制的最主要方式之一，具有确定和透明的特征，适用于通则式的开发控制。场地规划审查、设计审查和地标控制等方式则是对于城市中具有重要和特殊意义的地区实施的更为特定和详尽的个案控制。

4）区划法

美国区划条例（Zoning Code）是广泛使用的土地利用管理依据。为了有序进行土地开发，在总体规划之后，按照道路骨架将开发区域进行初步功能分区和地块划分，待区域有明确开发意向后编制详细的分区规划（subdivision）。区划条例将社区分为若干片区，对片区内的所有土地利用行为进行规定，明确土地和建筑的许可用途、每类用途的开发强度以及地块内建筑的建造方式，从而实现有秩序的建设。一般情况下，区划条例由城市的规划发展部门来制定。

在 20 世纪初，美国城市开始借鉴德国区划模式对私有土地进行公共管理的方法制定

---

[1] 弗里德曼. 北美百年规划教育. 城市规划，2005, 29（02）：23-32.

土地区划。早期的区划政策主要是为了城市景观、美学、防火等原因对城市进行高度限制，或者为了居住区的利益排除工业影响对城市进行用途分类。1916年，纽约市建筑区划条例结合土地利用、高度控制、开放空间控制的区划政策在纽约开始使用，也是美国城市率先通过的第一个区划法，城市成立了区划委员会，专门负责区划条例的编制、修订及依法管理等工作。

5）棕地治理与再开发

1978年的"纽约爱河（Love Canal）污染事件"引发了对美国全国性的污染废弃场地的调查，这是美国棕地（Brownfield）治理的起因。美国工业的迅猛发展带来严重的污染问题，经济结构的转型、阳光带的兴起、锈带衰落的产业区域空间转换以及郊区化导致城市空心化，城市的快速扩张和蔓延使得原有城郊废弃工业地带成为城市中心区，这些工业化时期的工业走廊、运河及铁路沿线交通走廊、工业区、仓储、市政基础设施、军事用地以及破败废弃的街区成为受污染、被废弃、未利用的棕地。美国环保局（EPA）将棕地定义为由于存在环境污染或者潜在污染而使得其二次开发利用变得复杂的土地。

对棕地的治理和再开发经历了三个阶段，即控制污染危害及责任豁免的行政理性阶段（1976—1990）、土地再利用的经济理性阶段（1990—2010）、社区复兴的环境公正阶段（2010至今），对应的棕地治理模式分别是责任认定模式（责任豁免）、财税激励模式（联邦的超级基金、州及地方的直接财政支持、税务优惠、土地利用控制和特定项目程序支持）和公众参与模式（表5.3）。

2000年代，美国住房与城市发展部发布《棕地经济发展计划》（*The Brownfields Economic Development Initiative*），旨在刺激、提升经济和社区发展的竞争性基金，用于帮助城市由于已经存在或可能存在环境污染造成的废弃、低效使用的工业和商业设施进行扩张和再开发。该项计划最初目的是对经济开发项目中的棕地再开发，以及用于增加中低收入群体在创业或维持商业中的机会，以扩大当地税收基础。美国住房与城市发展部强调该项经费以及贷款保证基金必须用于能取得近期成果并有显而易见的效果的项目，不鼓励用于还没有近期再开发规划的地块收购和修复项目的申请。

2010年，美国环境保护局（EPA）启动了《棕地全局规划》（*Brownfield Area-wide Planning*），将经济发展、社区复兴同环境治理相结合，推动政府、企业、居民、社区组织以及非政府组织共同参与治理，促进社区经济、社会、环境的协调发展。

2．转型发展中的芝加哥城市规划①

芝加哥市在美国被评价是强势政府、强势规划的城市，从芝加哥贸易建市、工业化繁荣以及全球化转型的发展过程来看，市场和自由主义的力量不可谓不强，正如美国建国之

---

① 此部分在胡晓玲著《企业、城市与区域的演化与机制》第13章及吴之凌、胡晓玲《芝加哥城市规划管理及实施机制》（城市规划杂志2009年第8期）基础上增补形成。

表 5.3 1975 年后美国棕地政策的阶段性特征

阶段	年份	政策	项目类型
行政理性阶段（1976—1990 年）	1976 年	颁布《资源保护和恢复法》，关注当前和未来的工业设施，确保以环境友好的方式管理废物，利用危险废物处理跟踪系统	运河项目；垃圾填埋/采矿场；工业遗址；军事基地
	1980 年	颁布《综合环境反应、补偿和责任法》（又称《超级基金法案》），直接应对可能危及公共卫生和环境的有毒物质威胁，生成美国优先清单，对"潜在责任方"追溯连带严格无限责任，建立危险等级系统	
	1986 年	颁布《超级基金修正和再授权法案》，重塑州政府的地位，强调公共参与，开展志愿清理项目（VCPs），鼓励私人投资	
经济理性阶段（1990—2010 年）	1993 年	发布《棕地经济振兴计划》，为污染程度低于超级基金基地的场地修复参与人员提供种子基金，但不支持清理费用，有效联合了私人开发机构	钢铁厂；滨水区域；历史片区
	1993 年	发布《棕地经济开发行动》，标志着对棕地采取具体行动的开端	
	1995 年	启动棕地再开发计划，制定《棕地行动议程》，号召多利益方的共同参与，允许将场地从超级基金项目中删除	
	1996 年	发布《土壤筛选导则》，促进评估和修复的及时开展和标准化	
	1997 年	颁布《棕地美国合作行动议程》，将经济发展和社区复兴同环境保护结合起来，为政府、企业和非政府组织的合作提供了框架	
	1997 年	颁布《纳税人减免法案》，包括一项促进棕地清理和开发的税收激励政策	
	1999 年	颁布《联合社区与商业的为了一个光明未来的可持续棕地再开发框架》	
	2000 年	发布《美国土地的循环利用：棕地改造的国家报告》；发布《棕地经济发展计划》，授权各州、社区和各类买下棕地的所有者协同工作，促进棕地的合理评估、清洁和可持续再开发利用，有效分担了成本和风险	
	2002 年	颁布《小企业责任免除和棕地复兴法案》，授权每年拨付数亿美元用于棕地的资金援助，并对棕地周边土地所有者及未来购买者的责任作了限制，免除棕地周边土地所有者及新购买者的责任	
环境公正阶段（2010 年至今）	2010 年	发布《棕地全局规划》，向地方政府提供资金进行研究和基本评估，从而为关键棕地场地制定区域规划和实施战略	滨水走廊；商业/工业走廊；铁路走廊；市中心区域；邻里社区

来源：作者根据相关资料[1][2]整理

---

[1] 高洁,刘畅,陈天.从"永久清理"到"全局规划"：美国棕地治理策略演变及对我国的启示.国际城市规划,2018,33(04)：25-34.
[2] 郭鹏,梁燕华,苏海棠.美国棕地治理分析及其对我国的启示.环境保护科学,2010,36(02)：73-76.

初的"双螺旋"政体模式，政府和资本两种力量相互制衡，形成了独特的决策机制，芝加哥的城市规划行政体系、运作体系就是典型代表，究其原因，一是完善的规划体系以超前性、计划性助力城市转型发展；二是规划的可操作性；三是规划的一贯性以及规划弹性和适应性。

1）现代城市规划的鼻祖：城市规划助力城市转型发展的典范

基于政府构成和决策运营体制，自建市起，芝加哥逐渐形成和完善了其城市规划建设与管理的内在机制，如编制规划的客观性、规划的及时修正机制、规划的公众基础以及规划师和规划专业协会为城市服务的中立立场。

（1）规划的客观性

现代城市规划在反映所有者利益、反映城市发展的规律以及反映城市综合性、系统性本质的基础上，呈现了规划的自然有机性与理性，并分别体现出刚性与弹性规划的内容，既保持了规划的严肃性，使城市有序发展，又保持了规划的灵活性，使城市拥有独特的活力和魅力。可以将规划反映城市运行基本规律和受到不同程度、不同方面的干预的两个方面分别定义为规划的自然性和理性。

规划的自然性，是指规划反映城市发展的客观规律、经济和社会的自由运转机制，以及城市有机生长、演变和转换规律。主导城市发展的核心是经济规律，包括作为城市单元的企业的演变与扩展、企业不同发展时期对城市基础设施等的不同要求、城市产业演替规律、城市土地经济的调节作用、城市用地的空间结构规律等，还包括城市组织结构、社会空间结构的自然演化规律。规划是对城市各项活动的安排，反映城市的综合性和系统性，应反映各类各层次人群的利益，包括经济、自然、景观、社会、文化的安排。因此城市的发展是以追逐利润为目的的企业家行为，以自由市场以及社会、自然、文化的生态规律来组织城市，使城市建设表现为自然有机性。

规划的理性，是指规划对市场机制的适当干预。芝加哥市长（不论初期的企业精英出身还是后期的平民出身）从城市发展初期的市场运行的看护人，到公众利益的维护者、城市家长，都以有利于城市利益为根本原则，利用自身的远见卓识和个人经验、价值观经营城市、管理城市，使城市在市场机制失灵时改变自然的发展方向。

规划的刚性与弹性，是指由规划上升到条例，并通过法院来协调规划实施过程中的弹性变化，区划法就是刚性规划的典型案例。

（2）规划的及时修正机制

具有实用和效率为核心的城市运行和规划原则，体现了公平与效率相结合的企业化城市精神，城市建设与管理也表现为以企业家为主导的城市开发与更新。企业家以营利为目的，能够从市场的偶然性中捕捉城市发展的必然性，议会委员会中的专业代表、物业代表、社区代表，具有利益的广泛代表性，从而可以从规划、实施、建设管理中反馈市场变化，反馈城市发展转换，利用表决机会对规划进行及时修正。

(3) 规划的公众基础

美国私有化的土地制度和经济制度决定了其规划的公众基础，除了私有财产主以外，公司是私有财产主的集团，政府也相当于以私有财产主为股东的股份合作机构（municipal cooperation），因此代表城市利益的规划具有广泛的公众基础，表现在市议会议员的地区代表性和广泛的公众参与机制。

市议会议员的地区代表性和利益代言人特性。芝加哥市议会由50个市议员构成，这50个市议员分别来自芝加哥市区50个社区（ward），负责反映社区的需求和愿望，同时争取有利于所来自的社区的投资、政策和规划。

公众参与机制。即规划公之于众，听取民众意见和建议。如《芝加哥规划》在规划方案阶段进行了一年的规划公示，并广泛吸纳了市民、企业界人士的意见和建议，这也是规划能得到有效实施的基础和保证。

规划专业人员的广泛调查与访谈。由注册规划师协会经常性地组织专业人员和居民就地区规划进行研讨，其中包括规划之前的广泛调查和访谈，在规划中期召开有专业人员、居民参加的规划交流，规划付诸实施之前长时期的公示。

市民参与建设与规划监督。土地的私有化使市民具有对所拥有的房产范围以及道路侧缘进行建设的权利和义务，占市民收入很大比例的房地产税，用于政府统一进行社区基础设施的建设、维护，因此赋予市民参与所在社区规划和建设的权利。此外由于区划法规的裁定权归联邦、州法院，市民可以使用法律手段保护自己的利益，监督规划的施行。

如芝加哥2040年大都市区规划提出的"公共基础"（Common Ground），是一种以社区（community）为基础的区域主义规划方法，单个的地方（市、县、社区）是规划管制的基本单元，强调不同社区一同工作，反映各自心声，又一同从地方和区域两个角度来看待和解决一些共同的问题。

(4) 规划专业人员和规划相关委员会委员的城市立场

美国规划师在公共部门的只占少数，更多的是在各类非营利组织、地方邻里与小区或私人部门、公司工作，规划编制单位由于不属于政府、不属于企业、不属于社区，是独立顾问咨询单位，决定了规划专业人员独立的地位和立场，能够始终保持中立，以维护城市基本利益。

2) 芝加哥城市规划体系助力城市转型发展

芝加哥城市规划体系从规划范围分，包括区域层面、城市层面、社区层面的规划；从规划内容及形式分，包括宏观引导性的发展策略——战略规划、概念规划、框架规划，建设控制规划——总体规划、区划、专项规划，建设规划——城市设计及地区开发建设规划。

(1) 区域层面

区域层面的规划主要是以伊利诺伊州东北部地区（即芝加哥大都市区）为主要对象的规划，重点关注区域生态、交通、资源保护与开发建设、产业发展，体现对区域发展、建设的宏观引导性和区域市县之间的合作与协调。

从《芝加哥规划》开始，有 8 次主要针对大都市区域的规划，即 1909 年、1968 年、1977 年、1992 年、1999 年、2005 年、2010 年和 2018 年规划。大都市区规划关注当时芝加哥及大都市区的发展趋势和挑战，提出区域协调发展的规划对策。

1909 年，《芝加哥规划》作为工业化鼎盛时代的首部综合规划，以战略眼光考虑了芝加哥和周边区域的关系，被认为是芝加哥市域和大都市区综合规划的开端，首次从区域视角协调中心区与区域的功能分工、布局交通等基础设施，规划提出环路加放射路的道路结构，对区域景观资源进行了整合，为芝加哥和郊区各市镇的发展建立了空间框架，百年来这一基本框架得到了沿袭，至今仍为芝加哥的发展提供了功能化、高效率和美观的区域格局和结构。1968 年，制定第一版《区域总体规划》（Comprehensive General Plan），针对 1950—1960 年代高速公路网建设和郊区化高潮，主张以芝加哥为中心沿放射状交通走廊布局交通导向的城镇开发，以生态和农业用地隔离建设区，被称为"手指方案"。《开发总体规划》（Comprehensive General Plan for the Development of Northeastern Illinois Counties Area）是 1968 年《区域总体规划》的修订版，在坚定阻止郊区蔓延原则的基础上，在区域住房、交通、能源、环境等方面提出了更为详尽的专项对策，提出区域铁路网络建设以促进大都市区城市之间的联系。《土地资源管理战略规划》（Strategic Plan for Land Resource Management）以及 1999 年芝加哥商业俱乐部编制的《2020 芝加哥大都市区规划》（Metropolis Plan: Choices for the Chicago Region），是针对土地及环境承载力限制因素下的区域农田保护、组团开发、交通及绿色基础设施网络建设所提出的新城市主义、精明增长策略，如《2020 芝加哥大都市区规划》提出，在芝加哥迈向全球城市的过程中，中心区的发展战略侧重于金融、科技、文化与管理等全球城市功能，而大都市区则在物流、交通与生态保育方面保持优势，并形成区域次中心，承担起郊区生活和服务中心的职能。2005 年的《2040 区域框架规划》（2040 Regional Framework Plan）应对城市蔓延带来的可持续发展危机，在加强绿色斑块连接、保护农田等自然资源、历史资源的基础上，强调集约节约的绿色发展模式，鼓励再开发、再利用和填充式开发，充分利用现有基础设施。2005 年的《芝加哥大都市区 2040 区域总体规划》（Go To 2040: Comprehensive Regional Plan）的目标是维持及加强其全球经济中心地位，旨在帮助 284 个市和包括 7 个县的芝加哥大都市区应对所面临的挑战，通过增强与国际贸易和信息网络的连接以加强全球联系；建立技能娴熟的劳动力和优秀的高等教育系统，塑造有活力和多样化的经济共同体；建立包括交通、能源、通信和水系统的现代化基础设施；建立充足的开放空间和公园绿地；建立有利于总体生活品质的环境与便利的文化艺术设施；建立一个透明的、高度可信的政府。2011 年的规划关注区域可持续发展，强调了作为全球城市区域的芝加哥需要培育优势产业集群，发挥创意与科技的引领作用。2018 年的《芝加哥大都市区 2050 区域总体规划》（On To 2050）是在 2040 区域总体规划（Go To 2040）的政策基础上，对伊利诺伊州东北部

7个县和284个社区提出区域发展战略建议。确定弹性、包容性增长和优先投资三个总体原则，提出区域内部经济活力不连贯的战略建议，强调区域可持续发展，提出新技术出行方式，建立完整的多式联运交通系统，使人员和货物在芝加哥大都市内实现无障碍流动，以带动整个区域的经济活力，促进生态环境可持续发展。

（2）城市层面

城市层面的规划是对芝加哥市域范围用地、功能、设施、景观体系的布局和安排。

- 中心区规划

芝加哥中心区规划包括1909年、1958年、1973年、1983、2003年和2009年6次规划。

1909年，芝加哥已经成为中西部工业城市、铁路交通中心、金融中心，经济实力居全美第三。《芝加哥规划》秉承"大规划"理念，考虑的是在继续促进经济繁荣、交通便利之外，将中心区打造成促进芝加哥大都市地区和谐和团结的核心，是商务中心，也是实用、美化的教育（知识）中心和市政管理中心。规划梳理中心区客货流，建构畅通高效的道路交通秩序，以轴线、对称、对角线等城市美化原则设计城市道路和景观、公共空间，是现代城市规划的开端，一直沿用至今。布局上，以密歇根大道为大都市的基础（基准），拓宽霍尔斯特德街，以菲尔德博物馆、图书馆和艺术研究所构成沿临密歇根湖格兰特公园的文化、艺术、知识集聚区；以国会大街为城市主轴线，在3英里×4英里范围内，集中安置办公（总部）、商店、银行、旅馆、剧院、娱乐、铁路终点站、教堂以及其他公共或半公共设施。

自1950年至今，中心区规划是芝加哥保证未来几十年经济成功、物质增长和环境可持续发展的指南。1950—1976年是里查德·戴利市长的任期，在全美郊区化和中心区旧城更新的趋势中，芝加哥中心区也实施了大规模的改造运动，重点在城市景观建设、成片公共住宅建设、大型公共设施建设、高速公路网建设、机场改扩建等，一方面使芝加哥通过领先的机场设施和高速公路系统重新占据新的交通方式的先机，中心区的城市面貌得到改善，中心功能得到强化，吸引年轻人和白领在中心区工作、生活，保持了中心区活力，避免了老工业城市中心区的衰败局面；另一方面却加强了种族的隔离。1958年的《芝加哥中心区发展规划》（Development Plan for the Central Area of Chicago）关注土地利用、公共建筑、步行环境、换乘与交通组织，旨在改善经济，提高市民的舒适度和整体福利水平。包括许多具体方案，如在中心区西部新建一个大学（即现在的伊利诺伊大学芝加哥分校），在南部设置会议展览中心、多座政府办公楼、由市中心向外辐射的高速公路网和邻近市中心的5万多套中产阶层居民楼等多个提升内城吸引力的大型项目。1958年中心区规划的突出贡献除了清除贫民窟和规划高速公路以外，聚焦在保护、改善并扩大中心区的办公、居住和设施机构（大学、文化艺术机构等）的混合功能开发。[1]

---

[1] HUNT D B, DEVRIES J B. Planning Chicago. Washington: Planners Press, 2013: 29.

1970年代，芝加哥市区人口减少至336万人，而郊区人口上升到大芝加哥地区人口的55%，郊区人口第一次超过了市区人口。芝加哥规划局在1973年颁布《芝加哥21世纪：中心区社区的规划》（Chicago 21: A Plan for the Central Area Communities），延续中心区更新开发思路，目的是通过满足商业发展的需求来对卢普区进行再开发，从市中心移出工业企业为房地产和商业开发提供空间，旨在恢复中心区的历史角色，满足复合多元中心区的空间发展需求，保存芝加哥个性特色。规划核心是在市中心南部建设一个"城中新镇"，即一个中等收入的住宅区，占地600英亩，可容纳12万居民，形成一条分开中心商业区与南部低收入区的隔离带。同时规划了迪尔伯恩区建设、北环区再开发、奥格登带再开发、海军码头复兴等多个开发项目，将地铁线延伸至机场，并规划建设哥伦布斯大道和瓦克大道，延伸地下步行系统，强化与郊区的联系。郊区则侧重于巩固芝加哥全国性的物流地位，并提升区域的公共交通服务。

1980年代初，芝加哥市政府开始推进现代服务业和旅游业发展，中心区规划局于1983年完成了《1983芝加哥中心区规划：城市之心的规划》（Chicago Central Area Plan: A Plan for the Heart of the City），作为产业调整的空间政策。规划建立博物馆区，扩展麦克米克会展中心，建设千禧公园，实施西环区再开发。1983年，哈罗德·华盛顿（Harold Washington）当选市长，颁布《芝加哥1984发展计划》（Chicago Works Together: 1984 Chicago Development Plan），该计划力求全市均衡发展，强调保留制造业在市区内的就业机会，建设基础社区，审批了芝加哥的第一个规划制造业区即克雷邦（Clybourn）工业区，打消开发商将其改作商业或住宅用地的企图，创造制造业稳定发展的环境。[1]

2003年，芝加哥市政府公布《芝加哥中心区规划：为21世纪的中心城市做好准备》（The Chicago Central Area Plan: Preparing the Central City for the 21st Century），该规划由规划发展局主持，SOM建筑师事务所负责具体规划设计，旨在继续优化芝加哥中心区的文化、艺术、会展、商业等功能、设施和空间条件，创造支撑中心城市的独具魅力的宜居环境，作为曾经的美国航运中心、铁路枢纽、航空中心以及光纤中心，芝加哥将始终保持商务枢纽城市的地位和优势。

2009年的《芝加哥中心区行动规划》（The Central Area Action Plan），落实了2003年芝加哥中心区规划的发展目标和原则的实施规划，重点确定重大项目，估算项目成本，明确资金来源，确定项目实施的时序，是区划调整的基础。[2]

- 专项规划

如公园、景观、生态、制造业复兴、铁路改善工程规划等。1950年代芝加哥规划委员会发布一份关于工业的报告，提出通过改变功能分区等一系列措施来复兴衰败的住房和

---

[1] 王法辉, 胡忆东. 芝加哥制造业发展过程及区位因素分析. 地理科学, 2010, 30（02）: 175-183.
[2] 王兰. 城市规划编制体系在城市发展中的作用机制：芝加哥和上海的比较. 城市规划学刊, 2011（02）: 33-42.

工厂，并使后者更有效地集聚。提出复兴城市工业基地，提升老城区宜居性（基础设施、工厂和住房）。针对工业城市转型的棕地开发／工业遗产保护特别区划政策区的划定也是属于专项规划类型。

- 区划条例

芝加哥区划是落实其他规划用于控制和引导开发的主要法律文件，芝加哥市于1923年开始根据《芝加哥规划》制定区划条例，并分别于1942年、1957年、2004年予以修订。

1957年的区划修订，建立了容积率系统，以及"有规划的开发程序"（Planned Development Process），超过40英亩的地块开发可与规划局商议，实行"综合项目控制规划"（Comprehensive Project Zoning Plan）。后来扩展到占地1英亩以上、100英尺高、超过100套公寓的项目，都可以通过这种方式改善中心区街区环境，如增加广场、公共空间、后退红线、统一地面人行廊道等。其中包括与芝加哥增长联盟相配合的容积率奖励政策，提供宽松的容积率政策，由此进一步丰富城市景观，改善中心区舒适性。[①]

由于规划不可预见未来发生的一切，同时有些地段的综合开发时机尚未成熟，因此芝加哥区划条例保持了一定的弹性，包括修订（Amendments），变量、变化（Variances）；特别许可（Special Permits）；浮动区域（Floating Zones）；复合功能区域（Cluster Zoning）；用地类别的调整（Class）；成片开发地块（Planned Unit Development，PUDs）；开发权转让（Transfer of Development Rights，TDRs）等，修改和调整区划需经过区划局及规划委员会例行的严格的审查和批准手续。

2004年的区划改革，从2000年开始，历时4年，2004年11月1日起生效。由区划文本（17章）和区划地图两大部分组成，致力于保护房地产价格、加强社区特色、强化零售业发展并增加就业岗位。新的区划措施包括设置新的公园和开放空间区，防止其被开发为其他用途；划定工业走廊，帮助吸引工业和保护制造业；提高公交站点周边的开发密度和体量，推进公交导向规划等。

如城市工业集聚区的区划规定及区划调整，包括规划制造业区和工业走廊的区划规定。在工业城市转型过程中，工厂倒闭、就业丧失、厂区凋敝、设施损毁导致老城衰败，针对城市衰败、贫困地区的不同类型，由政府划定不同的保护与复兴区、发展区，采用公私合作的方式促进城市复兴，制定不同的税收优惠政策，鼓励民众及开发商参与城市复兴。复兴辅助方式包括税收减免、税收增量融资办法等。税收减免（Tax Abatement）是将开发地区的土地价格冻结在开发前的水平，让开发商在项目开发后即使地价上涨，也按冻结的土地价格偿付地产税收，不过税收减免有一定期限，超过期限将按市场价格偿付税收。税收增量融资办法（Tax Increment Financing）是促进城市工业、商业及住区等衰败地区的

---

① HUNT D B, DEVRIES J B. Planning Chicago. Washington: Planners Press, 2013: 28-29.

复兴的办法，是一种将某一界定区域的税收增量用来投资现在的开发改造项目的金融工具，是为促进衰败或发展缓慢地区的公共项目提供融资渠道，通常期限是 13 年。芝加哥市是全美税收增量融资区域最多的城市之一，共划定 144 片税收增量融资区域。同时，设置几种分类发展区，如赋权及企业发展区（Empowerment Zones and Enterprise Zones），旨在为鼓励和促进衰败和落后的城区每一个公民创办企业，以促进社区就业、增进经济发展、社会稳定，重在减免税收和政府控制，繁荣微观经济。企业区（Enterprise Zone），是由城市商业和社区事务部根据伊利诺伊州企业区法案批准和鉴定的、由城市议会指定、或由联邦企业区立法机构批准的贫困衰败地区，可以享受税收优惠、有关条件优惠、周期性贷款、税收债券贷款等金融支持。特别服务区域（Special Service Area），如芝加哥大道商业街，是为促进服务业发展而划定的资助区域。其他还有城市住房发展部推出的社区更新和城市赋权区计划（HUD's Initiative for Renewal Communities and Urban Empowerment Zones）、棕地经济发展计划（Brownfields Economic Development Initiative）等。

再如关于社区友好型货运流通的区划规定。芝加哥区划条例第 17 章 10 节是对停车、装卸空间和操作的规定，包括总则、街道以外的停车比例、自行车停放、计算规则、街道外停车区域的使用、需要空间的出租、共享停车、合作停车、残疾人趴车、停车区域设计、街道外装卸等 11 个方面。如《芝加哥大都市区 2050 区域总体规划》提出基于社区友好型的货运流通规划，是在社区用地规划和城市设计中的货运策略（图 5.8）。在城市设计方面，开辟与主干道／步行和慢行分离的货运后巷；设定一定数量和尺寸标准的装卸区；在现有

图例 ● 城市设计 ● 货车通道 ● 快递管理

图 5.8　促进商品流通策略概图
来源：《芝加哥大都市区 2050 区域总体规划》

街道设立临时装卸管理,如有可能,采取措施分隔货车与行人和骑行者,以改善安全和舒适条件。在货车通道设计方面,考虑混合火车道和公交车道以提高货运速度/减少泄漏/改善机动性;适时更新火车路线和许可规划。在快递管理方面,鼓励夜间投递,并保证夜间不能投递区域的投递;鼓励集中的转运接收点减少投递车辆;提供足够的装卸区,平衡装卸与顾客停车需求;实行计时及用途计时停车管理;引入步行和自行车友好的投递方式;鼓励可选择的住宅投递点以整合住家投递。

(3)社区层面

社区层面的规划反映了微观层面的规划诉求,同时也是上级规划的落实。芝加哥市域共有 77 个社区,社区层面的规划是居民提出愿景和关注点的渠道。由于与民众、公司的利益直接相关,也是城市活力的实现。其中包括特定地区的规划,如卡鲁米湖地区规划(Calumet Area Plan),芝加哥河规划(Chicago River Plan),近西部规划(Near West Side Plan),西赛罗走廊南段再开发规划(South Cicero Corridor Redevelopment Plan),州街、瓦百事大道和密歇根大道规划(State,Wabash and Michigan Plan),以及 2012 年开始的 27 个工业走廊规划等。社区层面的规划成果经过批准将直接反映到区划的调整,以产生法定效果,如为支持芝加哥河北支流工业走廊制造业复兴北支流框架提出了区划修订及相应的规划实施的筹资机制。

> 为了实施《芝加哥河北支流工业走廊现代化框架规划》,区划更新修正和建立新的筹资机制是关键步骤。一是根据功能分区调整地块用地性质,二是对建设的控制。
>
> ■ 图则修改
> 芝加哥规划发展部的初始图则修改旨在反映三个分区代表的土地利用概念,具体涉及走廊内的 4 个现有规划制造业区。走廊内规划制造业区的边界将被缩减至中部分区。北部分区的规划制造业区将变更为制造业区,南部分区的规划制造业区将变更为中心区服务区(Downtown Service,DS)。
>
> ● 区划法调整实施方案
> 在现有规划制造业区边界内的工业用地将在区划调整中予以保留。此外,在走廊的各分区设置附加分区(Zoning Overlay District),以作为对基础法规的补充,确保未来开发的平稳过渡。
>
> 规划发展部的初步图则修改将废除 PMD1,缩小 PMD2、PMD3 和 PMD5 的用地边界,并调整 PMD2、PMD3 和 PMD5 保留用地内的允许用地性质。如前所述,现有的合法工业用途将被允许继续沿用,不会产生影响。然而,PMD2 和 PMD5 将禁止作为娱乐和观赏性体育用地,允许作为办公用途并且没有尺度限制。PMD3 将更多地建议作为低强度用途,如办公、艺术家工作空间、小型活动场所、食品和饮料销售以及家庭个人用途(图 5.9)。
>
> 区划法中将为叠加区(Overlay District)设立新的一章节,以确保在开发行动的基础

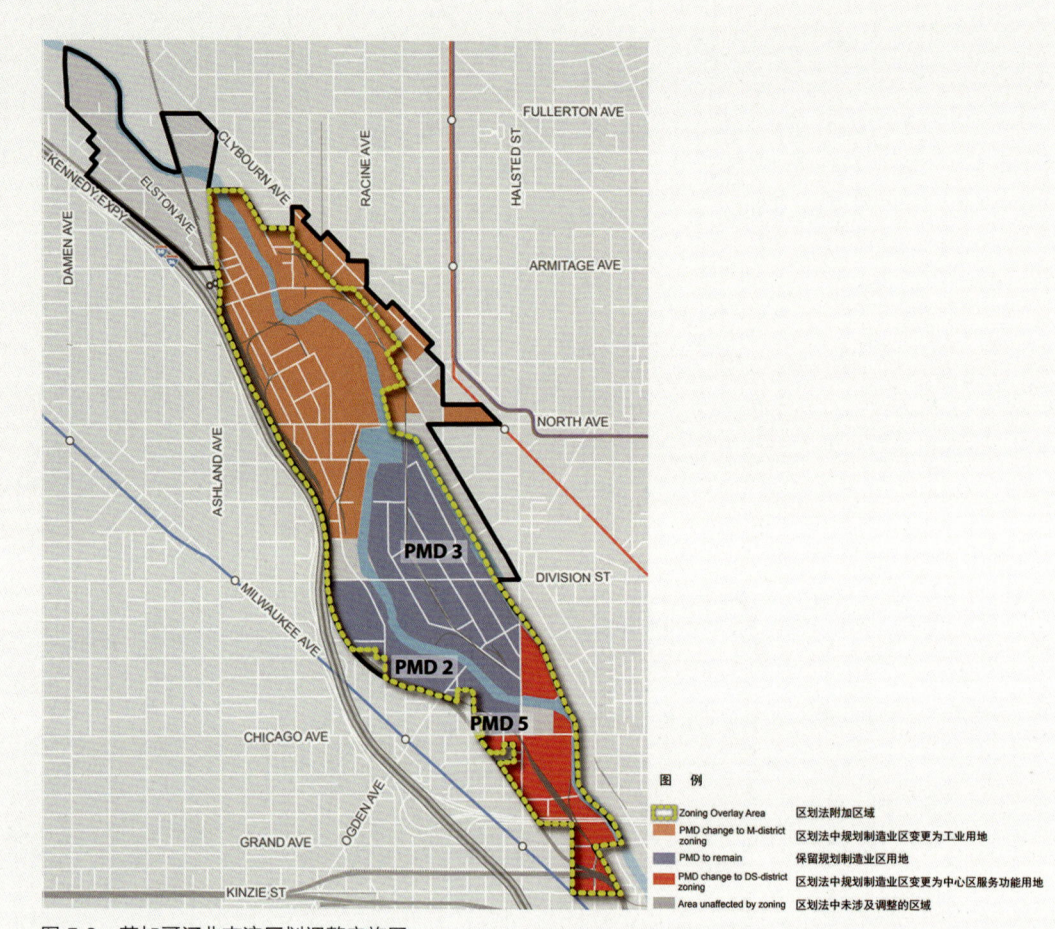

图 5.9 芝加哥河北支流区划调整实施图
来源：作者根据《芝加哥河北支流工业走廊现代化框架规划》绘制

上，将工业地产顺利过渡到北部和南部分区中的办公和复合功能用地；叠加区并不会影响中部分区现有的区划调整程序或指标。

私人业主和发展商的区划调整和容积率奖励的申请仍将按照现有的审查和批准程序。

● 城市行动计划

北部分区和叠加区：将规划制造业区用地变更为工业用地（M3-3）；准许现状用途（在规划制造业区内准许）；未来的区划修订中将仅作为商务（B）及商业（C）用地；基准容积率为3.0，B类及C类用地中若有容积率奖励，总容积率最高可达6.5。

中部分区和叠加区：规划制造业区用地保留；不可改划区域（除规划开发临界值所要求的以外）；准许现状用途；允许建设办公、现代工业及补充功能；容积率最大值不超过3.0，没有容积率奖励。

南部分区和叠加区：将规划制造业区用地变更为中心区服务功能（DS-3/ DS-5；之前的M4类和M5类将不再保留）；准许现状用途（在中心服务区划内准许）；未来的区划修订中将仅作为中心区混合使用功能（DX）；基准容积率为5.0，混合使用功能用地

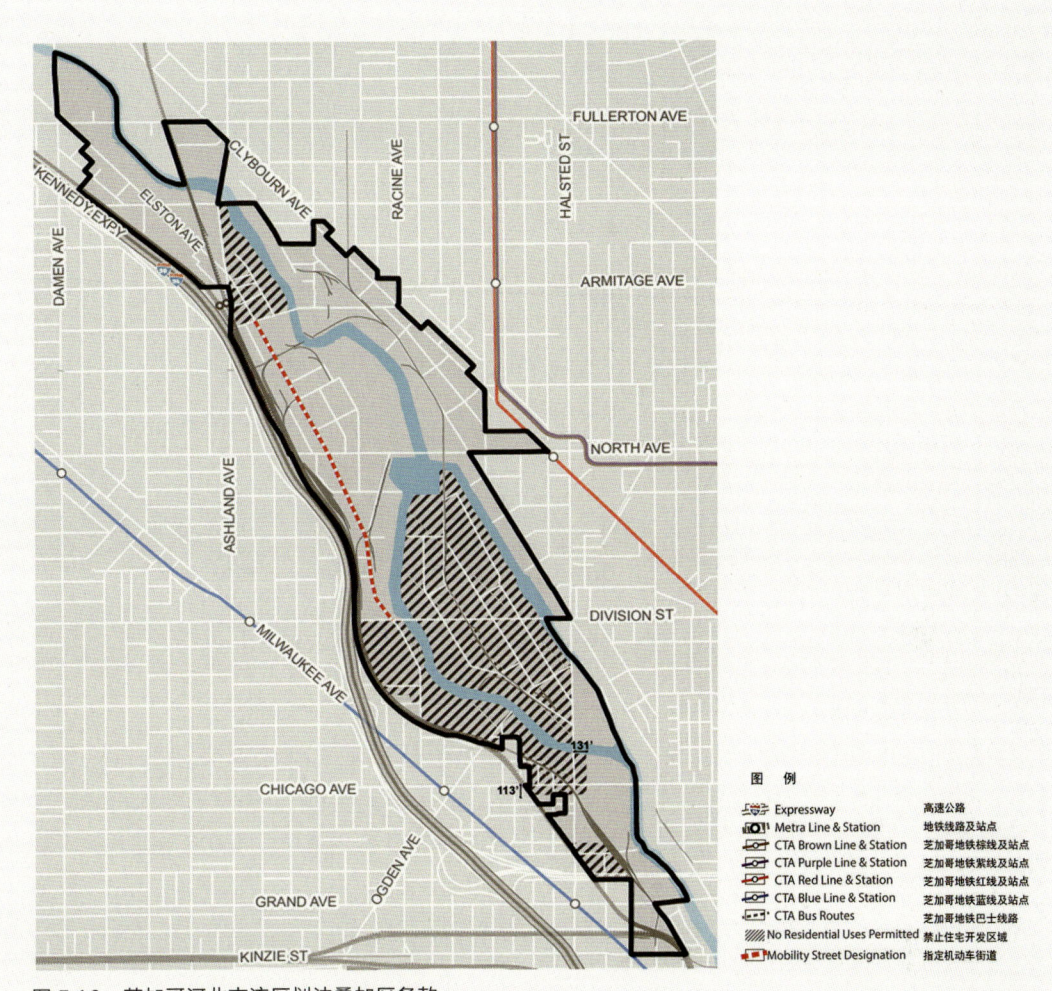

图 5.10 芝加哥河北支流区划法叠加区条款
来源：作者根据《芝加哥河北支流工业走廊现代化框架规划》绘制

中若有容积率奖励，总容积率最高可达 8.1。

叠加区亦会增加对住宅用途的限制，以作为工业走廊地区的部分过渡地带。在中部地区除规划制造业区保留外，在邻近关键服务和工业用地、道路入口且商业交通量大的地区，不允许开发住宅用途。指定区域代表了当前企业的需求和预期，如果企业搬迁，这些区域可能也将发生变化，这些限制将定期重新审查（图 5.10）。

在北部分区，以科特兰街、芝加哥河和阿什兰大道为界的用地内，不允许建设住宅用地。如位于门德尔街 2001 号的建材企业可达性有限，由于地处沿河地段，只能通过门德尔街这条断头路到达，而连接门德尔街与埃尔斯顿大道和阿什兰大道的麦克林大道、阿米蒂奇大道、霍默大道都很狭窄，两侧设有停车位，再加上装卸货区对街道的占用，大大限制了大型卡车和商用车辆的通过性。在这一地区增加住宅用途将会大大加剧现有的问题。

同样，在南部分区，霍斯特德街以东的伊利街沿线的企业，可达性也极为有限，因为伊利街和联合街都是断头路,唯一通道是从霍斯特德街经伊利街,但因为铁路、高架桥的立柱和轻轨线路的原因,这个交叉路口的通行能力大打折扣。因此无论在霍斯特德街以东的伊利街路段,还是在伊利街以南的联合街路段,均不得建设住宅用地。芝加哥大道和霍斯特德街的交叉口也禁止建设住宅用地。有两家建筑材料公司位于芝加哥大道以北、霍斯特德街以西的芝加哥河沿岸,它们所产生的货运交通和噪声,会对未来邻近地区的居住功能产生干扰。同时该地区的可达性也受到限制,因为狭窄的道路终止于货运铁路轨道内,现有工业用途与未来住宅用途之间会产生潜在冲突。

在北部分区内,埃尔斯顿大道位于科特兰街以南的货运铁路线与迪弗逊街之间的路段,在现行的区划条例中定义为机动车街道(Mobility Street),将不再设置新的道路交叉口,避免便沿埃尔斯顿大道的交通不会因额外的机动车出入口而进一步受到影响。

■ 筹资

本框架规划的实施需要为基础设施和开放空间的改善提供资金,以容纳新用户,同时帮助刺激那些因缺乏投资资金和渠道,而无法进行必需的基础设施改善的其他走廊区域的经济增长。从新的重建项目产生的财政收入(只有在业主发起的区划图则修订时才会发生这种情况)可用于资助关键项目,并可通过税收增量融资区和其他常用方案加以补充。两个可选的区划、奖励政策、容积率奖励和社区机会奖励等,也将为走廊内的改善项目提供资金。

● 工业走廊资费

芝加哥的工业走廊系统通过为制造商、批发商和分销公司创造适宜的工作环境,从而为城市的工业景观带来价值。走廊内土地向非制造业用途的转型是对整个系统的损失,应该为城市工业基础的利益做出补偿。若因开发建设项目而减少工业走廊内的工业及相关就业用地,将会收取特别费用。这些费用将用于支撑城市范围内的工业走廊系统建设。

● 容积率奖励

北支流工业走廊容积率奖励政策是中心区以外唯一一个奖励计划。奖励计划仅能够在北部分区的覆盖区内获得,其中B类和C类用地在基准容积率3.0的基础上,可争取到0.5—3.5的容积率奖励。奖励计划授权"规划开发"进行指定。

奖励费用主要收集用于改善公共设施、交通和开放空间以及走廊内的类似项目。还可拨出资金用于走廊内的就业资助,并进一步补充全市工业就业。

● 社区机会奖励

社区机会奖励只能够在南部分区的覆盖区内获得。南部分区内划分为DX-5类的用地可争取到0.5—3.1的容积率奖励。奖励计划授权"规划开发"进行指定。

社区机会奖励费用在当地将用于项目现场1英里内或在北支流走廊内的,可用于基础设施改进的区域,包括创建或改进公众可进入的开放空间等。

■ 资金利用的原则

一是城市再开发活动为公共基础设施和就业准备提供资金资源。

二是通过创建新工具作为扩展选项,以及减少使用税收增量融资办法的来补充现有利用方式。

> 三是利用及善用北支流再开发所创造的多种资源，以加强北支流地区的就业机会和税基，以平衡和弥补其他无法获得此类资源的工业走廊受益。
>
> ——《芝加哥河北支流工业走廊现代化框架规划》

3）独特规划体制：芝加哥城市规划建设与管理

（1）规划主体

芝加哥的规划始于由企业家、慈善家、社会工作者及建筑等专业人员的零散的规划，如《芝加哥规划》由商业俱乐部主导，慈善家、社会改良人士、市民参与规划，完成后征求政府意见。芝加哥的规划力量包括第二次世界大战后的增长联盟（Growth Coalition）、市民联合会、社区及区域发展力量、非营利机构以及众多小规划、建筑、咨询机构，如主导中心区复兴的芝加哥中心区委员会（The Chicago Central Area Committee），主导中心区零售业复兴的中央卢普联盟（The Central Loop Alliance）、卓越北密歇根大道协会（Great North Michigan Avenue Association），主导商业地产开发的芝加哥开发委员会（Chicago Development Council）、芝加哥业主与经理协会（Building Owners and Managers Association of Chicago），承担1973年、1983年、2003年中心区规划及2009年申奥规划的SOM公司等。

（2）规划实施与管理

1909年11月1日经芝加哥市议会批准，芝加哥规划委员会（Chicago Planning Committee）成立，芝加哥商业俱乐部主席查尔斯·瓦克任主席，成员由经选举的官员、市民组成，规划委员会的初衷是独立于政府，研究规划的内容和实施方案以推动《芝加哥规划》的实施，大部分商业俱乐部成员成为规划委员会成员，成立之初人员达328人；1923年芝加哥规划委员会顾问建筑师爱德华·本内特参与起草1923年的区划法令，成立区划委员会；1923年芝加哥区域规划协会（Chicago Regional Plan Association）成立；1934年成立大都市区规划委员会（The Metropolitan Planning Council）；1939年规划委员会成为政府组成部分；1957年芝加哥城市规划局成立，现为芝加哥规划发展局；1956年成立芝加哥地区交通研究机构（Chicago Area Transportation Study）；1957年大都市区规划委员会成立东北伊利诺伊规划委员会（Northeastern Illinois Planning Commission）；2005年合并成立芝加哥大都市区规划署（Chicago Metropilitan Agency for Planning）。

芝加哥规划发展局作为芝加哥市主要规划管理机构，助力城市和社区的综合增长和可持续发展。规划发展局同时还负责审查城市区划和土地利用政策，聘请不同专业资源鼓励商业和房地产开发，进行历史保护、可进入的滨水空间、可步行的社区建设，以及其他相关的社区改善工作，协助住房局为单身、工薪家庭、老人和首套房屋购买者、租房者等提供改善居住条件。主要业务包括：区划，由区划条例管理处审查建筑许可申请，保证区划条例的实施；经济发展，规划发展局的经济发展计划包括一系列金融支持项目、商业开发行动以及当地社区生活改善活动；规划与可持续发展，由规划与可持续发展处负责全市及社区土地利用规划，包括开敞空间和可持续发展政策的开发；历史保护，规划发展局历史保护处与业主、政府部门、相关机构以及公众共同推动芝加哥历史资源的保护；房地产，规划发展局负责维护城市政府所拥有土地的数据库，同时负责协调通过一系列项目来购买和再开发城市拥有的地产；为芝加哥政府规划顾问咨询委员会提供技术支持等。① 这些委员会包括：①芝加哥规划委员会，负责审查与规划开发、湖滨地带保护条例、规划制造业区、工业走廊及税收增量融资区等相关的方案和建议。②芝加哥地标委员会（Commission on Chicago Landmarks），设立于1968年，负责向城市议会建议哪些建筑、场地、构筑物或整个区域被指定为芝加哥城市地标，以及地标建筑和地标区域的相关改造、拆迁、新建项目计划的审查。③社区开发委员会（Community Development Commission），1992年由芝加哥市议会成立，负责审查并向市议会建议设立新的税收增量融资区、指定再开发区域。同时负责审查和建议税收增量融资区内、再开发区内城市所有财产的销售，并为私有财产的再开发提供税收增量金融资助。④区划上诉委员会（Zoning Board of Appeals），依据区划条例对土地利用的合规性以及特殊用途的兼容性审查等。⑤芝加哥开发资助（Chicago Development Fund），是2005年成立的非营利公司，协助私人机构获得税收优惠政策来对处于经济窘境的社区进行开发。⑥其他与城市建设相关的政府机构。包括芝加哥住房局（Department of Housing），为中低收入者提供住房选择机会；芝加哥建筑局（Department of Building）；以及交通、水管理、街道与环卫、河湾与设施管理等部门。办事处包括芝加哥公园局（Park District）、公共建筑委员会（Public Building Commission）、捷运局（Transit Authority）等。

芝加哥与城市规划相关的主要立法和规定包括市政条例、建筑条例、区划与土地利用条例等。其中土地利用条例（2017年）包括8条，分别是密歇根湖和芝加哥湖滨地带保护、洪水控制、工业走廊资金条例、企业区划、社区机会资助条例、特殊用途、开敞空间影响费用条例、保留部分。区划条例包括17条②，即总论、居住区、商务商业区、中心区、制造业区、特殊用途区、混合用途区、有规划的开发、用途管制、停车与装卸、景观与屏蔽、标牌、审查与通过程序、管理、不一致、强制与处罚、名词与度量。

4）芝加哥城市转型发展中的重要规划力量

从建市到20世纪中期，芝加哥一直处于快速发展阶段，从边陲哨所到工商业大都市，财富大爆发，城市大发展，在此过程中，芝加哥成为建筑、设计、建造工程领域的巨大市场。

---

① 详见 https://www.chicago.gov/city/en/depts/dcd.html。
② 详见 https://codelibrary.amlegal.com/codes/chicago/latest/chicagozoning_il/0-0-0-48006。

通过工业办公楼、图书馆、博物馆、银行、火车站、联排住宅、郊区豪宅以及公共住宅、高层建筑及各种桥梁、市政工程等的建造，建筑师与工业、商业精英的合作，不仅形成了建筑师、规划师理性、功能美学的工业化思维，而且也普及了工业精英及大众的审美意识和品位，提高了城市的整体规划设计意识。因此在《芝加哥规划》之前，规划意识在芝加哥已经根深蒂固，因为在短期内快速发展，很多项目都需要经过仔细谋划，长期实施，并通过公私合作，影响深远，如抬高地平面、芝加哥河倒流、铁路网络建设、"环状 + 放射状 + 方格网"街道系统等都需要长远规划。[①]而规划力量除了建筑师等专业技术力量外，还包括产权主、社区组织、社会组织、商业组织、商业团体、社会改良人士以及政府力量。

(1) 企业家的规划

芝加哥第一任市长威廉·奥格登（William B Ogden）拥有"西部铁路大王"的美誉，1835年他从纽约来到芝加哥，倡导通过铁路网将美国东部、西部和南部的城市连接起来，尤其是把芝加哥西北部的每个小城镇与芝加哥联系起来。1848年建成芝加哥第一条铁路即芝加哥西北铁路（Galena and Chicago Union Railroad）。

随着生产职能的剥离，工业企业以其总部和首脑为主集聚在城市，城市以总部职能和总部经济组织其他相关城市职能和空间，构成总部城市。公司城镇即以就业和生产职能为主吸纳人口、组织城市功能和城市空间。普尔曼城（Pullman）是1880年代由美国著名实业家、理想主义社会改良者、铁路豪华卧铺车厢发明者乔治·普尔曼（Gorge M. Pullman）命名的公司镇，目的是解决劳工不安定和贫穷问题，其功能完善、环境良好、设施齐全。该镇位于芝加哥南部32公里处，与卡鲁米湖和芝加哥地区主干铁路紧邻，这个城镇的建设旨在实现普尔曼的社会理想，建立一个崭新的可作为开明公司典范的模范城镇，同时通过完善城镇生活设施以构建良好的主雇关系。普尔曼镇包括车厢生产厂、居住区、商业文化长廊、室内市场、公园、酒店、剧场、教堂、图书馆，居住区采取严格的等级居住制度。该镇在1893年哥伦比亚世界博览会上受到热捧，但遗憾的是，在1894年经济衰退过程中爆发大规模工人罢工，1904年普尔曼镇逐渐与该公司脱离，渐渐荒废，直到1960年代绅士化浪潮中成为芝加哥雅皮士聚居的场所。

(2) 商业与社会理想并重的伯纳姆与《芝加哥规划》

伯纳姆的社会贡献包括四个方面，他是早期芝加哥建筑学派的代表人物，是芝加哥哥伦比亚世界博览会的总工程师，《芝加哥规划》的主创人员，也是全美城市公共艺术的推动者。

1906年，在芝加哥建市70多年后，它已经成为中西部工业城市、铁路交通中心、金

---

① 史密斯.《芝加哥规划》与美国城市的再造. 王红扬，译. 南京：译林出版社，2017: 2-16.

融中心，经济实力居全美第三，芝加哥商业俱乐部与商人俱乐部合并，以改进芝加哥经济、社会和文化生活为共同目标，两个俱乐部拥有来自芝加哥商界的会员，伯纳姆于1906年被吸纳进芝加哥商业俱乐部。

1906年，芝加哥商业俱乐部委托伯纳姆对芝加哥进行规划，对芝加哥工业大发展后的城市问题、优势和挑战、发展方向进行系统分析，提出解决办法和策略，重点对中心区与大都市区的功能分区、交通组织、产业集中发展区以及公园景观系统、滨水空间系统等做出统一安排。该规划之所以成为得到一致认可、广为效仿并影响至今的一部杰作，是因为其以企业以及城市经济规律、效益原则为内在机制，尝试用艺术、建筑等其他类似手段来改变城市面貌，解决城市问题，顺应了当时芝加哥城市发展的需求。除此以外，其恢宏的景观构架、公园体系体现了伯纳姆及本内特作为建筑师出身的基本功底，开创了全美城市美化运动。伯纳姆作为《芝加哥规划》的主要执笔人，他的经历和《芝加哥规划》也是当时芝加哥工业化发展的结果。

- 有抱负的、有经济头脑的建筑师、城市规划师、企业家

伯纳姆于1846年9月2日生于纽约，音乐、艺术和文学、宗教是伯纳姆的启蒙教育，1855年随父母搬迁到芝加哥，此后大部分时间在芝加哥生活、工作，直到1912年在旅欧途中在德国去世。1850年代伯纳姆的父亲到芝加哥后，给伯纳姆的童年提供了优渥的成长条件，1865年伯纳姆的父亲当选芝加哥商业协会主席，促进芝加哥地区商业环境的净化，进一步推动芝加哥地区的商业繁荣。

1867年，伯纳姆在芝加哥洛林和詹尼（Loring and Jenney）建筑办公室做绘图学徒，在当时建筑先锋威廉·詹尼（William L. Jenney）手下接受了最初的建筑从业和专业训练，产生对建筑、芝加哥城市和他本人的一些综合的认识。1869—1870年，伯纳姆虽然投入建筑公司的业务之中，并希望在建筑领域做出不一般的成就，但仍然心性不宁，期间到西部矿区淘金、参加一些政治活动，均不成功。他喜欢画画，青年时期在艺术领域有一些成就，但建筑的社会性、美学以及公共艺术价值吸引着他，使他重新拾起先前投身建筑的决心。1870—1872年，伯纳姆在芝加哥不同的建筑公司工作，1872年来到卡特-得瑞克-莱特（Carter, Drake and Wight）的办公室学习建筑，当时他们正忙于芝加哥大火后的重建项目。1873年伯纳姆和同事鲁特合伙成立建筑公司。

从伯纳姆的家庭背景和他年轻时期的经历可见，伯纳姆是一个有抱负、有理想，也有经济头脑、管理能力和执行力的建筑师和企业家。美国内战后至1880年代、1890年代是中西部、北方城镇化快速发展阶段，南方人口北迁以及外国移民涌入，财富的增长使更多的办公和住宅空间需求猛增。1880年代，电气街车、电梯的出现以及电灯、电话等现代技术使高层建筑成为可能。在1872—1893年间，伯纳姆和鲁特的公司承接了芝加哥各种功能的建筑设计，不仅创造大量财富，而且为客户考虑、为客户提供"交钥匙工程"的专业服务态度也让他和鲁特的公司名声在外。

伯纳姆很早就对沙利文说过，他不会满足于房屋，他的理想是干一件大事，与大商人打交道，成立一个大组织，"没有大组织你干不了大事情"。[①] 与简·亚当斯的赫尔馆的社会实验室（social laboratory）同出一辙，伯纳姆在《芝加哥规划》之前提出了一系列社会改良（civic reform）设想，如在公园设置体育馆、社交大厅、游泳池、跑道、田径场地、儿童涉水池、河道旁的林荫车道和步行道，尽可能让公园漂亮。他认同城市美化的教化作用与经济功效，认为各种环境的艺术和美对所有人有着极其微妙的作用和价值，美和城市的繁荣具有相互促进的作用。他认为丰富的公共设施对人的全面发展具有启发作用，知识带来欲望，欲望带来行动，由此提出建设理想的公园、街道和交通系统的建议，对自然资源的有限有效利用以及需求引致科技创新的理念。《芝加哥规划》以人为本，认为完善的绿化、游戏场地、公共设施、娱乐设施的规划布置有利于提高市民的生活质量，而最终提高其工作效率。他认为从投资回报和财务来看，公共设施建设和城市环境的改良短期内只见投入，对人的品位和文明素质的培养，以及城市竞争力、吸引力、凝聚力（coherence）的培养需要远见和对城市未来的信心。此时的《芝加哥规划》考虑的是在继续促进经济繁荣、交通便利之外，确立了建成为促进城市凝聚力的实用而美化的教育（知识）中心和城市首脑中心的目标，特别规划布局了文化艺术集聚区以及一系列博物馆、图书馆、剧院、娱乐、教堂等公共文化设施。规划提出建立本杰明·富兰克林纪念基金用于为在全城设立美国重要人物、历史事件等纪念设施提供经费资助。自美国公共艺术比例条例批准以后，芝加哥政府首先在法案中规定在公共建筑更新或建造的造价中按一定比例用于公共艺术的开支。1912年伯纳姆得到时任总统塔夫脱任命担任美国艺术委员会主席。

- 《芝加哥规划》的实施

《芝加哥规划》于1909年编制完成后，伯纳姆的身体每况愈下，1912年病逝于德国，《芝加哥规划》的实施主要靠参与规划编制的商业俱乐部成员的一系列推广手段，包括编制规划实施手册《瓦克手册》（Wacker's Manuel）；广泛地宣传和演讲等推广工作，不仅让政府接受并实施规划，而且让广大市民接受规划，如通过学校教育进行推广《芝加哥儿童学习大城市改善规划》，《瓦克手册》被纳入八年级公民教育课程中，制作宣传片《一座城市的故事》，在六十多家剧院播出；在商业俱乐部参与规划编制的人员基础上成立中立的非政府组织——芝加哥规划委员会，查尔斯·瓦克任首任主席；说服芝加哥政府接受规划；为规划实施发行债券，1912—1931年共发行工程实施债券2.34亿美元；1923年规划编制人之一、时任芝加哥规划委员会顾问建筑师爱德华·本内特参与起草芝加哥区划条例，为《芝加哥规划》的实施提供了法律保证，其中重要的一条是密歇根湖滨的保护，一直延续至今。

---

① HINES T S. Burnham of Chicago: Architect and Planner. Chicago: the University of Chicago Press, 2009: 43.

- 对《芝加哥规划》和伯纳姆的思辨

关于现代城市规划，国际规划界一般认为，应归功于霍华德的田园城市运动，接着是勒·科布西耶的现代建筑运动（特别是《雅典宪章》），紧接着是提出了"调查—分析—方案"规划方法论的盖迪斯。而以商业功利主义为核心的美国规划似乎受到忽视，与现代城市规划没什么关系。[①]

回过头来看，世界规划学说众说纷纭，很多又似乎昙花一现，是否也存在主义之说？再来看城市的本质是什么？城市除了提供人的居住功能外，还必定包括它的区域领袖、首脑功能，它面向未来的动力功能，它作为各种"流"的中枢功能，也就是《芝加哥规划》所强调的"商业"及"便利"，以及芝加哥增长联盟的共同目标，对城市这些功能的认识在一百多年后的今天显得顺理成章。而作为在一个城市经历了童年的成长，到青年的迷茫、思考与机会、选择、成熟和发展，再到盛年的收获，主导重大事件、主导城市发展，乃至影响整个国家和民族的行业领袖，伯纳姆对城市作为一个家园的宜居、繁荣和世代的延续以及传统和经典的世代传承具有切身感受，这是《芝加哥规划》的背景。

在规划编制之前，在一个主张完全自由化地对私有财产予以法律保护的社会，对是否需要一份城市的总体规划，多数人存有疑问，好在芝加哥商业俱乐部以及商人俱乐部的宗旨就是合伙、协调发展、共同面对、解决问题，为了他们共同的产业和平台，他们能够抛却一切分歧团结一致。这样的一种机制和模式也许正是当下中国国土空间规划过程中所需要的，形成合力共同解决我国经过四十年高速发展后城乡所面临的问题。

（3）赖特与广亩城市[②]

赖特生于1867年，于1959年逝世，其一生正处于美国工业化蓬勃发展以至巅峰的时期。1887年，20岁的赖特来到芝加哥，师从希尔斯比（Silsbee），1889年年初来到沙利文工作室，正值沙利文建筑事业的巅峰，参与了1893年哥伦比亚世界博览会交通大厦（Transportation Building）的设计，期间赖特在芝加哥郊区橡树溪建造自己的工作室。1893年，赖特离开沙利文成立自己的公司，承接住宅设计项目。

赖特的父亲喜欢音乐、钢琴，与世无争，一生大部分时间在教会工作，母亲喜欢自然和艺术，可以说父母亲对赖特对艺术的兴趣和对自然的热爱具有启蒙影响。赖特从小居住的环境给了他自然教育的基因，形成了有机建筑、有机城市的思想，在后期的住宅设计中，特别注重由内而外建筑与自然的融合贯通，建筑对地形等自然要素的合理利用。"建筑是凝固的音乐"可以归功于他父亲对巴赫、贝多芬的喜爱，追求空间的流畅和建筑形态的流畅，以及建筑和社区对人的生理、心理需求的满足，如沉静以及交流的需求。

1922—1923年，赖特创造应用织物块风格建筑（Textile-Block System）。这段时期

---

① 伯纳姆,本内特.芝加哥规划.王红扬,译.南京：译林出版社,2017:201.
② TWOMBLY R C. Frank Lloyd Wright, His Life and His Architectur. New-york: John Wiley & Sons, 1987.

也是美国工业化、规模化盛行时期，工业化也影响到建筑，如1928年柯布西耶发表的《走向新建筑》《光辉的城市》，主张建筑是居住的机器，他的作品被认为是工业化时代的杰作，是工业时代技术的胜利表现。而赖特主张有机城市，主张对自然的尊重，与自然的融合，减少技术对人的干预，这与工业繁荣时期的风潮相悖，受到行业的抵制。

1929—1932年赖特发表了不下20篇演讲、论文、概述，1930年在普林斯顿大学和芝加哥艺术学院发表了两场演讲，1931年在与纽约社会研究学院的一次非正式会谈呼吁改善高层建筑设计、攻击城市规划、赞扬工业建筑、批评国际风范（建筑），引起了社会的广泛关注。为他后来出版的《消失的城市：对城市化和人口集聚的批评》做好了铺垫。1932年，他在工业企业家资助下在芝加哥城市中心开展建筑教育、艺术、音乐等文化试验活动，激发人们想象力和创造力。同年，在麦迪逊的老家召集塔里埃森联谊会（Taliesin Fellowship），这同时也是一个建筑师训练营，以自家的农场和老宅做试验，强调自给自足，半天农场劳动+半天学习建筑设计、建造设计、施工，把空间稍大的房间打造成小剧院，晚上放电影或举办小型音乐会，吸引周边居民参加。训练营持续了5年，日渐受欢迎，是一个针对教授有特殊技能的人才在乡村的训练营，对改善乡村人口结构、挖掘乡村文化、活化乡村生活起到良好作用。

1935年，在《消失的城市》的思想基础上，赖特建构了"广亩城市"模型，提出去中心化、去工业化的理想城市构想。广亩城市是一个4平方英里的标准模块，强调交通分层，地面层是人行层，第二层是货运层，第三层是小车层；强调道路沿线的功能业态复合化，促进商业的繁荣，包括小工厂、商店、市场等，同时安排不同阶层、收入人群的混居。他不认为有城、乡二分法，或城市是让人分离的实体。广亩城市是一个没有边界的具有国家尺度的城市、乡村、郊区特征的融合，在治理上没有镇、州这两个层级，国家之下就是县，国家政府负责外交、国防、对外贸易，县级政府负责所有服务，如学校、道路、商业、娱乐、警察、司法等，由县级建筑师负责监管所有服务的安排、布局，而居住单元由居民自己设计。广亩城市既分散又足够集聚，具有现代文明的特征，是多样化的整体，工厂与供给方、运输方式和市场邻近，各种能源供给通过地下通道解决，公共设施成组集聚布局，每户半英亩，每家有食品农场。

（4）增长联盟

第二次世界大战后，在美国大多数城市出现了增长联盟，以促进再开发，刺激经济增长，抵抗衰败。增长联盟由一系列利益相关方、中心区公司、地产开发商、文化机构、政治家以及职业规划师组成，典型案例如北支流工业走廊框架规划利益相关方的参与。

规划的形成是一系列公共参与过程中产生的关键结论和建议的总结，利益相关方的参与对规划的形成至关重要，包括北支工厂（North Branch Works）、霍斯特德三角业主协会（Halsted Triangle Owners Association）、谢菲尔德邻里（Sheffield Neighbors）、数字制造与设计研究院及伊利诺伊大学实验室、赖特伍德邻里（Wrightwood Neighbors）、近北团结组织（Near North Unity Organization）、牧场三角（RANCH Triangle）等。自2016年，规划发展局和社区组织了一系列热烈、公开、透明的规划过程，500多人参与了超过6次的社区会议、无数单个会议，以及多种线上和电子约谈等。芝加哥交通局作为一个关键的利益相关方，对于交通规划导则的提出和优化做出了很大贡献，一些议员对规划过程以及相关人意见的平衡也起了很大作用。[①]

参考文献：

[1] BURNHAM D H, BENNETT E H. Plan of Chicago. New York: Princeton Architectural Press, 1993.

[2] Chicago Department of Housing and Economic Development. Chicago Sustainable Industries: A Business Plan for Manufacturing. [2021-10-08]. https: //www.chicago.gov/city/en/depts/dcd/supp_info/chicago_sustainableindustries.html.

[3] Chicago Metropolitan Agency for Planning. On To 2050. [2021-10-08]. https: //www.cmap.illinois.gov.

[4] Chicago Department of Housing and Economic Development. Planned Manufacturing District Modernization Report(Draft). [2021-10-08]. https: //www.cityofchicago.org/.

[5] Chicago Department of Planning and Development. Mayor Emanuel's Industrial Corridor Modernization: North Branch Framework. [2021-10-08]. https: //www.chicago.gov/city/en/depts/dcd/supp_info/north-branch-industrial-corridor.html.

[6] Chicago Department of Planning and Development. The Geography of Production: Chicago and its Industrial Corridor System. [2021-10-08]. https: //www.cityofchicago.org/.

[7] Chicago Department of Planning and Development. Industrial Usage of Chicago Area Waterway System: Barge study. [2021-10-08]. https: //www.cityofchicago.org/.

[8] Chicago Department of Planning and Development. Trends in Transitioning Industrial Districts in U.S. Cities. [2021-10-08]. https: //www.cityofchicago.org/.

[9] FRIEDMAN S B, et al. City of Chicago: Manufacturing Incubator Feasibility.[2021-10-08]. https: //www.chicago.gov/content/dam/city/depts/zlup/Planning_and_Policy/Publications/Chicago%20Industrial%20Corridors/Incubatory_Study_2014.pdf.

[10] HINES T S. Burnham of Chicago: Architect and Planner. Chicago: the University of Chicago Press, 2009.

[11] HUNT D B, DEVRIES J B. Planning Chicago. Washington: Planners Press, 2013.

[12] REIFF J L. Chicago Business and Industry: From Fur Trade to E-Commerce. Chicago: the University of Chicago Press, 2013.

[13] SCHAFFER K. Fabric of City Life: The Social Agenda in Burnham's Draft of the Plan of Chicago// BURNHAM D H, BENNETT E H. Plan of Chicago. New York: Princeton Architectural Press, 1993.

[14] TWOMBLY R C. Frank Lloyd Wright, His Life and His Architectur. New-york: John Wiley & Sons,

---

① 详见《芝加哥河北支流工业走廊现代化框架规划》。

1987.
- [15] 阿格塔米尔, 巴克. 智能转型: 从锈带到智带的经济奇迹. 徐一洲, 译. 北京: 中信出版社, 2017.
- [16] 伯纳姆, 本内特. 芝加哥规划. 王红扬, 译. 南京: 译林出版社, 2017.
- [17] 车卉淳, 周学勤. 芝加哥学派与新自由主义. 北京: 经济日报出版社, 2007.
- [18] 迪肯. 全球性转变: 重塑21世纪的全球经济地图. 刘卫东, 等, 译. 北京: 商务印书馆, 2009.
- [19] 法龙. 市场缔造者: 芝加哥期货交易所150年. 王学勤, 译. 北京: 中国财政经济出版社, 2011.
- [20] 高洁, 刘畅, 陈天. 从"永久清理"到"全局规划": 美国棕地治理策略演变及对我国的启示. 国际城市规划, 2018, 33(04): 25-34.
- [21] 郭鹏, 梁燕华, 苏海棠. 美国棕地治理分析及其对我国的启示. 环境保护科学, 2010, 36(02): 73-76.
- [22] 哈维. 资本社会的17个矛盾. 许瑞宋, 译. 北京: 中信出版集团, 2016.
- [23] 霍尔. 美国城市规划八十年回顾. 洪强, 译. 国外城市规划, 1991(01): 48-55.
- [24] 李莉. 美国公共住房政策的演变. 厦门: 厦门大学, 2008.
- [25] 利维. 现代城市规划. 5版. 孙景秋, 等, 译. 北京: 中国人民大学出版社, 2003.
- [26] 刘星. 芝加哥大学与区域良性互动关系的研究. 北京: 首都师范大学, 2013.
- [27] 刘晔, 李志刚, 吴缚龙. 1980年以来欧美国家应对城市社会分化问题的社会与空间政策述评. 城市规划学刊, 2009(06): 72-78.
- [28] 卢梭. 社会契约论. 李平沤, 译. 北京: 商务印书馆, 2011.
- [29] 马万利. 坚守与重塑: 约翰·菲尔林的"国父史学". 读书, 2018(06): 101-109.
- [30] 彭飞飞. 美国的城市区划法. 国际城市规划, 2009(增刊): 69-72.
- [31] 郄海霞. 美国大学与城市互动的案例分析: 以芝加哥大学与芝加哥市的互动为例. 清华大学教育研究, 2006(05): 69-75.
- [32] 史密斯. 《芝加哥规划》与美国城市的再造. 王红扬, 译. 南京: 译林出版社, 2017.
- [33] 孙施文. 美国的城市规划体系. 城市规划, 1999, 23(07): 53.
- [34] 托克维尔. 论美国的民主(全集). 江菲菲, 译. 北京: 北京时代华文书局, 2016.
- [35] 王兰, 叶启明, 蒋希冀. 迈向全球城市区域发展的芝加哥战略规划. 国际城市规划, 2015, 30(04): 34-40.
- [36] 王兰. 城市规划编制体系在城市发展中的作用机制: 芝加哥和上海的比较. 城市规划学刊, 2011(02): 33-42.
- [37] 王旭. 美国城市发展模式: 从城市化到大都市区化. 北京: 清华大学出版社, 2007.
- [38] 王逸凡. 走向"共识"的区域协调策略: 芝加哥区域规划经验 // 中国城市规划学会. 共享与品质: 2018中国城市规划年会论文集. 北京: 中国建筑工业出版社, 2018.
- [39] 韦伯. 新教伦理与资本主义精神. 于晓, 陈维纲, 等, 译. 西安: 陕西师范大学出版社, 2006.
- [40] 吴之凌, 胡晓玲. 芝加哥城市规划与管理机制研究. 城市规划, 2009, 33(08): 70-75.
- [41] 熊彼特. 资本主义、社会主义与民主. 吴良健, 译. 北京: 商务印书馆, 1999.
- [42] 许学强, 周一星, 宁越敏. 城市地理学. 北京: 高等教育出版社, 2001.

第 6 章　芝加哥转型发展的启示

芝加哥以贸易起家，并由此带动农产品加工业、货物加工业、农机具加工业的发展，1848—1968年的工业化时代是芝加哥市和芝加哥大都市区发展的黄金时代。19世纪中叶芝加哥成为全美的铁路枢纽，1860年代钢铁工业及相关联的重型机械工业在芝加哥南部卡鲁米湖周边地区崛起，1893年哥伦比亚世界博览会是其工业发展成就的集中展示。1930—1950年代，芝加哥工业得到大发展，伴随1950年代后的郊区化及新城、公司镇的出现，电子等新兴科技产业向都市区发展，先后修建伊利诺伊—密歇根运河、芝加哥卫生运河，将密西西比河与芝加哥地区水系及密歇根湖连接起来。同时修筑联系芝加哥和周边地区放射状的铁路、公路系统以及芝加哥市区地下、地上铁路和轨道交通系统，为便于货物运输、方便生产、节省成本，芝加哥工业沿水道、铁路、公路等交通走廊布局；为避免货物交通对中心区的干扰，在城市外围布局货物中转站以及机场、铁路终端等多式联运中心，又以多式联运中心为基础布局工业集聚轴带。一百多年来，芝加哥百年企业无数，为制造业和贸易而修建的交通基础设施骨架网络也成为芝加哥城市形态和生态格局基础，奠定了芝加哥的空间规划骨架。芝加哥作为美国第二大工业城市，是金融中心、文化会展中心、科教中心、旅游目的地，也是全球宜居城市建设的楷模。芝加哥近两百年的发展，是在借鉴欧洲及美国东部经验、资金和技术而独创的工业化时代的城市经营管理机制，是资本主义与社会理想主义共轭的管理模式，保持了可持续的创新能力，留给全球宝贵的城市转型发展学习样本。

6.1 从工业城市到全球宜居城市的转型经验

6.1.1 把制造业与创新、贸易、可持续发展等联系起来

制造业是人类物质世界必不可少的物资来源，制造业发展水平体现了科技发展、组织管理、文化制度等地域性和现代化水平。芝加哥作为老工业城市，其传统金属加工业仍占很大比例，是美国制造业保留、创新、可持续发展的典型。从芝加哥工业城市的转型历史可见，制造业是创新的载体，是与创新、贸易等密不可分的产业。其与可持续发展、竞争力、经济稳定性和经济的高质量发展联系起来的全方位促进制造业发展的观念值得中国城市借鉴，在美国制造业复兴计划中得到充分体现，见《美国先进制造业领导力策略2018》。

> 制造业在美国经济的几乎每一个领域都发挥着至关重要的作用，从航空航天到制药等。先进制造业——包括新的制造方法和通过创新实现的新产品生产——是美国经济实力的引擎，也是美国国家安全的支柱。随着新技术和创新的发展使生产力大大提高，实现了产品的推陈出新，并催生出全新产业，制造业的发展进步正使国家经济不断改善。
> 这一战略计划是由国家科学技术委员会、先进制造业小组委员会基于广泛的公众参与之后制定的。它提出了美国需在各工业门类中的先进制造业领域中具备领导地位，并以此来确保国家安全和经济繁荣的这一愿景，需要以下三大目标来实现：①开发和转化

新的制造技术；②教育、培训并集聚制造业劳动力大军；③扩展国内制造业供应链的能力。

美国先进制造业在创新和竞争力方面所面临的所有挑战究其本质，均来源于美国人民缺乏先进制造业岗位所必需的科学、技术、工程、数学知识以及相应技能。从小学基础教育到高中，到技术培训、再培训、学徒教育、高等教育，再到获得有效的、行业认可的、基于能力的证书——特朗普政府的最高优先事项之一——都需要经过适当的教育和培训。

联邦、州和地方政府必须共同努力，通过支持研究和开发、发展劳动力、促进自由和公平贸易以及建立释放私营部门的监管和税收体系等方面的集体行动，来支持先进制造业。联邦部门则通过对研发以及发展教育和劳动力方向的投资，在促进先进制造业发展方面发挥着关键性作用（表6.1）。

表6.1　各部门协作支持先进制造业发展行动一览

战略目标	行动目标	国防部	能源部	商务部	卫生和公共服务部	国家科学基金会	国家航空航天局	劳工部	农业部	教育部
开发和转化新型制造技术	抓住智能制造系统的未来	●	●	●		●				
	开发世界领先的材料和加工技术	●	●	●		●				
	确保通过国内制造获得医疗产品	●		●	●					
	保持电子产品设计和制造领域的领先地位	●	●	●		●				
	加强粮食和农业制造业的机遇	●				●			●	
教育、培训并集聚制造业劳动力大军	吸引和培养未来的制造业劳动力	●	●	●		●	●	●		●
	更新和扩展职业和技术教育途径	●	●	●		●		●		●
	推广学徒制并获得行业认可的证书	●	●	●		●		●		●
	将技术工人与需要他们的行业相匹配	●			●			●		
扩展国内制造业供应链的能力	加强中小企业在先进制造业中的作用	●	●	●		●			●	
	鼓励制造业创新的生态系统	●	●	●		●				
	加强国防制造业基础建设	●	●	●						
	加强农村社区先进制造业								●	

- **影响先进制造业创新和竞争力的因素**

技术的迅速进步和经济的驱动，正在改变产品和服务的构思、设计、制造、分配和支持方式。制造业不再被视为独立于价值链，即包括研发、产品设计、软件开发和集成的系统，以及为向市场提供有价值的产品或服务而执行的周期性服务活动。

先进制造业的发展需要基于技术性基础设施的进步。技术创新与制造能力密切相关，美国制造商需要在创新方面发挥全球领先作用，才能保持（在某些情况下重新获得）竞争优势。尽管快速创新长期以来一直是美国工业的一个决定性特征，但近年来，由于投资者更倾向于通过基于软件的初创企业实现投资的快速回报，因此对基于制造业技术的私人投资大幅缩水。对基础性和早期应用研究的公共投资以及公私合作的研发伙伴关系，可以推动私营部门对先进制造业的投资和创新。

对先进制造业的投资取决于可靠和可预测的知识产权。可靠的知识产权和能够有效执行这些权利的法制体系，可以激励制造创新和私营部门对研发的投资热情。对于先进制造业而言，对可靠的知识产权的需求，尤其是在专利、商标和商业秘密等方面的需求，和追求其他技术的提升同等重要。美国制造商受益于知识产权生态系统，该生态系统保护国内外的创新，使得他们的知识产权能够按照自愿和共同商定的条件进行分配或获得许可。此外，在创新与制造之间存在一个良性循环：从制造业发展出来的技术使美国处于更有利的地位以进行创新，而有了创新，美国可以继续在先进制造业中保持竞争力。

新兴市场、出口和贸易都受到先进制造业的影响。制造业的领导力不仅需要先进的技术，而且需要在工业部门内有效利用新技术和新平台的能力。新兴市场将受到各种技术进步的推动，包括智能和数字制造系统、工业机器人、人工智能、增材制造、高性能材料、半导体和混合电子、光子学、高级纺织品、生物制造、食品和农业制造等。其中许多技术代表了双重机遇——不仅可以运用这些新技术提高生产力使其他子行业更具竞争力，这些新兴技术本身的市场也将达到每年数十亿美元。美国制造商将受益于对国外新市场机遇的认识提高，以及可用于帮助他们打入国外市场的资源，特别是那些由国际贸易管理局提供的资源。

先进制造业领导力需要能够保护和推动美国工业的贸易政策。在美国出口商品中有70%以上为工业制成品。公平、互惠的贸易可以促进经济的发展和制造业的扩张，通过对先进制造业的投资开发出的新产品又可以产生新的出口机会。促进不会对美国的创新者和制造商产生不利的标准和技术法规至关重要，同时还需保护知识产权和构建有利于支撑跨境数据自由流动的框架。虽然不是本计划的重点，但保护和推进美国工业的贸易政策对于这一先进制造战略的成功与否至关重要。

制造业带动全球经济。制造业与基础设施发展、创造就业机会和GDP增长密切相关。根据2018年布隆伯格创新指数显示，美国的全球创新指数从第9位下降至第11位，该指数使用多个标准对各个国家进行评分，包括研发强度、制造业附加值、生产率、高科技密度、研究人员集中程度和专利活动。尤为突出的是，美国通信和计算机等高科技制造业的生产和就业大幅下降。然而，在检测、测量和控制仪表方面，美国仍然是世界上最大的生产国之一。在飞机、航天器以及制药领域，美国也是占主导地位的全球生产商。

坚实的国防工业基础是国家级的优先事项，包括具有弹性供应链的极具创新能力和丰厚效益的制造业。美国制造业国防工业基础和供应链对经济繁荣和国家安全至关重要。这个工业基础必须不断创新，以保持经济竞争力，并为美国的战斗人员提供在任何冲突中获胜的能力。该基础中的研究、技术、发明和创新是由超过5000亿美元的美国公共和私营部门研发推动的，而其中四分之一来自联邦的支持，是作为未来多种防御能力的种子基金。本战略计划中确定的每一个目标和优先事项都将支持制造业基础，并可作为公共和私营部门投资的指南。

先进的制造业劳动力需要在科学、技术、工程和数学（STEM）等方面做好高水平的准备。制造业工作对美国人来说仍然是通往中产阶级的一条通道，但如今这些工作往往要求员工接受以制造业为中心的STEM教育，使STEM技能成为未来制造业劳动力的核心要素。从小学基础教育到高中，到技术培训、再培训、学徒教育、高等教育，再到获得有效的、行业认可的、基于能力的证书，都需要经过适当的教育和培训。

——《美国先进制造业领导力策略2018》

6.1.2 老工业城市的积淀与优势利用

芝加哥以贸易促制造业发展，以制造业促财富积累、人口增长、基础设施和城市空间扩张，进而促进金融中心、专业服务业以及文化、会展的发展和城市的美化。

20世纪初，芝加哥在人口、用地规模以及工业发展、财富积累已经达到全美第二大都市时，由商业俱乐部主持完成的《芝加哥规划》，秉承"做大规划"的原则，适时对随着规模急剧扩大的无序增长带来的交通拥堵、环境污染、公共设施及公共空间不足的问题，以规划统筹塑造有序城市有机体，捋清芝加哥中心区与大都市区的关系，强化中心区对芝加哥大都市区的金融商贸职能。同时梳理交通系统，重在对进出货物的组织，包括货物组织环路、区域货运中心、地下铁路系统、两个港口、城市水运通道及放射性的交通走廊的一体化规划布局，成为指导芝加哥百年城市格局建设的蓝图。

城市是一个有机体，以交通市政、绿色基础设施构成的城市骨架是城市物质空间骨架，城市的企业和设施是城市的细胞，人、物、资金、信息是城市的血液，城市的运转和生长逐步形成城市内在的社会、经济等生态网络，城市的自组织机制在于城市内在生态系统和网络具有自维护、自修复、自消亡、自生长功能，其中，企业是自组织的行动者，城市管理者是秩序的维护者。工业城市的设施、景观已经成为城市骨架、城市记忆及城市的风貌和标志，而企业家精神已经融汇到城市文化当中。

从芝加哥城市发展历程可见，芝加哥以新自由主义为基础的城市精神是城市自我生长、维护和企业家组织合作维护的典范。虽然一样经历了产业结构的转型更替和城市发展的危机时刻，也一样走过房地产泡沫时期，如卢普南部地区的开发，但企业、商会有自己的坚守，城市也一样有自己的坚守，如城市为人服务、为经济服务的本质，维护城市骨架、城市与区域的关系，保持多元化的城市经济，坚持商业贸易、城市集会是城市重要职能，城市运行的商业原则，以工业城市、贸易历史为豪，对工业城市的持续更新，加强对工业物业的再利用，对基础设施的持续维护，维护老工业城市资产价值等，是老工业城市持续发展可借鉴之处。

6.1.3 永葆物流和贸易的基本职能

1．坚持货运为经济命脉，货运规划一脉相承，交通基础设施的物流功能在城市更新中延续

早在1850年代，芝加哥地区已经成为美国铁路系统中连接中西部地区的重要节点，1909年的《芝加哥规划》奠定并延续了其一百多年来北美陆地联合交通枢纽的地位，规划提出了统一调度、合作经营、站站衔接、无缝换乘的理念，在百年来的城市发展与更新中得到了坚持。虽然随着芝加哥由制造业向新兴科技与服务业的转型，但铁路等主要货运物流系统仍旧发挥着重要作用，并仍在顺应时代要求不断进行改革提升。芝加哥大都市区的货运系统对城市和区域的长期繁荣和人民生活质量产生了重大影响。芝加哥珍视其曾经辉煌的工业历史，因此与工业制造相关联的交通、物流等货运相关产业得到了政府的足够重视，货运基础设施的物流功能得以在城市更新中保存和延续。

（1）《芝加哥规划》确定以交通走廊为基础的城市格局

《芝加哥规划》以货运转运点组织生产，最大化生产和货运的经济效益，奠定了"环状+放射"的铁路和高速并重的交通走廊格局，也正是这样的布局理念，强化了芝加哥将制造业和货运体系视为经济命脉的城市思想，以货运体系为基础的产业布局也成为组织城市居住社区、形成城市社会结构的基础。

（2）工业走廊系统提供保护工业用地的法定保障

芝加哥一直坚持沿铁路、水路、公路等交通走廊集中发展工业的工业走廊布局原则，并坚持对工业片区的整体保护和控制，而非独立工业地块的控制，以保持工业区的环境氛围和设施完善。1992年划定工业走廊，严格限制工业或制造业活动，工业走廊系统有效防止了货运用地的功能改变，也因此保护并延续了铁路走廊、水道等以货运为主的交通设施的基本功能。

（3）货运规划成为重振货运的系统性行动纲领

2004年芝加哥地区首个系统性货运规划《芝加哥大都市区货运规划——物资与运输》发布，呼吁州、区域、城市多层面对货运的重视，齐心协力重振芝加哥地区货运业。规划特别提出应重视区域内现有和规划的货运中心，建议相关地区政府采取一致行动保留货运中心,有效利用货运业这一不可替代的经济发展资源。①

(4) 铁路、河道等基础设施的持续现代化更新

20世纪由于汽车产业和公路运输的兴起,美国铁路产业出现明显衰退,大量铁路线路被拆除,1970年代美国通过实施一系列改革振兴铁路产业。2003年,《芝加哥地区环境与交通改善计划》通过对铁路设施的现代化改造,提升了铁路货运容量,鼓励客户使用铁路运输。2015年《芝加哥地区河道系统的工业用途研究》提出未来内陆水道系统在商业中仍将扮演重要角色,建议增加芝加哥港和卡鲁米河的投资,鼓励区域水运基础设施的投资。

2. 多种货运交通方式平衡发展,多式联运形成合力

芝加哥地区是全美最重要的多式联运运输中心之一,通过铁路、卡车、飞机和船只等多种运输方式运输集装箱货物,美国有超过一半的多式联运货运流经芝加哥。2014年,超过1500万个货运集装箱在芝加哥地区发运或到站,使该地区成为美国最大的多式联运起点和终点之一,超过了纽约和西雅图等其他大型货运中心,芝加哥地区约占美国国内多式联运集装箱运输总量的一半。

3. 货运设施与产业园区、物流园区等协调布局,集群式一体发展

芝加哥大都市区一直坚持产业园区与交通货运设施邻近布局的指导原则,将制造业与货运物流产业效益最大化。自1865年在芝加哥河南支的泡沫河引进铁路专用线创建了牲畜院起,芝加哥便有意识地通过工业走廊系统,坚持对工业集聚区的用地及交通设施进行整体保护和控制,坚持沿铁路、水路、公路等货运交通走廊集中发展制造业、产业园区、物流园区,保护工业区的环境氛围和设施完善,并吸引新的货运企业和制造业企业落户。从地理集中和相互作用中获得生产性优势,形成货运集群与制造业集群相结合的独特布局模式。②

6.1.4 宜居城市建设与滨水空间改造利用

芝加哥的宜居城市建设包括人文城市建设和宜居环境建设两方面。从建市之初即注重城市宜居环境的建设,并把宜居环境建设作为吸引投资、吸引人才的基本条件,如1830—1840年代的公园建设,1850年代给排水设施系统的高标准建设,抬高地坪,以及1860年代分片公园系统建设、与公园一体的邻里中心公共设施建设、湖滨地带的改造利用等。1871年芝加哥大火后,芝加哥进一步明确了建设具有防灾功能的公园连通系统,并开始图书馆、博物馆、歌剧院等大型公共设施的建设。1893年哥伦比亚世界博览会在南部杰克逊公园的建设,以及《芝加哥规划》确定的沿湖滨的博物馆、文化设施、公共空间带建

---

① 王岳丽,曾海川. 芝加哥大都会地区货运政策与规划. 城市交通,2009,7(05):56-61.
② CMAP. Freight Snapshot.[2021-10-08].https://www.cmap.illinois.gov/documents/10180/517119/FY17-0095+Freight+Snapshot/3ae1174d-d8f4-4005-8a9f-e02eb87eeac2.

设，确定了中心区作为芝加哥大都市区的首脑和创新功能。2004年湖滨千禧公园的建成以及2011年芝加哥河的改造对促进中心区功能转型升级和人气提升也有显著贡献[1]。

以河道为基础的交通运输走廊与工业走廊、城镇居民点走廊的建设，随着河道的自然化、绿色化改造和自然空间的保护，进一步加强了芝加哥绿色基础设施的骨架。这种与公园一体的邻里中心公共设施建设模式对于中国完善社区治理模式、改善社区宜居环境，具有重要借鉴价值。

6.1.5 城市与区域协调发展

芝加哥地区的区域协调发展体现在以产业链、设施共享和责任共担的自由市场机制为基础的跨行政界限区域合作和共享，如早期芝加哥作为航运、铁路、商业贸易中心带动区域城镇发展；工业大发展时期郊区公园城镇、公司镇出现，芝加哥中心城的管理、贸易职能在《芝加哥规划》中得以明确；1950年代以后出现高速公路与住房郊区化；1970年代后信息化导致产业扩散和大都市区化。具体包括：

（1）明确的"城市—区域"关系即中心—边缘关系，芝加哥承担区域管理、运营、金融、商业、贸易、法律、信息、交通、文化、教育、创新等中心功能，区域承担大部分生产制造、生态、居住等功能；

（2）区域产业链协作，包括中西部汽车、钢铁行业的产业协作，大都市区的产业集群、货运集群，以及环芝加哥工业城镇圈等；

（3）生态环境保护的区域协作，如区域水系治理、绿色基础设施构建等；

（4）交通设施的区域协作共享与共同治理，如《芝加哥地区环境与交通改善计划》，奥黑尔机场的共享，区域公路网络，以芝加哥港口、卡鲁米港口为枢纽的区域航运协作等。

芝加哥大都市区协调发展，除了市场主体的区域协作、共享外，政府层面的规划协作平台发挥了重要作用。1909年11月1日经芝加哥市议会批准，成立芝加哥规划委员会，1923年成立芝加哥区域规划协会，1934年成立大都市区规划委员会，1956年成立芝加哥地区交通研究机构，1957年大都市区规划委员会成立东北伊利诺伊规划委员会，2005年合并成立芝加哥大都市区规划署。

其中，芝加哥大都市区规划署负责伊利诺伊州东北部库克、杜佩琪、康尼、肯道、雷克、麦克亨利、威尔等7县总体规划协调和实施的机构，其性质是政府单位，其决策层是董事会，含政策委员会（Policy Committee）和废水委员会（Wastewater Committee）。董事会成员包括具有投票权的成员和没有投票权的成员，有投票权的成员共15名，其中芝加哥市5名，库克县5名，其他县各1名，由董事会主席提名、董事会同意，代表地方利益，由地

---

[1] Goodman Williams Group URS Corporation. Millennium Park Economic Impact Study. Chicago: Goodman Williams Group URS Corporation, 2005.

方政府聘任；负责区域总体规划的编制，以及国家、州、地方各级各类规划的协调规划，区域总体规划至少每隔 5 年编制一次，是地方规划和区划实施的依据；负责交通和土地利用规划的协调、编制和实施，包括交通设施的融资规划、实施规划和交通决策，将交通规划与投资决策过程完全融入区域规划；负责区域发展的监测、数据采集和发展预测，提供区域发展权威数据、官方预测和研究评估报告，发布年度报告，是区域内一切规划的基础；负责审查相关规划和项目，发布合规证明；负责区域重要开发实行的评估和审查；还负责组织规划的公众参与、听证会和市民咨询[①]。

6.1.6　适应变化的城市与城市规划

城市可持续发展的过程，是在充分利用和发挥城市独特优势的基础上遵循城市发展基本规律，适当调整以适应环境变化的过程。而适应环境变化的调整在于对城市发展的规划，在于城市主体对城市发展的把控。

芝加哥是美国商业功利性规划的典型城市，美国的制度决定了城市的经济、产业功能和活力是城市可持续发展的生命线，是城市规划的基本准则之一。城市的发展需要规划，在一定的政治背景、企业及投资背景、社会和文化的诉求下，经济的、发展的以及宜居的需求始终是城市可持续发展的核心。以芝加哥的发展历程可见城市的发展理论远较规划的理论来得厚实、坚定和执着，少了"主义""流派"，更多的是对城市的基本规律（生态、经济、社会）的回应，对人的多样化需求的满足，这与当今中国改革开放后的成功经验不谋而合，也是中国城市规划多规合一、尊重城市发展基本规律、以人为本的转型的迫切需求。

1．百年城市与百年规划

与从农业社会一步步走过来的城市不一样，芝加哥近二百年的发展正是美国在第二次工业革命以来快速发展的二百年。随着交通工具、重化工业、信息工业以及互联网科技和产业的发展，发明、创造的速率大大提高，芝加哥虽然因城市开发、扩张、改造而产生的房地产业、建筑业的巨大发展而发展，但整体来看，城市为工业革命、科技革命，以及为人的生活、社会、经济的革命性发展提供了平台和载体。跨过近二百年来看城市，城市空间或像墨迹一样扩散，或像棋盘布局一样产生飞子（飞地），城市道路、运河、铁路、公路一层层叠加，经济体像细胞一样落地、生长、分裂并相互联系依靠构成网络，经济流、信息流、人流、资金流、物流像城市血液，而各种运输通道是血脉，城市的问题就像人体出现血栓，引发供血不足、失血等现象，或出现区域气血不足而呆滞、坏死，或出现过于旺盛而衰竭，而主宰城市生命的是城市中的人、政府、企业主体、社会组织以及决策机制。

---

① 详见 https://www.ilga.gov/legislation/ilcs/ilcs3.asp。

从芝加哥近二百年的城市转型发展可见，以芝加哥期货交易所、商业俱乐部以及芝加哥学派为代表的"商业+理想"共轭模式主导了芝加哥解决问题的实用主义和"做大规划"的理想主义下的城市发展经典，而这一过程中留下的一系列工具、手段及至思想和理念成为近二百年后全球城市所追逐的热点，其中一直闪耀着智慧之光的准则值得大家追寻、咀嚼和遵守，如以问题导向型而产生的一系列创新的规划手段、规划理念，包括中央制造区（CMD）、中央商务区（CBD）、中央商业区（CCD）、中央活动区（CAZ）、规划制造业区（PMD），规划开发（PD）、工业走廊（IC）、区划（ZONING）、城市总体规划、公园体系总体规划、容积率及容积率转移、发展权转移、土地抵押融资、公共艺术百分比制度等。

2．对城市转型发展共同作用的因素

芝加哥近二百年转型发展的共同作用的因素包括企业及企业家精神（期货交易所及芝加哥企业、商业委员会），大学（如芝加哥大学新自由主义），规划（如《芝加哥规划》），政府（包括联邦政府）等。

美国是一个自由经济国家，但以新教为核心理念和价值基础，崇尚社会契约，政府在社会经济发展中仍然起着举足轻重的作用。芝加哥政府构成尤其体现了企业家政府的经营城市资源的能力、坚毅与远见，芝加哥政府通过规划、区划、税收、复兴资助计划等助力制造业转型复兴。芝加哥学派在芝加哥产生并汇聚，与芝加哥这个城市的个性、历史走向和政策选择一脉相承。

期货交易所的商业贸易职能主导了芝加哥的城市发展和建设。期货交易所的设立是基于芝加哥商业贸易尤其是农产品贸易的交通和集散功能，围绕商品贸易的银行业务、交易产品创新而衍生的股票交易所、商品交易所等构成影响全美乃至全球的金融街区，随着期货交易所的不断发展，芝加哥金融中心在全美、全球的地位长盛不衰，由此也带动芝加哥的印刷、传媒、会展等行业发展。以商品贸易为核心，芝加哥城市建设和规划统筹考虑芝加哥与周边地区的关系，合理组织对货物快速集疏运的高速公路系统、铁路系统、河道系统，是中心区货物快速集疏运与客流、步行系统、城市生活协调发展的典范。

产业政策和税收、利率政策、土地利用政策是政府促进制造业复兴的重要工具。2012年起奥巴马政府出台系列促进制造业转型升级、发展先进制造业、鼓励城市创新的政策措施，芝加哥政府也出台系列措施，如税收增量融资区、规划制造业区、特殊服务区、工业走廊的划定，对制造业赖以生存的货运交通基础设施利用现状进行调查，对已有工业走廊、规划制造业区的市场需求进行调查评估。

搭建学、政、企、商贸、金融、中介服务和各种社会力量深度协同合作的平台。借鉴芝加哥孵化器理念，构建多方参与的制造业生态系统，即制造业发展共同体，一方面完善科技孵化器产业，另一方面做强商业孵化器，即改善营商环境，从补齐创业短板、扶持创业的角度出发，扶持学术界基础研究的理论创新、知识溢出，产业界的产品孵化，商业界的做大做强。创新金融对知识创新、模式创新的支持，保障创新人的成果利益享有权，促进现有高校、实验室、科研机构等创新设施、学术机构做大基础研究。

6.2 对中国城市的启示

经过改革开放后四十余年的快速发展后，中国城市面临着由粗放式发展向内涵式高质量发展的转型，资源环境约束下的产业持续创新需求、由富起来到强起来的消费升级和发展升级要求、文化传承和可持续发展的需求，对城市的百年、千年的持续发展路径提出了要求，尤其是当前所面临的城市经营、空间规划、都市区及都市圈规划与发展、工业遗产再利用、存量发展与存量规划、交通与城市等问题，芝加哥的转型发展经验给予中国城市许多有益的参照和启示。

6.2.1 坚持城市可持续发展路径

芝加哥近二百年的产业转型和城市转型发展历程研究是对一个城市全生命周期的梳理和总结，从它周期性的律动和转型过程中保持韧性的核心力量，可以总结出一个商贸中心城市、工业城市、国际大都市、全球城市的转型发展或者说可持续发展的一般规律，以及具有芝加哥特色的工具、策略和办法，给中国城市以及城市规划师以启发。包括从选址开始对城市发展要素和资源优势的经营和利用谋划，以城市为共同平台的利益相关方的共同关心和参与经营与谋划；城市发展生命全周期由许多小周期构成，面对各种周期性波动，城市需要以问题为导向的适应性调整；综合性的产业基础赋予城市应对科技发展和产业转型的韧性和稳定性；对城市宜居性的自始至终的追求，是基于以人为本的城市本质；城市文化和城市精神犹如城市灵魂，是引导城市可持续发展和不断调整适应的核心力量。

6.2.2 加强全方位的城市经营

城市可持续发展的挑战来源于生态环境、科技进步、产业更替、社会人文活力与生命力、区域竞争，从芝加哥经验来看，需要汇集政府、企业及所有者、市民、学者及专业人士等城市主体的力量，将城市以独立单元的形式来经营、运营，如芝加哥期货交易所一样，对外界变化保持敏锐，除了城市物质资源、资产外，将区位条件、历史遗产、人才资源、城市文化、创新潜力、政策工具作为城市经营的内容。只有这样，才能将创新理念扩散到社会经济各领域，形成适时的以解决问题为目的的创新体系。芝加哥近二百年的发展历程可见，基于解决问题的适应性调整的务实风格让芝加哥涌现出无数创造发明，在很多领域做到极致，尤其是芝加哥这个昔日锈带的老工业基地完美转型成宜居都市，是其城市精神、城市个性的完全展现。芝加哥的案例也给世界以启示，每个城市都拥有相同、平等的创新发展机会。工业经济时代的创新及经济发展线性可预测，进入到知识经济、信息时代和移动互联时代,新的产业、独角兽企业无法预测,传统产业及日常生活的某一个创新做到极致会带来新的行业、新的产业,如从全球的突破式创新来看,除重大科技创新之外,有生命力的创新来源于服务业的改善提升。

《美国先进制造业领导力策略 2018》是美国在社会转型期再工业化的非常典型的策略,尤其看重全方位的学习培训和再教育,是美国从后备人才、知识储备应对变化和挑战的措施。其中加强从小学到高中 STEM 教育、技术培训、再培训、学徒制、高等教育以及有效的业界承认的能力证书获取学习,丰富城市教育培训设施,建立完善的培训体系,重建职业培训系统,包括建立社区大学、技校等培训机构,值得借鉴。新的时代、新的科技降低了人们获取知识、提高技能、完善自身的门槛,提高了人们提升自身的需求,社会更新速度的加快也让整个社会、个人的网络化和社会化程度要求更加提高,城市需要更多的公共空间、公共文化、公共学习型设施。从工业化、后工业化到知识经济、互联网、移动互联网时代,知识创新和产业创新、转型速度加快,没有学习能力或者学习能力不足的人势必落后于人、落后于时代,这个年代更加注重个性化、特色化、多样化,需要营造尊重研究、探索,尊重知识分子,注重质量,注重知识产权的社会氛围,见《美国先进制造业领导力策略 2018》目标 2。

目标 2:教育、培训并连接制造业从业者

制造业正面临新兴就业岗位与具备其所需技能的劳动力脱节的问题,而传统的教育和技能已不能适应未来需求。未来的工作需要新的技术知识和认知能力,例如数据能力和系统思维。近期的一项研究预估,到 2025 年,制造业将新增 350 万个就业岗位——其中 270 万个来自婴儿潮一代退休人员,且将有 200 万个岗位空缺。然而,许多可能从那些高技能、高薪工作中获益最多的年轻人,由于过时的认知,即所有制造业工作仍然会是重复性的、劳动密集型的、低收入的,或者担心这些工作在美国的未来,而错过了这类工作。

为了应对这些挑战,美国必须重视加强和发展支持下一代先进制造技术的关键人力资本战略,重点是发展反映当前工程与科学一体化制造环境的教育途径。先进的制造业劳动力需要具备有效设计、定制和实施先进的制造方法的能力,以提高生产率和开发新产品。要实现持续的经济增长,关键需要针对先进制造优先事项中的劳动力需求,建立具有全球竞争力的美国制造业人才管道的增长。政府应致力于教育未来的制造业劳动力,扩大职业技术教育,促进培训、学徒教育和获得有效的、行业认可的、基于能力的资格证书,并将技术工人与需要他们的行业相匹配。

为了使 STEM 劳动力为未来制造业工作做好准备,国家投资应该优先考虑终身 STEM 教育——包括小学、高中、职业和技术教育、社区学院、大学、学术实验室,还应包括多元化的实践学习和自主学习平台。投资的其他优先事项包括学徒、实习、培训以及其他半工半读的用人模式。这项计划在建立受过良好教育的人才管道方面发挥着关键作用，并允许当前或流离失所的劳动力获得在新领域重新培训或在他们目前的岗位中取得进步的机会。

确定了未来四年的下列战略目标：

- **吸引和培养未来的制造业劳动力**

建立未来的 STEM 劳动力需要保证对中小学、职业和技术教育、高等教育、大学毕业生和研究生的教育计划。应扩大人群覆盖面，特别是增加中学一级的数学、科学、技术方面的教育计划，并改进商业、信息技术、数据管理和保护、软件设计、自动化和学生技术领导力等课程计划。在职业和技术教育中，应特别注意增材制造、计算机辅助设计和工程方面的课程安排。

私营部门将通过与教育机构的合作并分享基于能力的需求而受益，未来的工作人员能够拥有涵盖先进制造业所需的一系列基于 STEM 导向的核心技术技能。除了改进培训和由此产生的就业途径之外，这种伙伴关系还应努力使学生及其父母更好地了解从事先进制造业的好处。例如，参加制造日（10月的第一个星期五）活动有助于改善公众对制造业的看法，并促进职业技术发展途径。每年 10 月，美国各地的制造商会向社区、教育工作者、学生和家长敞开大门，展示当今的制造业现状，并激励下一代的创新者加入制造业的行列。

这一目标的优先项目包括：

以制造业为重点的基础 STEM 教育。正如 2017 年的一项研究表明，无论是现在还是不久的将来，学校的教学内容与制造业就业市场真正所需的技能类型之间存在脱节。现有证据还表明，在校内外进行正式和非正式的工程教育可以激发更广泛的兴趣，改善对数学和科学的学习，并提高对工程和技术的理解。然而，只有三分之一的父母鼓励他们的孩子从事制造业，因为他们认为制造业并不是一条很好的职业道路。美国制造业研究所的教育推广工作——由联邦政府资助的公私合作伙伴关系——可有助于将学生及其父母心中制造业的形象从"肮脏、黑暗和危险的"转变为"智能、可持续和安全的"。在 2017 年，近 20 万学生、教师和制造业从业人员参与了研究所的一系列先进制造技术的项目、实习、认证或培训项目。未来仍需要开展更多的活动来提高公众的意识，以表明制造业能够提供各种令人振奋和富有创造性的职业。

为学区提供适当的资源，将制造和工程技术教育计划纳入其科学标准，吸引并留住 STEM 中的年轻学生，特别是被忽视的群体，并更好地向家长和其他公众宣传制造业和先进技术类职业的优势。

制造工程教育。美国的制造商需要具备出色的批判性思维和创新技能的高级技术工人，以保持在全球市场中的竞争优势，并充分支持先进制造业技术的发展。很明显，高中毕业以上教育是高收入制造业工作的必要条件。需要继续投资于诸如国防部制造工程教育计划和先进技术教育计划等联邦计划，以提供高中以外的教育并扩大人才通道。

通过增加对制造工程教育的投资，建立一支强大的人才通道，为先进制造业建立高中以上的人才教育和增长通道，从而获得两年制、四年制和高级学位。创建更多的技术课程和研究计划，帮助毕业生有能力应对现实生活中的挑战，并创新未来的新型制造技术。

工业界和学术界伙伴关系。投资应鼓励公私协作，以确保制造业课程与需求的相关性。机器人技术、激光切割机、雕刻机和 3D 打印机等新技术的需求性和普及度已经变得越来越高，学生和消费者可以通过学校的竞赛和社区技术中心（如创客空间和工厂实验室）来获取这些新技术。这些技术帮助学生和教师形成批判性思维，提高解决问题的能力，对非传统教育产生了巨大的影响。基于社区的数字化制造计划，尤其是创业公司，正在改变小批量生产的方式，生产创新产品，并有可能在美国保留相关的先进制造活动和专业知识。

加强公私合作伙伴关系，在先进制造业课程中纳入行业相关培训，让学生和教师有机会接受来自行业成员的辅导，跟上新技术的最新发展，并分享教育材料。

- 更新和扩展职业和技术教育途径

要想在制造业劳动力队伍中取得成功，个人需要强大的技术能力、坚实的学术基础和核心的就业技能。这种协调缺失使得中等到高等的职业教育、基于项目的课程、基于能力的培训、职业发展途径和自主学习的支持计划显得尤为重要。这些非传统的学习途径对于先进制造业至关重要，使工人的机动性大大提高，帮助其从衰退的产业转向新兴的不断发展的技术岗位。两年制社区学院课程和四年制大学与学院课程还需进一步协调，尤其是在软件设计、工程技术、系统工程、机器人以及生物技术等更多科技相关领域。

该目标的优先事项包括：

职业和技术教育。使学生可以接触到基于项目的实践学习方法，培养他们用于支持美国制造业重视产品设计和定制所需的关键技能，鼓励学生在研发和测试的过程中进行想象、创造、创新和协作，并展示他们的想法。

培训熟练的技术人员。通过加强联邦、州和地方政府、教育机构和私营部门之间的协调，促进对学徒计划、基于工作的学习和技术培训的再次关注，为工人提供获得先进制造能力和技术技能的途径。

- 推广学徒制并获得行业认可的证书

学徒制为个人提供了机会，让他们在学习和获得相关的工作技能和行业认可的、基于能力的证书的同时获得收入，而不必承担四年制学位所带来的费用。然而，学徒制并没有得到充分利用，全美仅有 0.3% 的劳动力参与了学徒计划。特朗普总统呼吁扩大学徒计划，改革无效的教育和劳动力发展计划，目的是促进为美国工人提供经济实惠的教育和丰厚回报的工作。完成学徒计划的个人应该获得美国通用的、行业认可的、可叠加的证书。在缺乏或根本不存在注册学徒制的先进制造业部门，这种业界认可的模式尤为重要。调整学徒制资助基金也同样重要，使之包括所有的学徒模式，使国家、教育机构和私营部门能够共同努力，在经济需求部门中发展学徒制。此外，应向正在寻求进一步的先进制造业培训的个人提供学徒和认证计划登记。

该目标的优先事项包括：

制造业学徒制。高质量、业界认可的学徒培训计划的加速发展，将为美国工人提供先进制造业领域的新机会，使他们能够获得通用的、行业认可的证书和认证，使工人在获得可维持家庭生计的工作的同时，恢复国家制造业基地的实力和活力。由来自工业、劳工、教育和非营利组织成员组成的扩大学徒制工作组，向总统提供了一份关于如何在没有设立学徒制模式传统的行业中建立和扩大学徒制的建议。这项建议旨在促进形成半工半读战略实施的有效途径，以满足技能型劳动力的需求。

加快发展高质量、行业认可的学徒计划，为制造业工人提供更多的机会能够获取到通用的、业界公认的、基于能力的认证。

学徒和资格认证计划登记制度。许多学徒制计划都可以通过地方、区域和国家组织参与，包括公共和私营部门。然而，对于个人来说，通常很难确定一个符合其需要和日程的计划。中央数据库或登记管理机构可协助雇主找到具备相应资历的求职者，以满足劳动力需求。它还可以进一步扩大到美国退伍军人的认证计划，如技能衔接计划，这个项目提供诸如焊接、管道装配和信息技术等领域的培训，或提供如退伍军人转向能源岗位的学徒计划，这为退伍军人提供了替代能源研究中的带薪实习。建立这样中央数据库需要各州和当地社区的优先支持，以增加参与和完成这些计划的人数。

建立和维护中央数据库或登记中心，来帮助那些已经获得与制造业相关的学徒计划认证和行业认可证书的求职者。

- 将技术工人与需要他们的行业相匹配

虽然工人的储备工作至关重要，但如果国家未能建立将熟练的制造业工人与雇主联系起来的平台，这些培训的价值将大大降低。工人求职者应当能够与在其所在社区、地区和州中寻找熟练雇员的雇主建立无缝连接。利用现有的项目，如WIOA美国就业中心（也称为一站式就业中心），是将学徒计划、培训和认证等培养熟练技工的区域机会与有相应需求的制造商联系起来的关键。

该目标的计划优先事项包括：

劳动力多元化。劳动力储备系统已难以跟上工业的创新速度和技能提升的步伐，雇主将需要采取具体战略来吸引少数群体。为了覆盖这类人群，必须面向黑人学院和大学、少数民族服务机构以及弱势群体的非营利组织，以及那些旨在促进妇女职业发展的实体进行推广。此外，每年还有20多万美国军人退役回归平民生活，退伍军人受过良好的训练，具备广泛的技能和技术能力，随时准备工作，但坦克机械师或爱国者导弹炮兵技师的技能并不符合制造公司所需的许多技能。

需要与工业界和其他利益相关方合作，通过制定更有效的策略，培训和招聘少数群体，以及培养退伍军人成为满足需求的劳动力，使先进制造劳动力多元化。

劳动力评估。维持、维护具有竞争力的制造业劳动力需要国家层面的政策，并为工人提供获得技术先进经济所需的教育和技能的机会。应定期评估和改进分析制造业劳动力的协议，以便更好地使各州和联邦政府的政策与未来技能需要保持一致。此外，还需要数据来确保将更多基于证据的实践来发展制造业劳动力，从而使联邦投资获得丰厚回报。

持续评估美国制造业的状况以及满足自身需求的、具有全球竞争力的劳动力培养国家方案。

——《美国先进制造业领导力策略2018》

6.2.3 明晰国土空间规划重点和核心理念

回顾中华人民共和国成立以来,在由计划经济到市场经济的转变过程中,中国以部门为主的规划体系和服务于生产布局、农业发展、生态环保的城市、区域建设发展历程,我国规划体系以问题导向和项目导向为主,在快速城镇化和城乡快速发展以后,面对条块分割和相互冲突,城市从粗放式发展向集约化发展转型,把目光聚焦到民族可持续发展上来。中国共产党第十八次全国代表大会以后逐步推动的"多规合一"和国土空间规划瞄准"一张蓝图干到底",要求规划化繁为简,抓住结构性要素,保持规划的适度弹性与足够刚性相结合。芝加哥以企业家精神为核心引导的城市建设发展历程给当前的国土空间规划的启示是,要明晰规划重点和核心理念,以绿色生态空间构成的绿色基础设施为骨架,建立开放式架构,重点解决城镇生活空间、生产空间的布局和建设;以"生产—运输—市政"为动力与生长空间,注重对生产空间的保留与维护,以及生产空间与其他空间的有机联系。生产空间相互之间以产业链相联系,形成生产共同体/经济共同体/产业集群,遵循城市区域发展的统一的规则和规律;绿色生态空间遵循自然生态的一般规律,形成合适的生态结构;城镇生活空间满足以人为本的尺度、组织形态以及适当的规模、密度和建设强度。

6.2.4 秉持区域共同体思维谋求区域协调发展

中国长期以来的城乡二元结构、行政区经济、限制流动的户籍制度以及不完全的市场经济体制,是我国城乡分割、区域壁垒、要素市场发育不足的内在原因,从芝加哥经验来看,利用市场及市场主体的力量,破除要素流动的限制(如行政界线的限制),通过基础设施一体化、生态环境一体化建设,资源共享、设施共享、知识共享、利益共享、风险共担,给区域内的个体、城市和城镇以公平发展的机会,利用长处、发挥长处、形成合力,培育产业协作共生关系,形成都市区、大都市区城市—区域共同体、城市群、城市连绵带等区域共同体。

6.2.5 加强工业遗产的活化与多用途利用

从制造业的转型发展梳理芝加哥城市转型发展的路径,给中国老工业城市提供了一个独特的追溯城市发展历程、研究城市转型发展动力及路径的途径和方法,提供了认识城市资源优势的新视角,以此来全面系统地研究如何保护与挖掘利用老工业城市的物质和非物质遗产,为老工业城市的可持续发展激发创新力量。

1960—1970年代,工业遗产及其保护始于英国、德国等老牌工业国家,由于大规模工业结构调整引起工业厂房、矿山的废弃,作为人类文明遗产的一种类型,工业遗产作为工业遗址予以保护和开发。历史决定了美国对待历史遗迹、遗产的观念、方式、方法与众不同，美国法律和文化保护私有财产和私人权利免受强夺和滥用，一切具有特别意义和价值的、值得回味的、值得纪念的、值得尊敬的历史遗产都被纳入历史遗迹保护范围，"这个国家的历史和文化基础必须当作我们社区生活和发展的一个鲜活的部分来保护，以给美国人民一个价值导向"。[①] 美国的工业遗产代表着美国崛起的历史，因此对工业遗迹、遗产的保护即是对一段时期历史的尊重，对特殊的生产方式及工艺需求而产生的大空间、大交通、大市政大多予以保留、更新、维护，以适应新时代的需求。芝加哥作为工业城市的转型与工业遗产保护在美国具有典型性，也契合联合国教科文组织的"历史性城市景观"理念。典型的如"规划制造业区+工业走廊"模式，保留河道及驳岸的货运功能，对航运设施予以保留、保护、维护与运营，同时注重自然生态景观的保护和修复。对于集中连片的工业片区的做法是"保留"，或发展旅游观光，或发展新兴产业（用新技术改造传统产业，以及新技术的孵化创新），让产业进来，让人进来，形成"壳+人/活动/文化/办公/科技"的利用方式，同时允许再开发，如片区综合开发以及工业走廊外围路网改善、生态环境自然化、绿色化改造等，是存量工业用地的更新改造和再利用。工业城市的非物质遗产，包括科技创新机制、企业家文化、专业化的生产性服务业，以及政府决策机制和效率、创新创业氛围、社会上升通道等。萨斯基亚·萨森认为圣保罗、芝加哥和上海这三个城市在各自工业化历史中发展形成了特定类型的非物质的专业化知识，如特定类型的金融服务、会计及法律服务、物流知识和全球物流，构成特定类型的知识经济，这些专业化服务的差异带来的是功能的全球化。芝加哥衍生出丰富的法律、会计、金融、保险、经济预测和其他专业化服务，以及讲究效率的工业思维模式、商业合作和务实的城市风格，是工业城市的非物质遗产。

中国的很多城市拥有极其丰富的工业遗产，芝加哥工业城市的转型经验值得中国工业城市在基础设施、城市格局以及生产空间的价值和更新利用等方面予以借鉴。如很多工业城市拥有众多港区和铁路等优良交通资源，但多式联运发展缓慢，铁路进港区建设相对滞后，铁水联运"最后一公里"问题突出，港口缺乏铁路服务，或者长期以来交通、公路、水运、铁路与产业园区、城市建设、商业贸易等各自为政。在快速城镇化和产业转型过程中，大量的居住、商业功能侵占着老工业城市的货运及仓储物流功能，货运铁路被迫向城市发展让路，货运的产业功能正受到其他经济社会活动的严重影响，铁路货运能力不能满足经济发展的需求，既有线路上的货运能力并未完全释放。

---

① CALLIE D L, FREILICH R H, ROBERTS T E. Cases and Materials on Land Use. 5th ed. [S.l.]: Thomas/West, 2008: 416.

6.2.6 推行城市的持续性更新

城市发展过程中"变"是常态，在科技变革影响下城市转型发展幅度更大，产业结构调整、城市增长边界控制、土地利用效率提高均对城市存量用地的更新发展提出了更高的要求，老工业城市尤为典型。

中国城市发展和城市建设一直在变革过程中，如城镇化、工业化、现代化过程。2018年我国启动城市定期体检制度，2019年建立国土空间规划体系制度，增长式发展模式终结，城市更新逐渐得到重视。源于经济的快速增长、社会形态的快速变化和各类要素的快速增殖，城市区域快速变化，城市更新的重点集中在城中村、旧城棚户区和低效产业用地，如以广州、武汉为代表的"三旧"（旧城、旧村、旧厂）改造。

芝加哥近二百年的城市更新过程是在守住城市空间框架格局的基础上，以系统维护、局部更新、长期适时监测为原则，如应对铁路的衰败，采取某些站场的改造开发，启动《芝加哥地区环境与交通改善计划》的全面系统维护；应对传统工业的衰败，一方面置换为公共设施如伊利诺伊大学芝加哥分校和麦克米克会展中心，另一方面规划保留工业用地，注入创新元素；应对河道航运的衰败，采取自然、生态化廊道的改造和设施的维护更新，以及交通运输政策的调整；应对信息化及科技革命的兴起，加大对高科技的投入，以及信息化枢纽设施的建设等。

6.2.7 发挥交通与城市的相互促进作用

芝加哥因水运转运中心而建立，以联系美国东部、西部及中西部周边地区的综合铁路枢纽而成为中西部大都市，以六大国际航空中心成为全球城市，综合的超前谋划的运河、铁路（包括高架铁路）、港口及机场，不仅引导市场力进行城市功能空间位移、转型，而且以货运网络的方式保证客货流通、财富增长，凝练成货运集群及货运—制造业枢纽模式。在城市转型过程中，基于城市通达需求及新的景观、慢行要求对工业时代的交通系统进行梳理，包括交叉口设计、各种道口的疏通和改造，以优化出行环境，减少工业走廊区域的噪声、交通干扰，增加换乘便捷性和舒适感。为融合交通与宜居环境，制定社区友好型货运流通的详细区划规定，如芝加哥区划条例第17章10节中对停车和装卸空间和操作的规定，制定基于社区友好型货运流通规划，明确在社区用地规划和城市设计中的货运策略。

交通与城市的交互发展表现在交通与土地利用、交通与城市形态及交通与城市兴衰三个方面，交通是城市区域的血脉，交通设施的建设代表开发方向，引导人、财、物的流通和集聚。芝加哥交通与城市发展、与产业的相互支撑的关系在芝加哥近二百年的转型发展中得到充分利用和展现。2019年9月，中共中央、国务院印发《交通强国建设纲要》，从交通基础设施、交通装备产业、运输服务便捷高效、科技创新引领、安全保障、绿色发展、开放合作、人才教育、治理体系、保障措施10个方面，从全面服务和保障社会主义现代化强国建设的角度，对交通的支撑、服务、引领和构成现代化经济体系作出部署。2020年9月，中央财经委员会第八次会议强调，流通体系在国民经济中发挥着基础性作用，是提高国民经济总体运行效率的重要方面，为构建以国内大循环为主体、国内国际双循环相互促进的新发展格局提供有力支撑，都指出必须把建设现代流通体系作为一项重要战略任务来抓。

后 记

后 记

"此点实吾人沟通大洋计划之顶水点,中国本部铁路系统之中心,而中国最重要之商业中心也……现在汉阳已有中国最大之铁厂,而汉口亦有多数新式工业,武昌则有大纱厂……汉口更为中国中部、西部之贸易中心,又为中国茶之大市场。湖北、湖南、四川、贵州四省,及河南、陕西、甘肃三省之各一部,均恃汉口以为与世界交通唯一之港。至于中国铁路既经开发之日,则武汉将更形重要,确为世界最大都市中之一矣。所以为武汉将来立计划,必须定一规模,略如纽约、伦敦之大。"[1] 读到国父孙中山《建国方略》中有关武汉的谋划,总是不免想到芝加哥,这个位于美国中西部的中心城市总是有着巨大魅力,源于我们对所服务和生活的城市的美好期待。

武汉开启近代化历程始于张之洞督鄂期间的修铁路、办实业、兴教育、重商贸以及城市的现代化建设,至1930年代成为具有国际影响力的"大武汉",与当时的芝加哥具有极大相似性,主要表现在:①区位,中部长江中游/中西部密歇根湖边,与东西部贸易中转点;②交通枢纽,九省通衢航运和芦汉铁路/美国铁路枢纽与航运枢纽;③大工业发展,汉阳铁厂、兵工厂及沿江工业带/芝加哥工业城市及钢铁、食品、交通设备制造;④商贸繁荣,汉口对内对外贸易繁荣/芝加哥中西部贸易中转等方面。从当下来看,武汉与芝加哥还同有智力密集、光电枢纽、城市精神、水网密集的滨水城市等特点。近代开埠以来,武汉的发展也经历了由内河贸易城市、工业城市到综合城市的发展过程,商贸和工业(制造业)曾经一直是引领三镇发展的核心力量。每一次制造业的突破性发展都带来了城市空间的巨大变化和城市整体发展的巨大需求。新发展阶段赋予武汉新的机遇和新的挑战,武汉可借鉴芝加哥经验来重新评价武汉的资源、选择武汉的发展路径。

"东方芝加哥"既是近代汉口繁荣的写照,也是武汉规划人不懈探究芝加哥的责任和驱动力。2000年后,武汉市政府层面开始研究芝加哥,试图找到可效仿的城市复兴的路径和方案。自2004年起,武汉市规划研究院开展了10年芝加哥培训计划,成为中国规划界研究芝加哥的重要力量。本书仅对芝加哥近二百年的发展进行粗略的探索和研究,能摸准其大概轮廓就倍感欣慰了。不管怎么说,本书已经激发起我们广泛深入探究芝加哥的兴趣,而芝加哥的经验也将是武汉以及中国其他城市可借鉴、可参考的源源不断的灵感之源。鉴于资料获取难度较大以及对自身能力的认知,对芝加哥产业与城市转型研究及至本书成稿,历时三年多,经过反复研读、思考和比对、修改,也随之接触到更多相关资料,引发了自身更深入的思考,不断丰富和支撑本书的相关内容和观点。生有涯而知无涯,虽然研究难免疏漏、浅薄,无法完全满意,但收获颇丰,芝加哥的经验和做法给了武汉很多启示。

---

[1] 孙中山. 建国方略. 武汉: 武汉出版社, 2011.